기독교문서선교회(Christian Literature Center: 약칭 CLC)는 1941년 영국 콜체스터에서 켄 아담스에 의해 시작되었으며 국제 본부는 미국 필라델피아에 있습니다.
국제 CLC는 59개 나라에서 180개의 본부를 두고, 약 650여 명의 선교사들이 이동도서차량 40대를 이용하여 문서 보급에 힘쓰고 있으며 이메일 주문을 통해 130여 국으로 책을 공급하고 있습니다. 한국 CLC는 청교도적 복음주의 신학과 신앙 서적을 출판하는 문서선교기관으로서, 한 영혼이라도 구원되길 소망하면서 주님이 오시는 그날까지 최선을 다할 것입니다.

추천사

안 승 병 박사
목원대학교 부총장

'믿음의 주님'에 대한 학문적 연구 예수전은 다양한 스펙트럼을 갖고 있다. 학문적 연구에 대한 신앙적 반응은 한 시대 안에서도, 다양하게 다르지만 시대를 관통하면서는 다양한 족적을 보여주고 있다.

보수적인 신앙 노선이 지배하고 있는 한국 교계에 예수 세미나와 그 연구 결과들을 보여 주는 급진적 성향의 예수 연구서들이 한국 교계에 소개될 때마다 보수적인 기독교인들의 믿음의 기초를 흔드는 결과를 보여 주어 착잡한 느낌을 지울 수가 없었다. 다행히도 『누가 예수를 부인하는가?』(*The Real Jesus*, CLC 刊)는 성서를 부인하려는 예수 세미나 류와는 반대에 서서 그런 부류의 연구의 모순성을 멋있고 혹독하게 비판하였다.

『예수 논쟁: 갈등 속의 전망들』은 복음서와 정경 자료의 신빙성을 할 수 있는 한 부인하려 애쓰는 크로산의 논지와 크로산 등의 급진적 연구에 대한 예리한 비판을 보여 주며 성서 본문을 강조하는 존슨의 연구를 담고 있다. 두 노선을 함께 비평하면서 새로운 관점을 내세우는 켈버의 글도 함께 볼 수 있어서 세 부류의 노선을 함께 보며 균형을 잡아볼 수 있게 될 것이다.

예수 연구에 대한 각기 다른 세 입장을 비교하면서 이해의 폭을 넓히고 비판의 시각을 키워낼 수 있을 것이다. 그러나 그 과정에서 독자들은 역사적 예수 연구 작업이 얼마나 난해하고, 또한 방대한 작업인지 알게 될 것이다. 또한 그 어느 연구도 완벽할 수 없다는 점도 알게 될 것이다.

특히 기독교의 핵심 교리인 '십자가와 부활'을 의도적으로 부인하는 급진적 학자들은 자신들이 선호하는 방법과 논리로만 예수 이해를 제한하는 경향을 보이는 것도 확인하게 될 것이다. 2000년 전 이 땅에 발을 딛고 우리와 함께 살았던 그는 오늘의 신학이나 인간의 특정 요구에 의해서 제한될 수 없을 것이다. 그것이 연구이든, 신앙이든, 추종의 모범이든 시대적 우상화 시도이든 말이다.

세 학자들이 보여주는 각각의 노선들을 균형을 잡아 읽으면서 예수 탐구의 새롭고 신비로움을 느껴보기를 바란다. 성직자들은 물론 신학도들, 일반 평신도들에게도 자신의 신앙과 학문의 근본을 재점검할 수 있는 본서를 추천한다.

그 연구 내용의 심오함이나 방대함에도 불구하고 새로움과 신비로움 때문에!

서 명 수 박사
협성대학교 구약학 교수

세계적인 명성을 지닌 세 명의 석학, 존 도미닉 크로산, 루크 티모디 존슨, 베르너 H. 켈버가 쓴 『예수 논쟁: 갈등 속의 전망들』이 손혜숙 목사님의 수고로 번역, 출간되어 우리 글로 쉽게 읽을 수 있게 되어 반갑고 기쁘다. 구약시대로부터 이어져 오던 메시아의 대망의 땅 유대, 로마의 식민지였던 유대 땅에 태어난 역사적 예수는 유대인뿐만 아니라 인류의 메시아가 되었다. 이 예수를 역사적 근원과 더불어 학제적으로 폭넓게 연구하고 탐색하는 과제는 매우 중요한데, 이 책의 세 저자들은 그런 과제에 부응하여 예리하고도 열정적인 논지를 펼쳐 보인다.

급진적 '예수 세미나'에 속하는 크로산, 크로산과는 반대 입장에서 『누가 예수를 부인하는가?』로 예수 세미나를 혹독히 비판했던 존슨, 그리고 보다 긴 해석사의 정황에서 이분법이나 양극단을 극복하려 시도한 켈버, 이 세 학자는 각기 상이한 입장에 서 있지만 학문적으로 '다름을 통한 다양성의 조화'를 보여 주고 있다. 구약 전승에 깊이 뿌리를 두고 있는 구원의 메시아로 유대 땅에 오신 예수 연구는 실로 방대하고, 그 깊이는 깊고 오묘하다.

석학들의 탁월한 기지가 돋보이는 본서는 독자들에게 보다 폭넓은 지식을 제공해줄 뿐만 아니라 새로운 도전적 시각을 열어주리라 믿기에, 예수를 보다 깊이 알기 원하는 성직자 및 신학도들, 그리고 일반 지성인들에게 적극 추천한다.

정 양 희 목사
부산온누리교회 담임, 전 감독

금세기 최고 석학들의 주옥같은 지성의 글인『예수 논쟁: 갈등 속의 전망들』이 출간되어 기쁘다. 예수는 우리 기독교 신앙의 근거요 출발점이며 중심이고 목표이다. 우리가 예수를 사랑하기 때문에, 예수를 깊이 연구하고 이해하려는 우리들의 노력에는 결코 중단이 없다. 신약성서와 예수 연구에 있어서 세 분의 세계적인 거장들이 쓴 본서는 예수 연구에 서로 다른 세 가지 유형의 논지를 펼쳐 보이면서 연구의 심오함과 극단에 치우치지 않도록 비판적인 시각을 열어 준다.

크로산은 너무 진보적인데 성서 자료의 신빙성을 축소하고 비기독교적 주장을 설파하였다. 그러나『누가 예수를 부인하는가?』로 급진적 경향의 '예수 세미나'를 혹독히 비판한 존슨은 방대한 자료를 동원해 신앙의 예수를 입증해 보이면서 학자들이 재구성한 역사적 예수의 비역사성을 비판했다.

켈버는 크로산과 존슨의 양자 택일의 관점을 비판하면서 구전 전승의 다양성이 역사적 예수 전승의 본래 기원이므로 구전 문화에서 예수를 집중 탐구해야 한다는 새로운 시각을 강조했다.

예수를 생각하면 목사인 내 마음은 어느새 깊은 신비의 바다 속을 헤엄치고 내 생각은 한없는 미지의 지식을 탐색하게 된다. 그분에 대해 더욱 깊이 더욱 많이 탐구하고 싶은데, 신앙인과 우리 성직자는 항상 예수를 더 사랑하며 사색하고 연구하는 사람들임이 분명하기 때문이다. 상이한 세 유형의 석학들의 논지를 통해 예수 탐구의 새 시각이 열리고 연구에 힘찬 진전 있기를 바라면서 본서를 성직자, 신학생, 평신도, 지성인들에게 강력히 추천한다

"일제 강점기에 예수를 전하다 숨진 내 할아버지 손정화 목사
교회를 세우고 섬긴 내 아버지 손일성 장로
예수를 사랑하고 죽도록 충성한 내 언니 손혜자 전도사께
이 역서를 바칩니다."

예수 논쟁
갈등 속의 전망들

The Jesus Controversy: Perspectives in Conflict
Written by John Dominic Crossan, Luke Timothy Johnson, Werner H Kelber.
Translated by Heasook Son

Copyright ⓒ 1999 by Trinity Press International
Originally published in Spanish under the title
The Jesus Controversy: Perspectives in Conflict
by Trinity Press International
P. O. Box 1321, Harrisburg, PA 17105
All rights reserved.
Korean Edition Copyright ⓒ 2019 by Christian Literature Center, Seoul, Korea

예수 논쟁 갈등 속의 전망들

2019년 6월 30일 초판 발행

지은이	|	존 도미닉 크로산, 루크 티모디 존슨, 베르너 H. 켈버
옮긴이	|	손혜숙
편집	|	변길용, 박민구
디자인	|	전지혜
펴낸곳	|	(사)기독교문서선교회
등록	|	제16-25호(1980.1.18)
주소	|	서울특별시 서초구 방배로 68
전화	|	02-586-8761~3(본사) 031-942-8761(영업부)
팩스	|	02-523-0131(본사) 031-942-8763(영업부)
이메일	|	clckor@gmail.com
홈페이지	|	www.clcbook.com
송금계좌	|	기업은행 073-000308-04-020 (사)기독교문서선교회

ISBN 978-89-341-1992-0 (93230)

이 도서의 국립중앙도서관 출판시 도서목록(CIP)은
서지정보유통지원시스템 홈페이지(http://seoji.nl.go.kr)와 국가자료공동목록시스템
(http://www.nl.go.kr/kolisnet)에서 이용하실 수 있습니다. (CIP제어번호: CIP2019020886)

이 책의 저작권은 저자와 (사)기독교문서선교회가 소유합니다.
신저작권법에 의하여 한국 내에서 보호받는 저작물이므로 무단 전재와 무단 복제를 금합니다.

갈등 속의 전망들

예수 논쟁

존 도미닉 크로산
루크 티모디 존슨
베르너 H. 켈버 지음

손혜숙 옮김

목차

추천사 안 승 병 박사(목원대학교 부총장)
　　　　 서 명 수 박사(협성대학교 구약학 교수)
　　　　 정 양 희 목사(부산온누리교회 담임, 전 감독)

역자 서문   10

존 도미닉 크로산(John Dominic Crossan)

제1장 부활하신 주님으로서 역사적 예수   18
　　1. 역사에 대한 서언   20
　　2. 확인된 환영, 부인된 환영   28
　　3. 그때의 현현, 지금의 현현   68
　　4. 이원론과 불일치성   81
　　5. 술어의 문제   88
　　6. 예수의 육신적 부활   101

루크 티모디 존슨(Luke Timothy Johnson)

제2장 예수의 인간성   110
　　» 역사적 예수 연구 무엇이 위기인가?   110

베르너 H. 켈버(Werner H. Kelber)
제3장 역사적 예수 탐구 　　　　　　　　　　　　　**150**
» 중세, 근대, 계몽주의 이후 해석의 관점으로부터,
또한 고대 구전 미학의 관점으로부터 　　　　　　　　150
1. 역사의 트라우마와 전승의 올바름 　　　　　　　　154
2. 역사의 올바름과 전승의 트라우마 　　　　　　　　182
3. 결론 　　　　　　　　　　　　　　　　　　　　　211

참고 문헌 　　　　　　　　　　　　　　　　　　　219

역자 서문

손 혜 숙

    찬란하게 쏟아지는 황금빛 햇살에 대지는 눈부신 향연을 펼친다. 생명 있는 존재들의 신비한 미소들이 피어난다. 뿌리 없는 나무가 있을 수 없듯이 우리 신앙의 뿌리 '역사적 예수'에 대한 논쟁이 계속 뜨겁다. 예수 세미나를 주로 반격한 루크 티모디 존슨(Luke Timothy Johnson)의 『누가 예수를 부인하는가?』(*The Real Jesus*, CLC 刊)가 나온 이후 '예수 전쟁'이라 불려온 이 논쟁은 더욱 치열해졌다.

    『예수 논쟁: 갈등 속의 전망』(*Jesus Controversy: Perspectives in Conflicts*)은 세계적인 석학인 세 명의 신약학자들이 역사적 예수를 탐구하면서 전망한 것이다. 역사적 예수에 대한 세 학자의 접근법이 다르고, 논의 전개 방식도 다르며, 강조하는 내용이나 전망도 다르다.

    이 책에서 존 도미닉 크로산(John Dominic Crossan)은 '단일론 대 이원론,' '싸르코필릭(sarcophilic, 육체친화) 대 싸르코포빅(sarcophobic, 육체회피)'이라는 두 범주의 구분 아래 역사적 예수를 분석하면서 언제나 하나의 역사적 예수를 주장한다.

    루크 티모디 존슨은 현대에 이르기까지 예수 연구의 여러 문제점과 연구 위기를 지적하면서, 역사적 예수 연구들의 비역사성을 비판하고, 신약성경이 일치하게 증언하는 예수의 인간성 '메시아 유형'을 제안하였다.

한편, 베르너 H. 켈버(Werner H. Kelber)는 중세 이후의 성경 해석과 고대 구전 미학의 관점에서 탐구를 설명하면서, 크로산의 두 범주의 부적절성을 지적하고 존슨의 '메시아 유형'을 비판한 다음, '기억의 윤리'라는 입장에서 역사적 예수 탐구를 주장하고 있다.

크로산의 글은 역사적 예수 탐구라기보다 마가복음 수난 이야기의 역사성을 부인하는 내용처럼 보인다. 바울이 보도한 '예수의 현현 전승'을 마가는 보도하지 않았기에, 마가가 예수의 부활을 부인했다고 주장하는데, 사실 마가는 부인이 아닌, 현현 보도의 축소나 생략을 한 것이다.

마가는 예수의 탄생을 역시 보도하지 않았기 때문에, 이런 문학적 균형을 참작할 때, 예수의 죽음, 장사 지냄, 빈 무덤, 부활의 언급은 그만큼 그 사건들의 중요성을 강조한 것이다. 더욱이 마가는 단순히 수난 예고가 아닌, '수난과 부활 예고'를 3번씩이나(막 8:31; 9:31; 10:33-34) 하고 있다.

크로산에게는 단지 하나님의 정의를 구현한 하나의 역사적 예수가 있는데, 그리스-로마 문화 배경에서 이해된 인물이다. 크로산의 어두운 상상력에서 이 예수는 십자가 형벌을 받아 죽은 다음 동물들의 먹이가 되었거나 석회 구덩이에서 녹아 사라졌다. 매우 의도적으로 십자가와 부활을 모독한다.

크로산의 논지는 마가 자료의 역사성을 반박한 내용이 주도적이다. 하지만 그의 마가복음과 바울 서신(특히 고전 15장) 비평은 공평하지 않고, 논리적으로 약하다. 그의 주장은 어떤 독백이나 자기 선호의 사색처럼 보이기 때문이다. 존슨과 비교해, 논의를 뒷받침한 자료 선정의 폭도 매우 좁다. 여하튼 그는 복음서와 성경 자료의 신빙성을 부인하기 위해 무척 땀을 흘린다.

크로산의 노력은 '외경(Apocrypha)과 사회 문화적 차원에서 조망한 예수'라 칭함이 더욱 적절하겠다. 그 이유는 특히 자료 선정의 치우침 때문이다.

기독교의 예수와 기원 연구에 으뜸 자료인 사복음서, 특히 바울 서신, 사도행전을 완전히 무시하고, 타 자료들과 이론과 상상력에 더욱 비중을 둔 예수를 어떻게 기독교의 역사적 예수라고 강조할 수 있을까?

그런 주장에는 심각한 모순이 담겨 있다. 루크 티모디 존슨이 미국과 전 세계에 폭발적인 관심을 불러일으킨 저서 『누가 예수를 부인하는가?』에서 예수 세미나와 크로산의 연구, 예수 탐구들의 빗나간 경향들과 문제점들을 예리하게 지적하면서, 혹독하게 비판을 가한 것은 잘 알려져 있다. 존슨은 지금 이 논문에서 방대한 자료들에 기초해 역사적 예수 연구의 진행 상황을 비평적으로 검토하였다.

역사적 예수 연구가 18세기 이래 계속되었고, 1906년 슈바이처 이후 중단되는 듯싶더니, 지금은 홍수처럼 번져 있다. 이처럼 만연한 전경에서, 존슨은 상이한 역사적 예수 모습들을 가져온 연구 결과들의 비역사성을 지적하면서, 예수 탐구들의 아이러니와 위기를 예리하게 비판하고 있다. 다음은 역사적 예수 탐구에서 사용한 두 유형이다.

① 복음서 구도 사용.
② 복음서 구도 포기.

최근에 후자를 선호한 학자들은 경전 내러티브 구도를 포기하면서, 외부의 구도를 사용하였다. 예를 들어 크로산은 인류학에서 온 대체 구도를 사용하여 예수의 범주를 농부로 축소해 놓았다. 그런 학자들은 예수의 신성과 부활을 못마땅해 한다. 그리고 순전히 인간적인 예수와 순전히 인간적인 기독교를 추구한다.

하지만 모든 기독교의 기초는 부활 신앙이다. 신약성경이 일치하게 증언하는 예수의 인간성 '메시아 유형'은 복음서 자료들의 수렴으로 정립되는데, 이 인간성이야말로, 역사 방법론에 비추어도 더욱 실재의 예수임이 틀림없다. 그러므로 존슨은 역사적 예수 탐구들에서 이런 유형에 맞는 모습을 제시하지는 못하면서, 복음서의 예수 모습을 불신해 온 것에 대하여 맹렬히 비판하고 있다.

베르너 H. 켈버는 중세 이후 해석사와 고대 구전 미학의 관점으로부터 예수 탐구를 설명하였다. 중세에는 사중 의미의 복수 해석이 가능했다. 후기로 이동하며 문자적 의미의 탐구에 치중했고, 14, 15세기 유명론에서 문자적 의미를 향상했다. 16세기 루터는 유명론 전통을 따라 문자적 의미를 선호하였다. 17-19세기 과학, 예술, 인문주의 문화에서 단일 의미가 전례 없이 결정적이 되었는데, 루터의 문자적 의미가 이제는 역사적 의미로 더욱 좁아지게 되었다.

만일 성경의 예수가 역사의 예수와 다르다고 추정되면, 단일 의미를 지향한 탐구에서 역사적 예수가 중심이었다. 켈버는 지난 3세기 동안 계속된 이런 탐구가 심각한 아이러니로 가득하다고 본다. 왜냐하면, 하나의 역사적 기원을 갈망했음에도 상이한 여러 해석이 나왔기 때문이다.

켈버-존슨 모델은 외경인 도마복음에 예시되었고, 경전인 마가복음에는 아니라고 한다. 하지만 존슨이야말로 복음서의 내러티브 구도를 존중할 것을 강조하면서, 말씀 조각만을 건져내(도마복음은 어록임) 예수를 재구성하는 연구를 반박하였다. 또한, 도마복음을 경전과 같은 정도로 혹은 경전보다 더욱 선호한 예수 세미나의 연구들에 심각하게 문제를 제기하였다. 경전 복음서를 부활 전망에서 기록했다는 존슨의 주장에 켈버가 이의를 제기한 것도 타당성이 적은데, 사복음서 모두에 정말로 예수의 부활 전망이 강하게 나타나고 있기 때문이다. 또한 어느 곳도 예수가 죽음으로써 생애를 마감했다고 절대 암시하지 않는다.

크로산에 대하여 '싸르코필릭(sarcophilic, 육체친화) 대 싸르코포빅(sarcophobic, 육체회피),' 두 유형의 기독교 방식은 고대 이원론적 논쟁의 재현이라고 켈버는 비판한다. 그는 크로산이 '본래 구조'나 '복합체의 핵심'에 도달하려고 자료의 조직화, 범주화, 계층화, 수량화, 도표화, 특권화를 화려하게 시행했지만, 예수의 말씀들을 그처럼 다룰 수 없다고 반격하고 있다.

예수의 말씀은 고대에 구전으로 행해졌기 때문에, 문서와 활판 인쇄술의 감각 능력에 기초한 형식적 사고를 통해서는 알 수 없다는 것이다. 구전 수행에서 전형은 핵심 구조의 단일 의미가 아닌, 핵심 구조의 변이성이다. 카리스마적 순회 연설가의 선포는 핵심 구조로 축소될 수 없고, 오히려 여러 유형으로 발생했으므로, 여러 기원성을 지녔다고 적절히 반론한다. 선정된 몇 가지 말씀들에 기초해 인간의 생애를 역사적으로 재구성한 크로산의 예수 연구는 성경 연구 외부에서는 거의 사용하지 않는 역사 기록 방식이다.

역사적 탐구의 뿌리에는 사실의 올바름을 알고자 하는 열망이 놓여 있다. 켈버는 '기억의 윤리'를 주장하면서, 역사적 실재의 올바름이 우리의 신앙을 방어하는 것보다 더욱 중요하다고 선언하였다. 여기서 우리 모두에게 매우 심각한 질문이 생겨난다.

무엇이 역사적 사실이고 올바름인가?

십자가와 부활 신앙에 기초한 2,000여 년의 기독교 존재들이 진정 역사적 실재가 아니라는 말인가?

역사 속에 검증된 기독교 존재, 경전, 초창기 사도 바울의 회심과 선교 활동, 세워진 많은 교회, 예수를 따른 순교자들, 복음 전파자들, 교회와 신자들, 이들이 진정 역사 속에 살아 있는 실체들이 아니라는 것인가?

역사적 존재(교회와 경전)를 경시하면서, 어떤 증거와 이유에서, 역사 속에 사라진 공동체의 외경 문서, 비기독교 자료에 근거한 예수가 현재의 기독교를 설명하는 데 바르다고 주장할 수 있는 것인가?

그런 탐구들에서 역사적 비실체인 공동체와 가설적 문서들에 기초한 예수를(그것은 주로 사라진 실체들의 주장이었거나 역사적 실체가 아닌 가설적인 재구성일 뿐인데) 더욱 사실이라고 우기는 것은 심각한 아이러니가 아닐 수 없다. 하지만 아무리 우겨도 상상의 오두막이다. 우리 시대에 아이러니가 정말로 만연하게 퍼져 있다.

존슨과 켈버의 처지가 다르지만 한 음성이 있다. 즉, 이제는 더 단일론, 이원론 같은 두 범주로 역사적 예수를 설명할 수 없다는 것이다.

이 책에서 그들의 글을 자세히 읽어 보라.

물론 예수의 여러 말씀에서 오직 하나의 사실에 도달하려고 노력할 수도 없으리라.

단일성을 추구한 노력이 상이한 결과들을 가져옴으로 실패를 보여 주었듯이, 그런 노력에는 아이러니로 가득하다.

그러므로 이제 역사적 예수 탐구에는 으뜸 자료인 성경 자료의 존중, 진리의 다양성, 고대의 구전 문화, 구전 전승의 풍부성과 역동성, 더욱 넓은 기독교 전승의 배경에서 역사적 예수를 탐색해야 하겠다.

학제 간의 연구를 포함해(최근에 나온 필자의 번역서 『역사적 예수 논쟁』 서론을 읽어 보라) 가능한 모든 영역에서 이 탐구를 진행하면서, 인식론적 독점주의를 지양해야 하리라.

존슨의 '체험 해석' 모델이 하나의 좋은 접근법이다. 이 순간 트레이시의 말을 떠올린다.

> 그러나 계몽주의 변증법이 전개될 때…. 언제나 더욱 협소한 모델로 덫이 되었다.
> 그리고 외쳐본다.
> 진리여!
> 이제 진리는 하나이고 안정적이어야 한다는 역사적 탐구자의 일상적 사고를 떠나, 다양성과 포용성과 입체성과 역동성을 향한 탐구의 무한한 가능성으로 우리를 인도할 것인가?
> 더욱 풍부하고 더욱 신비로운 무궁무진한 진리가 있음을 드러내면서 우리에게 알려주려 하는가?
> 진리여, 예수 그리스도여!
> 그대의 신비로움에 우리가 도달할 수 있다면….

세계적인 신약학자의 글을 번역하게 해 주신 하나님께 감사드린다. 학문의 새 시야를 가르치신 스승 루크 티모디 존슨 교수님께 감사드린다. 이 소중한 책의 한국어 발간에 깊은 관심을 기울여 주시고 출간을 서둘러 주신 기독교문서선교회(CLC) 대표 박영호 목사님께 감사드린다. 교정과 편집을 위해 수고하신 편집부 직원들께도 감사드린다. 가까이에서 도우신 홍진표 목사님께 감사드린다. 그리고 진리 탐구의 먼 여행을 기꺼이 함께하는 사랑하는 지혜와 슬기에게 깊은 감사를 보낸다.

석학들의 탁월한 이 저서를 통해 예수를 더욱 열정적으로 사랑하며, 참다운 배움과 탐구의 열기가 타오르고, 넓어지며, 더욱 깊어지기를 열망한다.

이 모두를 부활하신 예수 그리스도와 진리를 위해서….

제1장

부활하신 주님으로서 역사적 예수

존 도미닉 크로산(John Dominic Crossan)

나는 부정과 긍정의 두 가지 예비적 관점으로 이 글을 시작하고자 한다.

첫째, 나의 논점은 어떤 것을 제안하는 것이 아님을 명확히 강조함이 중요하겠다.

나의 논점은 역사와 신앙이 같다고 제안하지 않는다. 역사가 신앙을 대신한다고 제안하지도 않는다. 또한, 역사가 신앙을 만들어낸다는 것도 제안하지 않는다.

만일 1세기의 역사적 예수가 말하고 행동한 모든 것들을 두 명의 다른 사람이 보고 들었다면 다음과 같이 반응했을 것이다.

① 전자: 그는 로마 신들, 즉 로마의 법과 질서를 전복시킨 자이다. 그는 위험한 인물이요 범죄자이므로 처형되어야 한다.

② 후자: 그는 정의롭고 의로우신 유대인 하나님이 성육신하신 분이다. 그는 메시아요 주님이시므로 예배를 받으셔야 한다.

만일 우리가 그 당시 모든 자료를 완벽히 촬영한 비디오테이프를 지니고 있다면 오늘날에도 같은 반응이 일어날 것이다. 그것은 신앙이 아닐 것이다. 신앙을 강요하지도 않을 것이며, 또한 신앙을 보장하지도 않을 것이다. 즉, 신앙 없이도 역사는 존재할 수 있다.

여기서 제기하려는 질문은 이것이다.

역사 없이도 신앙이 있을 수 있는가?

만일 신앙이 판별할 수 있는 사실에 있지 않고 역사의 궁극적 의미 (ultimate meaning of history)에 있다면, 역사적 재구성 없이 어떤 부류의 기독교 신앙이 있을 수 있는가?

요약하면, 그 질문은 아래의 것이 아니다.

"부활하신 예수에 대한 신앙 없이, 역사적 예수 연구가 있을 수 있는가?"

그에 대한 대답은 아주 쉽다.

물론이다. 가능하다.

1세기와 마찬가지로 20세기에도 또한 모든 세기마다 그럴수 있다. 하지만 이것이 질문은 아니다.

여기서 그 질문은 아래의 것이다

"역사적 예수 연구 없이, 부활하신 예수에 대한 믿음이 있을 수 있는가?"

이는 대답하기 쉬운 질문이 아니다.

둘째, 그런 부정적인 배경에 대해 나의 논점은 더욱 정확한 초점을 가지고 설명할 수 있다. 그것은 역사와 신앙에 관한 것이다. 즉, 역사적 재구성과 기독교 신앙에 관한 것이다.

기독교의 다른 유형이라기보다 같은 유형 내에서의 역사적 재구성과 기독교 신앙에 관한 것이다. 그것은 역사적 예수의 학적인 재구성과 부활하신 주님에 관한 종교적 신앙에 관한 것인데, 싸르코포빅(sarcophobic, 육체회피) 또는 가현 기독교(docetic Christianity)보다는, 싸르코필릭(sarcophilic, 육체친화) 또는 성육신 기독교(incarnational Christianity)로 설명할 것이다.

여기서 핵심 질문은 두 가지다.

첫째, 성육신의 기독교 유형 내에서 역사적 예수의 살(육체)과 피로 구성된 몸과, 부활하신 주님의 살과 피로 구성된 몸 사이에 어떤 필연적 관계가 있는가?

둘째, 예수의 육체적, 피와 몸의 부활이 성육신 유형의 기독교에서 절대적으로 필요하다면, 그것은 무엇을 의미하는가?

1. 역사에 대한 서언

역사적 예수 연구가들이 단지 깊은 우물을 내려다 보고 아래로부터 자신의 반사된 모습을 보면서 자주 반복하는 값싼 비웃음이 있다. 그것을 값싸다고 하는 이유는 다른 사람들에 대해 그것을 적용하는 사람들이 자기 자신에게는 그것을 거의 적용하지 않기 때문이다.

아일랜드 가톨릭교도인 조지 타이렐(George Tyrell)이 독일 개신교도인 아돌프 폰 하르낙(Adolf von Harnack)에 대하여 말한 것이 값싼 것인데, 그는 가톨릭 암흑기인 19세기에 하르낙이 되돌아본 그리스도는 깊은 우물 바닥에서 본 자유주의 개신교 얼굴의 반영일 뿐이라고 했다.[1]

나와 같은 어떤 사람이 깊은 우물을 내려다 보며, 거기에서 아일랜드 가톨릭 농부를 보고 있다고 어떤 학자가 주장한다면 이 또한 금세기 말에 여전히 값싼 것이다. 그런데 그 학자 자신은 영국성공회의 신학자이다. 사실 그 우물 안에는 물뿐 아니라 풍자도 있다.

우물은 누군가의 역사에 관한 이론에 대하여 사색해 보는 좋은 은유이다.

역사적 재구성에서 두 가지의 대안적이고, 대립적인 방식을 상상해 보라.

하나는 가능한 환영(illusion)이요, 다른 하나는 불가능한 망상(delusion)이다.

첫 번째, 가능한 환영은 **자기 도취**(narcissism, **나르시시즘**) 또는 **역사적 유아론**(historical solipsism)이다. 즉, 자기가 보는 모든 것은 자신에게 반영되고 있는 현재를 바라보고 있는 것인데, 과거나 다른 것을 보고 있다고 생각한다.

사람은 오직 자기 자신에게 가져올 수 있는 것만을 볼 수 있다. 과

---

[1] George Tyrell, *Christianity at the Crossroads* (London: George Allen and Unwin, 1963), 49.

거에 관해 찍어 놓은 현재를 역사라 부른다. 나르시즘 또는 유아론은 자신의 얼굴을 보고, 그것을 비춰주는 물을 무시하면서, 그것과 사랑에 빠져 있다.

두 번째, 불가능한 망상은 **역사주의**(historicism) 또는 **역사적 실증주의**(historical positivism)이다.

여기서는 인식하는 사람은 자신의 개인적이고 사회적 정황에서 온 어떤 간섭 없이도 과거를 잘 알 수 있다고 상상한다. 자신의 안목에 관계 없이, 있던 그대로를 볼 수 있다고 생각한다. 다시 말해 단번에 영원히 과거를 구분할 수 있으며, 자신의 식별력이 오염되지 않은 채 과거를 과거 그대로 볼 수 있다는 것이다. 실증주의 또는 역사주의는 우리 자신의 얼굴이 우물에 반영됨 없이 물을 볼 수 있다는 망상이다. 즉, 우리 자신의 눈을 동시에 보지 않고서 표면만을 볼 수 있다고 생각한다.

세 번째, 새로운 대안이 있는데, 이 글에서는 그것을 **상호 작용주의**(interactivism) 또는 **역사적 변증법**(historical dialectic)이라 칭하겠다.

여기서는 과거와 현재가 서로 상호 작용해야 하며, 각기 서로에게 도전하고 변화를 준다. 이 생각은 매우 공평하고 상호 간에 동등하게 반응한다.

우물로 되돌아가 보자.

우리는 우물을 들여다볼 때 일그러지게 비쳐진 얼굴을 보지 않고 물의 표면만 볼 수 없듯이, 일그러진 표면을 보지 않고 얼굴만 볼 수 없다. 이것은 나르시즘이나 실증주의와는 구별되는 상호 작용 역사

변증법인데 그것은 가능하고, 또한 필요한 것이다. 깊은 우물 바닥에서 자신의 얼굴을 본다면 거울에서 매일 보는 모습보다 낯설게 보일 것이다.

그렇다면 여기에서 규정되는 역사의 정의는 이것이다.

"역사는 공동의 담론으로 주장된 증거를 통한 현재에 의해 상호 작용적으로 재구성한 과거이다."

우리가 사건을 직접 목격하지 못하고 동일한 사건에 대해 오직 다른 사람들이 해석한 대안 전망을 얻을 수 있는 때가 있다. 비록 우리가 직접 그것들을 듣지 못할 때도, 항상 대안 전망(alternative perspective, 다른 관점)이 있다. 즉, 논의를 통해 공동으로 재구성한 역사가 가능하다.

우리는 미래를 투사하기 위해 과거를 재구성한다. 그리고 불행히도 그렇게 하지 않을 수 없다. 그런 입장에 관련해 네 가지 추론이 있다.

첫째, 물론 이 적용이 특별히 역사적 예수 재구성에만 해당되는 것은 아니라는 점이다.

우물은 모든 역사적 재구성을 기다린다. 예를 들어 예수와 동시대의 로마 황제 시저 아우구스투스(Augustus)에게도 마찬가지이다(그것에 대해 유감스럽다!). 로날드 멜로(Ronald Mellor)는 로마 공화국에서 황제 통치로 전이하는 네 가지 위대한 재구성에 관해 타키투스(Tacitus)에 관한 자신의 책에서 이런 비평으로 구도를 정했다.

> 지난 두 세기에 가장 위대한 로마 역사가 기번(Gibbon), 몸젠(Mommsen), 로스브토브츠테프(Roswtovzteff), 사임(Syme), 이들은 로마와 그 자신의 시대와의 관련성을 발견하고 열정적인 기록을 남겼다.

그의 종교관에 영향을 준 프랑스 계몽주의의 아들인 에드워드 기번은 영국 빅토리아 시대에 개정판들을 발행하였다.

노벨 문학상을 받은 유일한 전문 역사가 테오도르 몸젠은 열정적으로 여러 권의 『로마 역사』(History of Rome)를 저술했는데 몸젠 자신이 19세기 독일의 혼돈을 해결하기 위한 강력한 인물을 열망하여 시저를 로마 공화국의 딜레마 해결에 불가피한 인물로 묘사하였다. 마이클 로스브토프츠테프는 로마 도시의 부르주아지를 영화롭게 묘사한 『로마 제국의 사회 경제사』(Social and Economic History of the Roman Empire, 1926)를 기술하면서, 혁명적인 성 피터스버그(St. Petersburg)에서 출발한다.

로널드 사임의 『로마 혁명』(The Roman Revolution, 1939)은 새로운 지도자 베니토 무솔리니가 이탈리아를 방문했을 때 아우구스투스의 로마 이름들과 장식들을 사용하는 것을 보았고, 타키투스 방식의 두 체제 사이에 폭군적인 유사성을 드러내고자 시도한 자유주의자 안목을 통해 아우구스투스의 발흥을 바라보았다.[2]

그 모든 경우에서 과거와 현재 간에 강력한 사회적 인간(sociopersonal)의 상호 작용 결과들은 높이 솟은 성취들, 즉 우리가 고전이라고 부르는 작품들을 남겼다. 물론 그 여러 작품들은 서로 간에 상호 교정해 주는 역할을 하였다.

---

2   Ronald Mellor, *Tacitus* (New York: Routledge, 1993), 45, 164.

둘째, 역사(history)와 이야기(story)의 차이에 관한 것이다.

이 점을 강조하는 이유는 현대 북아메리카 문화와 학자들의 주석적 토론에서 역사 내러티브(historical narrative, 역사 설화)와 가상 내러티브(fictional narrative, 가상 설화) 사이를 구별하지 않은 채 이야기에 관해 너무 쉽게 말하기 때문이다. 데이비드 샤터(David Schacter)가 인용한 이전 환경에서 나온 한 예가 있다.

> 앤(Ann)이라는 이름의 젊은 여인은 부모들의 손에서 남용된 끔찍한 사탄 의식이라는 치료 요법의 기억으로부터 어떻게 회복했는지와 그녀 자신이 여러 인격을 지녔음을 발견한 것에 대해 묘사하였다. 치료 요법 전에 가족이 비디오테이프와 사진을 발랄한 젊은 여인, 꽃봉오리 같은 젊은 가수 앤에게 보여 주었다….
> "그것이 사실인지에 관해 상관하지 않아요."
> 앤의 치료사 더글라스 사윈(Douglas Sawin)이 주장했다.
> "내게 중요한 것은 아이의 진실(truth)과 부모의 진실을 듣는 것이지요. 그것이야말로 중요합니다. 무엇이 실제로 일어났느냐는 내게 부적절합니다."
> 고객의 보고가 망상일 가능성에 대해 질문을 받자 사원은 주춤하지 않았다.
> "우리 모두 망상 속에 살며, 정도의 차이가 있을 뿐이지요."[3]

---

[3] David L. Schacter, *Searching for Memory: The Brain, the Mind, and the Past* (New York: Basic Books, 1996), 262-63.

확실히 그것은 끔찍한 예이다. 그런 학대가 앤에게 일어난 것은 매우 불행한 일이다. 만일 그 학대가 발생했는데 아무런 교정을 할 수 없었다면 더욱 나쁘다. 하지만 만일 치료사가 사실과 가상, 공상(fantasy)과 역사 사이에 구분을 발견하고, 그것이 아무 중요한 역할을 못한다면, 그녀 자신과 그녀의 가족과 사회에 아주 나쁜 것이다. 미국에서 최근의 '기억 전쟁'(memory wars)으로부터 온 그 사건을 말하면서 "객관적 또는 '역사적 진리'가… 중요하게 되었는데, 앤의 경우처럼 범법자를 향해 수백만 달러의 소송이 제기될 때 중요하다"라고 샤터는 주석을 달았다.[4]

하지만 잠재적 또는 실제적 소송 제기와는 별도로, 확실히 치료에 또는 특별히 치료에도 실제의 이야기들과 망상의 이야기들 사이에 큰 차이가 있다. 어느 것이 있는 그대로의 것인지를 결정하는 것은 중요하다. 즉 역사의 문제인 것이다. 역사의 부재는 있을 수 없기에 역사는 가능하다.

역사(history)는 이야기(story)와 동일하지 않다. **비록 모든 역사는 이야기이지만, 모든 이야기가 역사는 아니다.** 예를 들어, 법정에서 이중 살인으로 고소당한 사람을 향해 변호인과 검찰은 각기 다른 이야기를 한다. 검찰에게 그는 살인자요 형벌을 받아야 마땅한 인물이다. 반면, 변호사에게 있어 그는 고소된 내용에 대해 무죄한 자이다. 양편 모두 상당히 유능하고 설득력 있는 이야기를 하고 있다. 하지만 두 이야기 중에 오직 하나만이 역사다. 다른 것은 잘못된 이야기, 픽션, 고안, 거짓이다. 결과적으로 법정에서 나갈 때, 그는 도망친 살인자이거나 누

---

[4] Ibid., 344 n. 28.

명을 쓴 무죄한 자이다. 그가 양쪽 모두일 수는 없다.

우리는 아마 어느 것이 역사-이야기(history-story)이고, 어느 것이 단지 이야기-이야기(story-story)인지 결코 모를 것이다. 하지만 오직 하나의 해석이 옳다는 것을 안다. 그리고 예의, 도덕성, 인간성은 결코 그것이 모두 상대적이고, 관점이 있으며, 과장되고, 빙빙 돌린다고 말하지 말 것과, 또한 우리가 그것에 대해 확실히 알 수 없으므로, 그것이 전혀 문제 되지 않는다고도 말하지 말 것을 요구한다.

셋째, **탐색**(search) 또는 **탐구**(quest)라는 용어에 관한 것이다.

여기서는 역사적 예수 **탐색**이나 기독교 기원 **탐구**에 대해 말하는 것이 아니다. 그런 용어들은 우리가 단번에 영원한 해답을 얻으려는 긍정적인 절차를 가리키는 것처럼 보인다. 그것은 여기서 상상하는 과정이 아니다. 그 대신 **재구성**(reconstruction)에 관해 말하려 한다. 또한, 그 재구성은 다른 시대와 다른 장소에서, 다른 그룹들과 다른 공동체들이, 또한 모든 세대가 다시금 반복해서 수행해야 하는 어떤 것이다. 물론 그 이유는 역사적 재구성이 항상 현재와 과거의 상호 작용을 통해 이루어지기 때문이다.

우리의 최고 이론과 방법이 아직 우리에게 최상의 것이다. 그들 모두는 단지 틀린 때뿐만 아니라, 특별히 옳을 때도 그 시대가 있었고, 그에 대한 판정이 내려졌다. 이런 일은 중요한 어떤 것이 연루될 때 반복해서 다시 수행되어야 할 필요가 있다. 그것으로 인해 역사가 무가치한 것이 되지 않는다. 우리 자신 또한 시대 안에서 판단받을 것이다. 하지만 그로 인해 인생이 무가치한 것이 되지 않는다. 단지 죽음만이 불가피할 뿐이다.

넷째, **방법**에 관한 것이다.

모든 재구성과 같이, 예수-재구성은 항상 과거와 현재의 창의적인 상호 작용이다.

하지만 무엇이 우리의 변증법이 공평하고 정직하도록 가능하게 만드는가?

방법, **방법**, 그리고 **또다시 방법**이다.

하지만 방법이 우리에게 진리를 보장해 줄 수는 없다. 왜냐하면 어느 것도 그렇게 할 수는 없기 때문이다. 그러나 방법은 우리가 자기-의식적이고 자기-비평적이 되도록 할 수 있는 유일한 분야이다. 현실적으로 방법이 우리의 피부와 몸, 정신과 마음, 사회와 문화의 밖으로 우리를 이끌 수는 없다. 하지만 그것은 우리의 정직에 대한 최고 희망이며, 또한 역사의 정당한 과정이다.

2. 확인된 환영, 부인된 환영

기독교의 탄생에 대해 질문을 받고 대부분 사람은 아마 이와 같이 대답할 것이다. 추종자들은 예수를 메시아 또는 하나님의 아들이라 생각하였다. 그러나 그분은 로마 제국의 권력이 가하는 고문을 받았으며 법적으로 처형되었다. 그렇지만 사흘 안에 그분이 안치된 무덤이 비어 있는 것이 발견되었다.

그 이후에 예수는 죽음에서 부활한 자로 이전 동료들에게 나타나 자신을 보이셨다. 그런 부활 환상들은 기독교의 탄생과 성장, 로마 제국을 횡단한 전파와 승리의 기적을 설명해 준다. 그런 설명에 관해,

특별히 환상과 환영에 관해 두 가지 질문을 제기하겠다.

첫째, 처음 추종자들은 환상과 현현을 그런 방식으로 이해하였나?
만일 그렇다면, 바울이 강력하게 확언하는 그런 비전들과 현현들을 마가는 강력하게 부인하는 것을 어떻게 비교해서 설명할 수 있는가?

둘째, 1세기 사람들이 환상과 현현의 중요성을 그런 방식으로 주장하였는가?
그들은 예수의 부활 환상들이 온 세계에서 유일하다고 주장하는 것이었을까?

전문 용어에 대한 하나의 예비적 비평을 하겠다. 나는 본 글에서 환상(vision)과 환영(apparition, 현현)을 상호 교환적으로 사용하겠다. 그리고 사회심리학적으로 또한 비교종교의 교차 문화인류학 내에서 그것들을 이해할 것이다. 이런 이해는 이오안 루이스(Ioan Lewis), 에리카 부르기뇽(Erika Bourguignon), 펠리시타스 굿맨(Felicitas Goodman), 혹은 레이몬드 프린스(Raymond Prince)의 연구서들에서 이용한 것이다.[5]

---

5 Ioan M. Lewis, *Ecstatic Religion: An Anthropological Study of Spirit Possession and Schamanism*. Pelican Anthropology Library (Baltimore: Penguin, 1971); Erika Bourguignon, *A Cross-Cultural Study of Dissociational States: Final Report* (Columbus: Ohio University Press, 1968); Bourguignon, *Psychological Anthropology: An Introduction to Human Nature and Cultural Differences* (New York: Holt, Rinehart and Winston, 1979); Bourguignon, ed., *Religion, Altered States of Consciousness, and Social Change* (Columbus: Ohio University Press, 1973), Felicitas D. Goodman, *Ecstasy, Ritual, and Alternate Reality: Religion in a Pluralistic World* (Bloomington: Indiana University Press, 1988); Raymond Prince, ed., *Trance and Possession States* (Montreal: R. M. Bucke Memorial Society, 1968).

이런 배경으로 인해 환상이나 환영, 또는 망상이나 환각(hallucination) 사이를 구분하는 것은 피할 수 없는 일이다. 그런 구분을 하는 데 꿈과 환상을 비교하는 것도 적절하다. 소망과 두려움, 꿈과 악몽, 환상과 환영(현현)은 망상(delusion)이나 환각과 동일한 것이 아니다.

만일 어떤 이가 잠결에 꿈 속에서 거인이 공격하려고 하여, 비명을 지르면서 잠에서 깨었다면 그것은 한밤중에 악몽이다. 그의 부인은 "단지 나쁜 꿈에 불과해요. 다시 주무세요"라고 말한다. 그리고 그는 다시 잠을 잔다. 하지만 그가 만일 그날 밤에 일어나 119에 전화를 걸어 침입자를 보고하고 다음 날에 안전 장치를 설치한다면 꿈에서 망상(착각)으로 옮긴 것이다. 어떤 것이 어떤 것인지 아는 것은 현실의 일부분이다.

만일 그 사람이 산꼭대기에서 내려와 천사장 미가엘의 계시를 보도했다면 그는 환영을 본 것이다. 만일 그가 저 위에 날개 달린 존재가 있어 모든 사람이 보러 가야 한다고 계속 주장한다면, 환상을 넘어 환각으로 접어들었을 것이다. 어떤 것이 어떤 것인지 아는 것은 현실의 일부분이다. 현재의 토의는 망상이나 환각에 대한 것, 실재와의 접촉을 상실하는 것에 관한 것이 아니다. 또한, 속임수나 거짓말에 대해서, 정직성을 상실하는 것에 관한 것도 아니다.

황홀과 무아지경, 환상과 환영은 완전히 정상적이고 자연적인 현상이다. 엄밀히 말해 그것들은 초자연적이거나 초정상적인 것이 아니다. 우리가 꾸는 꿈과 환상처럼 의식의 변경 상태는 인간성에서 공통된 가능성이요 두뇌 내부로 연결된 것이며, 언어 그 자체처럼 정상적으로 가능한 것이다.

1세기 초기에 그것들은 공통적으로 가능한 것으로 인정되었으며,

20세기 후기에도 여전히 그렇게 인정된다. 그리고 오직 그런 인간들의 정상적인 상태를 수용할 때, 적절한 반응을 할 수 있다. 여기서 "우리는 당신의 환상의 **사실**(fact)을 부인한다"라고 말하지 말아야 한다. 오히려 "당신의 환상의 **내용**(content)을 우리에게 말해 보라"고 말해야 한다. 그렇다면 누군가 환상을 보았는지 아닌지에 대해 판단하는 문제가 아니라, 우리가 그것을 따라야 하는지 아닌지에 관한 문제가 된다.

여기서 제기하는 문제는 아주 초기에 예수의 두 가지 부활 현현의 보도들에 관한 것인데, 특히 바울 서신에서 상세히 확인되지만, 마가복음에는 전체적으로 생략되었다.

기독교의 탄생에 대한 그 환상들에서 제안된 보편적인 중요성의 차이로부터 우리는 무엇을 배울 수 있을까?

1) 바울이 보도한 장사 지냄과 환영

예수가 십자가에서 처형된 지 20년이 지난 후에 바울은 고린도에서 예수를 믿기로 회심한 사람들에게 그 자신이 전수하여 그들에게 전달해 준 전승을 상기시키고 있다. 얼마나 많은 공간과 진술이 고린도전서 15:1-11에서 현현의 장면들에 주어졌는지를 강조하기 위해, 내용을 연속선의 형식에 맞추어 보겠다. 장사 지냄(burial)은 살짝 언급되지만, 부활 환상들은 매우 상세하게 진술된다.

> 형제들아 내가 너희에게 전한 복음을 너희에게 알게 하노니, 이는 너희가 받은 것이요, 또 그 가운데 선 것이라. 너희가 만일 내가 전한 그 말을 굳게 지키고, 헛되이 믿지 아니하였으면 그로 말미

암아 구원을 얻으리라. 내가 받은 것을 먼저 너희에게 전하였노니 이는 성경대로 그리스도께서 우리를 위하여 돌아가시고,

장사 지낸 바 되었다가,

성경대로 사흘 만에 다시 살아나시어,

(1) 게바에게 보이심.

(2) 후에 열두 제자에게 보이심.

(3) 그 후에 오백여 형제에게 일시에 보이셨나니

그중에 지금까지 대다수는 살아 있고 어떤 사람은 잠듦.

(4) 그 후에 야고보에게 보이심.

(5) 그 후에 모든 사도에게 보이심.

(6) 맨 나중에 만삭되지 못하여 난 자 같은 내게도 보이셨느니라. 나는 사도 중에 가장 작은 자니, 하나님의 교회를 박해하였으므로 사도라 칭함 받기를 감당하지 못할 자라. 그러나 나의 나 된 것은 하나님의 은혜로 된 것이니 내게 주신 그의 은혜가 헛되지 아니하여 내가 모든 사도 보다 더 많이 수고하였으나 내가 한 것이 아니요 오직 나와 함께 하신 하나님의 은혜라. 그러므로 나나 그들이나 이같이 전파하매 너희도 이같이 믿었느니라(고전 15:1-11).

전체 단위가 고린도전서 15:1과 15:11의 용어 선포하다/믿다 사이에서 구도를 이룬다. 그러나 15:8-11에서 바울 자신에게 나타난 그리스도의 현현은 그가 전해 받은 전승의 부분이 아님이 명백하다. 고린도전서 15:9의 '사도 중에 가장 작은 자'로 자신을 표현하기 위해 고린도전서 15:7에서 '모든 사도'로 결론지음으로, 어떤 체계적인 편집을 해야 했었다.

하지만 당연하게 고린도전서 15:3-7은 바울이 받은 것이며(고전 15:3), 그러므로 고린도 교인들이 받은 전승이라고(고전 15:1) 확인된다. 그런 전수를 받음에 대한 요약에서 '성경대로' 중요하게 일어난 죽음과 부활보다도, 환영 사건에 더욱 공간을 주고 있다. 환영 또는 환상이 전통 기독교 신앙에 매우 중요하다는 것을 고린도전서 15:3-7에서 정당하게 결론지을 수 있다.

그렇지만 그로부터 20년이 지난 후에 마가가 복음서를 기록했는데, 그때에는 예수의 죽음과 부활이 '성경대로'라고 기록되어 있으나, 환영이나 환상은 전혀 없다. 부활 환영에 대하여 협상할 수 있는 것과 없는 것을 보여 주기 위해, 바울이 수용하는 요약의 결론부를 마가복음의 이야기 결론부와 비교해 살펴보겠다.

부정적으로는 왜 마가는 부활한 예수의 환영을 언급하지 않고 끝을 맺었는가?

긍정적으로는 왜 마가는 있는 그대로의 기록으로 끝을 맺었는가?

마가의 기록에서 역사적 정확성, 전승의 경건성, 마가의 창작력은 어느 정도로 나타나는가?

2) 마가복음서에서 장사 지냄과 환영

예수가 처형당한 지 20여 년이 지난 후에 기록하면서, 바울은 앞에서 본 대로 예수의 죽음, 장사 지냄, 부활과 여러 환영에 관해 전달받은 전승을 상기시켰다. 바울이 기록한 지 20여 년 후에, 마가는 다른 방식으로 그 이야기를 기록한다.

마가복음서에는 예수의 무덤과 장사 지냄이 상세히 진술되었지만,

부활 환영에 대한 보도는 전혀 없다. 부활 환상 대신에 빈 무덤 이야기가 나온다. 마가복음의 뒤에서부터 진행해서 먼저 예수의 빈 무덤 이야기를 보고, 그 다음에 예수의 장사 지냄 기록을 살펴보겠다.

(1) 예수의 무덤

막달라 마리아와 몇 명의 다른 여인들이 예수의 빈 무덤을 발견한 최초의 동료들이라고 오복음서(five gospels)에서 일치되게 보도한다. 이 여인들에 대하여서는 마가복음 16:1에서 "막달라 마리아, 야고보의 어머니 마리아와 살로메"라고 이름을 밝힌다. 마태복음 28:1에서는 "막달라 마리아와 다른 마리아"로 보도한다. 누가복음 24:1에는 "막달라 마리아, 요안나, 야고보의 어머니 마리아와 그들과 함께 있는 다른 여인들"이라고 언급한다.

요한복음 20:2에 '우리'라는 표현이 나오긴 해도 20:1에는 오직 '막달라 마리아'만 언급한다. 베드로복음 12:50-51에서는 "주님의 여제자 막달라 마리아 … 그녀의 여자 친구들과 함께"라고 기록되었다. 매우 인상 깊은 일치이지만, 그것들 모두는 하나의 자료에 의존하고 있다.

각기 독립된 다섯 증언이 아니라, 다른 네 저자가 마가복음에서 직접 또는 간접으로 베낀 것이다. 그러므로 그것은 다음처럼 언급되지 않는다. '사복음서 모두와 또한… 베드로복음서마저도,' 혹은 '사복음서 모두,' 또는 클라우디아 셋처(Claudia Setzer)가 하듯이 마태, 마가, 누가의 독립된 '세 가지 전승'이라고 표현되지 않는다.[6] 그것은 단지

---

6 Claudia Setzer, *Jewish Responses to Early Christians: History and Polemics*, 30-150 C.E. (Minneapolis: Fortress Press, 1994), 160, 261, 268.

자료들을 무시한 채, 번역판만 추가할 뿐이다.

여기서 질문은 다음과 같다.

우리는 하나, 둘, 셋, 넷, 그리고 다섯 개의 각기 독립된 자료들을 갖고 있는가?

그리고 만일 우리가 오직 마가복음이라는 하나의 독립된 자료만을 가졌다면, 그것은 다음의 질문에 이르게 한다.

마가복음 16:1-8에 어떤 선-마가 전승(pre-Markan tradition, 마가 이전 전승)이 있는가?

또한, 그 사건에 대한 마가의 목적은 무엇인가?

이와 관련해서 다음 세 가지 본문을 고려해야 한다.

> 멀리서 바라보는 여자들도 있었는데 그중에 막달라 마리아와 또 작은 야고보와 요세의 어머니 마리아와 또 살로메가 있었으니 이들은 예수께서 갈릴리에 계실 때 따르고 섬기던 자들이요 또 이 외에 예수와 함께 예루살렘에 올라온 여자들도 많이 있었더라(막 15:40-41[돌아가심 이후]).

> 막달라 마리아와 요세의 어머니 마리아가 예수의 몸이 놓인 곳을 보더라(막 15:47[장사되심 이후]).

> 안식일이 지났을 때 막달라 마리아, 야고보의 어머니 마리아와 살로메가 가서 예수께 바르기 위하여 향품을 사서 두었다가 안식 후 첫날 매우 일찍이 해 돋을 때에 그들이 무덤으로 가며 서로 말하되 '누가 우리를 위하여 무덤 입구에서 돌을 굴려 줄 것인가?' 하

더라. 눈을 들어 본즉 벌써 돌이 굴려져 있는데 그 돌이 심히 크더라. 무덤에 들어가서 흰 옷 입은 한 청년이 우편에 앉은 것을 보고 매우 놀라매, 청년이 이르되, '놀라지 말라. 너희가 십자가에 못박히신 나사렛 예수를 찾는구나. 그가 살아나셨고 여기 계시지 아니하니라. 보라, 그를 두었던 곳이라. 가서 그의 제자들과 베드로에게 이르기를 예수께서 너희보다 먼저 갈릴리로 가시나니, 전에 너희에게 말씀하신 대로 너희가 거기서 뵈오리라' 하라 하는지라 여자들이 몹시 놀라 떨며 나와 무덤에서 도망하고 무서워하여 아무에게 아무 말도 하지 못하더라(막 16:1-8[안식일 이후]).

위의 반응은 초자연적 경외로 설명할 수 있지만, 그런 반응은 여인들의 부정적인 모습이며 자기-모순이다.

여인들이 무덤에서 나와 아무에게도 아무 말도 하지 못했다면, 또한 '마가'가 그들 중의 한 명이 아니었다면, 어떻게 그 일에 대하여 다른 사람들이 알 수 있었을까?

그러나 그것은 마가복음서의 결론으로 정확히 들어 맞는다. 마가는 일반적으로 열두 제자, 특히 베드로, 야고보, 요한에 대해 매우 비판적인데, 다른 누구에게 보다 베드로에 대해 가장 비판적이다. 그것은 다른 기독교 공동체들을 향한 마가의 비평주의로 해석되는데, 그 공동체들은 예수의 고난받는 운명에 대해 덜 강조하고, 이교도 선교에 대해 덜 열정적이며, 신학적 관점에서 베드로, 세 제자, 또한 열두 제자에게 더욱 의존하였다.

그것은 또한 마가가 자신이 속한 공동체 구성원들을 위로하는 것으로도 해석되었는데, 그들은 제1차 로마 전쟁(66-73/74)에 이어진 당시의 박해 속에서 예수를 따르는 데 실패하였다. 그러므로 베드로, 세 제자, 열두 제자의 실패, 도망, 부인마저도 희망 없는 것이 아님을 말해줄 필요가 있었다.

그런 배경에 역행하면서 마가가 어떻게 베드로나 세 명의 제자, 또는 열두 제자에게 보이신 예수의 환영 보도로 끝을 맺을 수 있었겠는가?

마가는 자신의 복음서를 매우 다르게 종결지어야 했다. 마가복음 16:1-8의 끝맺음은 그러한 일반적인 배경에 대항하며, 이런 특정한 전경 안에서 이해되어야 한다.

(A1) 십자가 사건에 관한 실패(이름을 밝힌 남성 제자들): 막 10:32-42 (겟세마네).

(B2) 부활 사건에 관한 성공(무명의 여성 제자): 막 14:3-9 (기름부음).

(A2) 십자가 사건에 관한 성공(무명의 남성 제자): 막 15:39(백부장).

(B1) 부활 사건에 관한 실패(이름을 밝힌 여성 제자들): 막 16:1-8 (빈 무덤).

그런 모든 구조는 마가의 목적을 이해하는 데 중요하다. 예수의 여성과 남성 동료들이 마가에게 중요하며, 각 그룹의 내부인들인 세 명이 특별히 중요하다. 하지만 그들은 실패자의 모델로서 중요한데, 희망 없는 실패자는 아니어도 여전히 실패자의 모델로 제시된다. 그런 이유로 마가는 겟세마네 동산에서 잠자는 제자들을 언급했듯이, 빈 무덤 이야기를 기록했다. 마가복음 10:32-42과 16:1-8에 보도된 수난 이야기의 외부 구도에 예수를 실망하게 한 남성과 여성 제자들이 있다. 그렇지만 그 둘의 실패는 각기 둘의 성공으로 대응된다.

남성 제자들은 십자가 사건이 두려워서 도망가지만, 백부장은 십자가 사건을 보았기 때문에 예수를 고백한다. 여성 제자들이 예수의 몸에 기름을 바르는 데 실패하지만, 다른 여인이 정확히 그 곳에서 성공한다.

이에 대해서는 더 자세한 설명이 필요하다. 마가의 이야기에서 예수는 세 번씩이나 매우 명확하게 그가 예루살렘에서 처형될 것이요 사흘 만에 다시 살아나리라고 제자들에게 말하였다. 그런 예언이 마가복음 8:31, 9:31, 10:33-34에서 반복되고 있다. 그 예언은 항상 "사흘 만에 다시 살리라"는 부활로 종결된다. 그런 예언 다음에 여인들이 안식 후 첫날 시신을 위한 향료를 가지고 무덤에 오는 것은 사랑의 행위지만, 신앙의 행위는 거의 아니다. 마가에게 그것은 신앙이 부족한 태도이다.

마가에게 그런 행동은 도망이나 침묵보다도 마가복음 16:1-8을 더욱 실패로 만든 요인이다. 여인들이 두려워 무덤에서 도망하는 것이 아닌, 향유를 가지고 무덤에 접근한다는 것이 더욱 실패의 요인이다. 그러므로 마가는 여인들이 "예수에게 바르려고 향유를 샀다"라고 주장한다. 하지만 마가복음 16:1-8에 나오는 여인들의 실패에 대해 말하기 전인 마가복음 14:3-9에서 한 여인의 놀랄 만한 믿음의 이야기를 들려준다.

> 예수께서 베다니 나병 환자 시몬의 집에서 식사하실 때에, 한 여자가 매우 값진 향유 곧 순전한 나드 한 옥합을 가지고 와서 그 옥합을 깨뜨려 예수의 머리에 부으니 어떤 사람들이 화를 내어 서로 말하되 어찌하여 향유를 허비하는가?

이 향유를 삼백 데나리온 이상에 팔아 가난한 자들에게 줄 수 있었겠도다 하며 그녀를 책망하는지라. 예수께서 이르시되 가만두라. 너희가 어찌하여 그를 괴롭게 하느냐?

저가 내게 좋은 일을 하였느니라. 가난한 자들은 항상 너희와 함께 있으니 아무 때라도 원하는 대로 도울 수 있거니와 나는 너희와 항상 함께 있지 아니하리라. 그는 힘을 다하여 내 몸에 향유를 부어 내 장례를 미리 준비하였느니라. 내가 진실로 너희에게 말하노니 온 천하 어디든지 복음이 전파되는 곳마다 이 여인이 행한 일도 말하여 그를 기억하리라 하시니라(막 14:3-9).

이 무명의 여인은 마가복음 8:31, 9:31, 10:33-34에서 예수가 자기 자신에 대하여 예언한 죽음과 부활을 믿는다. 이 여인은 그것을 **믿고** 안다. 그러므로 그녀가 예수의 장례를 위해 지금 향유를 붓지 않는다면, 이후에 다시 그렇게 할 수 없을 것이다. 그런 이유로 예수에게서 놀라운 칭찬을 듣게 되는데, 이런 칭찬은 복음서 전체와 병행하지 않는다.

여인을 향해 "온 천하 어디든지 복음이 전파되는 곳마다, 이 여인이 행한 일도 말하며 그를 기념하리라"고 찬사를 보냈다. 그 찬사가 주어진 이유는 마가복음에서 여인의 그 행동이 예수의 수난과 부활의 운명에 대한 온전하고도 분명한 첫 번째의 신앙 행위였기 때문이다. 그것은 마가복음 15:39에 나온 십자가 밑에서 "이 사람은 진실로 하나님의 아들이었도다"라고 고백한 동일하게 무명한 백부장의 고백 이전에 유일하고 온전한 행위였다. 마가에게 있어서 그 무명의 여인은 첫 번째 그리스도인이었다.

빈 무덤 이야기는 초기 역사적 사건이나 후기 전설적 설화가 아니라 의도적인 마가의 창작이다. 겟세마네 동산에서 잠을 잤던 남성 제자들과 무덤에 향유를 준비해 간 여성 제자들은 수난-부활 이야기에서 마가 자신의 편집 구도에 따라 설정되어진 것이다.

셋처(Setzer)의 용어를 빌면 마가가 '부활의 여성 증인'으로서 '훌륭한 여인'을 묘사한 것은 마가복음 16:1-8이 아니고, 14:3-9에서이다. 그렇지만 그것은 여인 또는 여인들이 빈 무덤을 처음으로 발견했다거나, 처음으로 부활한 예수를 보았다고 주장하는 것보다 확실히 더욱 놀랍다. 한 여인이 처음으로 부활을 믿은 사람이라고 마가는 말해 준다. 누구에게나 처음에 관련된다면, 그것은 더욱 의미 있는 것으로 보인다.

마지막으로, 만일 요셉이 장사 지낸 것과 여인이 빈 무덤을 발견한 것을 마가가 창작했다면, 마가복음 15:47의 기능은 명백해진다. 그것은 그 두 사건들 사이에 필요한 연결이다.

> 막달라 마리아와 요세의 어머니 마리아가 예수 둔 곳을 보더라 (막 15:47).

그러나 그 여인들은 마가복음 15:40-41에 예수의 십자가 가까이에서 처음으로 소개된다.

> 멀리서 바라보는 여자들도 있었는데 그중에 막달라 마리아와 또 작은 야고보와 요세의 어머니 마리아와 또 살로메가 있었더라. 이들은 예수께서 갈릴리에 계실 때 따르고 섬기던 자들이라. 또 이외에 예수와 함께 예루살렘에 올라온 여자들도 많이 있더라 (막 15:40-41).

이 기록은 그 세 여인에 관해 완전한 정체를 밝혀 준다. 마가복음 15:47에는 야고보나 살로메에 대한 언급이 없다. 단지 '막달라 마리아와 요세의 어머니 마리아'에 대해 말한다. 마가복음 16:1에 세 여인이 있으나 요세는 언급되지 않았다. '막달라 마리아, 야고보의 어머니 마리아와 살로메'에 관해 말한다. 마가는 마가복음 15:40을 해체하여 15:47과 16:1에서 변화를 주면서 더욱 간단한 해석으로 만든 것처럼 보인다.

마가는 남자 제자들의 그룹에 대해 알고 있었는데, 그들 중에 베드로, 야고보, 요한이라는 세 명의 제자가 있다. 마가는 그 제자들을 반복해서 총체적으로 비판한다. 하지만 그런 비평이 마가의 편집에서 온 것이지만, 그 사람들의 이름과 존재는 선-마가 전승(이전-마가 전승)에서 온 것이다. 마가는 여성 제자들의 그룹 역시 알고 있다. 예수께서 남자들과 함께 있었듯이, 또한 여자들과 같이 있었다. 마가복음 15:40-41에 나오는 이름들은 선-마가 전승이지만, 마가복음 15:47-16:8에 나오는 비평은 마가의 편집이다. 달리 말해 여인들이 예수의 장사 되심을 주시하고 무덤을 방문한 것은 마가보다 빠르지 않지만, 십자가에 못 박힌 예수를 바라본 여인들에 대한 보도는 전승으로 전해 받은 것이다.

그런데 그것이 역사적 사실일까?

나의 대답은 "그렇다!"이다. 왜냐하면, 그때 남자 제자들은 도망을 갔기 때문이다. 그리고 십자가를 주시한 여인들이 없었다면, 십자가 처형의 유별나게 잔인한 사실을 알지 못했을 터인데, 예를 들어 예수가 창에 찔렸는지 감옥에서 목 베임을 당했는지 알 수 없었을 것이기 때문이다.

(2) 첫 번째 반대

마가가 복음서의 결론으로 부활 환상을 대신해 빈 무덤 이야기를 만들어냈다는 제시에 대하여 두 가지의 반대가 있었다. 하나는 내부적인 것인데 여기서 검토할 것이며, 다른 하나는 외부적인 것인데 이어서 살펴볼 것이다. 내부적 반대는 마가복음 16:7에서 무덤 안에 있던 젊은이가 여인에게 말한 내용이다.

> 그러나 가서 그의 제자들과 베드로에게 이르되 예수께서 너희보다 먼저 갈릴리에 가시나니 전에 너희에게 말씀하신 대로, 거기서 너희가 뵈오리라(막 16:7).

이 말씀이 예수의 현현을 약속한 것으로 이후에 성취될 것을 전제로 했던 것이었을까?

바울에게 현현들이 명백히 있듯이, 마가에게는 함축적으로 포함된 것인가?

그 해결에는 네 가지 문제가 생긴다.

첫째, 만일 마가가 복음서를 16:7에서 끝냈다면, 그런 해석이 설득력을 지닐 수 있다. 하지만 마가복음 16:8에서 결론을 계속하는데, "여자들이 몹시 놀라 떨며 무덤에서 나와 도망하고, 무서워하여 아무에게 아무 말도 하지 못하더라"고 한다. 마가는 그 메시지가 결코 전달되지 못했음을 언급한다. 그것은 이 복음서에서 이름이 알려진 여인들로부터 남성들에 이르기까지 마지막이요 절정을 이루는 실패의 행위이다.

둘째, 그런 종결은 마가복음에 의존한 다른 복음에서는 수용될 수 없었다. 예를 들어, 마태가 마가를 변경시키면서 어떻게 해야 했고, 지금 어떻게 변경시켜야 하는지를 볼 수 있다. 다음은 불순종에서 순종으로 어떻게 마태가 그의 마가 자료들을 바꿔 말하는지 보여 준다

마가복음 16:8	마태복음 28:8
여자들이 몹시 놀라 떨며	그 여자들이 무서움과
무덤에서 나와 도망하고 무서워하여	큰 기쁨으로 빨리 무덤을 떠나,
아무에게 아무 말도 하지 못하더라.	제자들에게 알리려 달려가더라.

무엇보다 마가복음 16:7에서 천사의 '가라'는 명령이 마태복음 28:7에서 '빨리 가라'로 수식되고, '빨리 떠나'가 반복됨으로써 여인의 순종이 강조된다. 그다음 마가의 세 비평을 각기 반대로 변화시킨다. '도망하다'라는 말 대신 복음을 가져오는 '빨리'가 있다. '무서움과 놀라움' 대신 '무서움과 큰 기쁨'이 있다. '아무에게 아무 말도 못하다' 대신, '그의 제자들에게 말하라'는 명대로 달려간다.

그렇지만 그런 변화들마저 마가의 지독한 부정적 이미지를 충분히 상쇄시키지 못한다. 그러므로 마태는, 내가 판단하건대, 이 목적을 위해 완전히 새로운 단위를 더하면서 창작하였는데, 즉 마태복음 28장에서다.

우연히 예수께서 그들을 만나 이르시되 평안하냐 하시거늘 여인들이 나아가 그 발을 붙잡고 경배하니 이에 예수께서 이르시되 무서워하지 말라 가서 내 형제들에게 갈릴리로 가라 하라. 거기서

나를 보리라 하시니라(마 28:9-10).

한편 마태복음 28:10에서 예수의 메시지 "가서 내 형제들에게 갈릴리로 가라 하라. 거기서 나를 보리라"는 마태복음 28:7의 "빨리 가서 제자들에게 말하되 그가 죽은 자 가운데서 살아나셨고, 너희보다 먼저 갈릴리로 가시니, 거기서 그를 뵈오리라 하라"는 천사의 메시지에 대한 간단한 요약이다.

다른 한편 그들의 '경배'(worship)는 후에 제자들이 '그에게 경배했던' 갈릴리산 위에서의 다음 단위를 예비하게끔 해 준다. 달리 말해 마태복음 28:9-10에서 여인들이 체험한 부활하신 예수의 현현은 순전히 마태의 문장으로, 마가의 끝맺음 말을 지우면서, 제자들에게 나타날 예수의 현현을 예비시키도록 하는 것이다.

더 나아가 여인들은 메시지-환상(message-vision)을 보고, 제자들은 위임-환상(mandate-vision)을 체험한다. 프란스 나이링크(Frans Neirynck)가 "마태복음 28:1-10의 빈 무덤 내러티브는 마가의 해석과 바로 동일한 해석을 전제로 한 것이다"[7]라고 거의 30년 전에 결론을 내렸다. 하지만 현재의 목적을 위해, 마태복음은 마가에 의존한 다른 복음서들 중 어떤 것도 마가의 결어를 부활 환상으로 수용할 수 없었음을 보여 준 좋은 본보기이다.

셋째, 초기의 어떤 사본가들(copyists)은 마가의 끝맺음 말에 아주 불

---

[7] Frans Neirynck, Evangelica [I : 1966-1981]. *Gospel Studies—Etudes d'evangile: Collected Essays by Frans Neirynck*, ed. F. Van Segbroeck (Leuven: Leuven University Press, 1982), 289.

만족했으므로 더욱 적절한 언어를 첨언하였다. 예를 들어 마가복음 16:9-20의 결어는 고린도전서 15:5-8의 현현 보도를 상기시키지만 매우 다르다. 브루스 메츠거(Bruce Metzger)는 미국성서협회의 헬라어 신약성경 편집위원회에 이렇게 요약하여 보고하였다.

> 마가복음의 네 가지 결어들이 사본에 일반적으로 나타난다···.
> 충분한 외부적 증거와 내부적 고려에 근거하면 마가복음의 최초 양식은 16:8로 끝난 것으로 보인다···.
> 세 가지 가능성이 있다.
> (a) 복음서 기자가 이곳에서 복음을 끝맺으려 했다. 아니면
> (b) 복음서는 결코 끝나지 않는다. 그도 아니면 가장 가능성 있는 것은,
> (c) 사본 수량이 늘어나기 이전에 우발적으로 복음서의 마지막 장을 잃어버렸다 [8]

그 인용의 전반부에서 마가복음이 현재 상태의 16:8로 끝맺음 하도록 하는데, 즉 거기에는 어떤 부활 현현의 이야기도 없다. 하지만 후반부에서 마가복음에 원래는, 현재 상실된 결론에서, 아마 부활 환상들로 계속하도록 했다고 제안하였다. 그런 마지막 제시는 입증 가능이나 불가능하지 않으며, 내가 제시하는 다음의 넷째 관점보다 '가장 가능성 있는' 것이 아니다.

---

[8] Bruce M. Metzger, *A Textual Commentary on the Greek New Testament*, 2nd ed.(New York: United Bible Societies, 1994), 102, 105 n. 7.

넷째, 마가복음 16:8의 끝맺음은 완전히 이해할 만하며, 마가의 편집과 신학적 관점에서 예측할 만한 것이다. 바울과는 달리 마가는 지도자들의 이름을 열거하는 부활 환상으로 끝맺음을 할 수 없었다.

위에서 본 그대로 마가는 지도자들을 극도로 당황스러운 상황과 대화에 두면서, 명명된 지도자들을 사정없이 비판한다. 이 비판에는 제자들과 친척, 남성들과 여성들이 관련된다. 시몬은 마가복음 3:16에서 베드로라고 재명명된다. 하지만 14:37에는 겟세마네 동산에서 예수가 고뇌하는 동안 잠을 잔 이후로 다시 시몬이라고 불린다.

마가복음 8:27-31에서 예수의 첫 번째 수난-부활 예고 후에 세 명의 제자 베드로, 야고보, 요한은 8:32-33에서 두드러지게 이해력이 부족하다. 또한, 마가복음 10:32-34에서 예수의 세 번째 수난 예고 이후인 10:35-37에서도 세 명의 제자들은 상당히 우둔하다. 그리고 빵을 증가시켜 마가복음 6:35-44에서 유대인에게 나누어 주고, 또한 8:1-9에서 이방인에게 나누어 준 두 가지 사건이 일어난 다음에도, 열두 제자는 빵 한 덩어리가 모두를 위해 충분하고 정말로 많은 빵이 남았음을 여전히 이해하지 못하는 장면이 마가복음 8장에 나온다.

> 예수께서 아시고 이르시되 너희가 어찌 떡이 없으므로 수군거리느냐 아직도 알지 못하며 깨닫지 못하느냐 너희 마음이 둔하냐 너희가 눈은 있어도 보지 못하며 귀가 있어도 듣지 못하느냐?
> 또 기억하지 못하느냐 내가 떡 다섯 개를 오천 명에게 나누어 줄 때 남은 조각 몇 바구니를 거두었더냐 그들이 대답하되 열둘이니이다, 또 일곱 개를 사천 명에게 떼어 줄 때 조각 몇 광주리를 거두었더냐?

그들이 대답하되 일곱이니이다. 이르시되 너희가 아직도 이해하지 못하느냐 하시니라(막 8:17-21).

마가복음 3:21, 31-35과 6:1-6에서 예수의 제자들뿐 아니라 친지들 역시 예수를 알지 못한다. 그리고 위에서 본 바대로 무덤에서 세 명의 주요한 여인들은 겟세마네 동산에서 세 명의 주요한 남성들이 그랬던 것처럼 이해하지 못한다.

그런 연속적인 실패의 목록 다음에 마가가 어떻게 여인들과 남성들, 친지들과 제자들에게 나타난 예수의 부활 환상으로 결어를 맺을 수 있었겠는가?

더 나아가 환상 또는 현현 자체가 마가에게 문제시된다. 마가복음 13장을 주후 66-74년 로마에 대항한 첫 번째 유대 전쟁의 배경에서 해석하는데, 이 전쟁은 마가 공동체에 예수의 예언들이 성취된 것이다.

예수께서 이르시되 너희가 사람의 미혹을 받지 않도록 주의하라. 많은 사람이 내 이름으로 와서 이르되 내가 그라 하여 많은 사람을 미혹하리라(막 13:5-6).

그때 어떤 사람이 너희에게 말하되 '보라! 그리스도가 여기 있다! 보라! 저기 있다! 하여도 믿지 말라. 거짓 그리스도들과 거짓 선지자들이 일어나서 이적과 기사를 행하여 할 수만 있으면 택하신 자들을 미혹하려 하리라. 너희는 삼가라. 내가 모든 일을 너희에게 미리 말하였노라(막 13:21-23).

마가에게 묵시 문학적 성취가 여전히 임박한데, 이것은 마가복음 9:1에서 예수가 "여기 서 있는 사람 중에는 죽기 전에 하나님의 나라가 권능으로 임하는 것을 볼 자들도 있느니라"고 예언한 것과 같다.

하지만 부활과 재림 사이에 부활하신 예수의 현현이 없으며, 주후 30년경에도, 그리고 70년경에도 없다. 그 사이에 시련과 고난의 시기가 있으며, 주님의 부재 시기, 또는 더욱 좋게 말하자면, 예수가 박해를 받았듯이 박해받는 자들의 공동체에만 계시는 주님의 시기가 있다. 이 중간기는 부활 환상의 시기가 아니라 빈 무덤의 시기다.

마가 공동체의 상황, 역사적 위치, 편집신학의 그런 이해에서, 마가복음 16:8이 가장 적절한 결론이다. 그러므로 미완성된 복음이라거나 잃어버린 마지막 장이 있었다는 가설은 더 이상 필요하지 않다. 예수께서 갈릴리에서 다시 나타나실 것이기 때문에 '제자들과 베드로가' 예루살렘에서 나와서 갈릴리로 가야 했다는 것이 전해지지 않은 메시지다. 그것은 부활 환상(risen vision)이 아니라 임박한 재림(imminent parousia)이다.

그러나 여기서 나의 주된 관점은 바울이 전수해서 받은 전승과 그의 개인적인 체험에 매우 중요하였던 여럿의 부활 현현을 마가가 의도적으로 회피하고 부인했다는 것이다. 부활 신앙은 그들에게 동일하게 중요했지만, 부활 현현은 그렇지 않았다.

3) 예수의 장사 지냄

복음서의 결론부로 부활 현현 이야기를 대신하기 위해, 마가가 예수의 빈 무덤 이야기를 창작했다고 앞에서 주장하였다. 한 가지 질문을 더 제기해야 하겠는데 처음 제시와 관련되지만 다른 것이다.

즉, 아리마대 요셉이 예수를 무덤에 안치한 이야기는 전승으로 이어받은 것인가, 아니면 마가의 창작물인가?

그 문제에는 두 가지 요소가 있다.

① 예수가 장사 되었다는 것.
② 예수가 어떻게 장사 되었느냐는 것.

마가가 그중 하나 아니면, 양쪽 모두를 창작했는가?
아니면 그 요소 중에 어느 것도 창작하지 않았는가?

첫째, 예수가 장사 지낸 바 되셨다는 것이다.

바울은 고린도전서 15:4에서 예수께서 "장사 지낸 바 되었다"라고 기록했다.

만일 그것이 전달해 받은 전승이라면, 마가는 예수의 장사 지낸 바 되심에 대한 것을 창작할 수 없었으리라.

만일 그것이 예수께서 정말로 죽었다(단지 죽은 것이 아니라 죽어서 장사 되었다)는 것을 바울이 오직 주장하는 방식이라면, 전승이 아니라 가정이다.

그것은 예수의 죽으심 전승에 바울이 첨부한 것인데, 바울 자신이 받은 계시를 현현 전승에 부연한 것과 같은 방식이다. 장사 지낸 바 되었다는 것은 의문을 일으킨다. 왜냐하면, 로마의 십자가 처형에서는 일상적으로 형벌 당한 사람을 십자가 위에 그냥 남겨 두었기 때문이다. 그리하여 썩은 고기를 먹는 새와 먹이를 찾아 서성거리는 개들이 먹도록 했는데, 마틴 헹겔(Martin Hengel)이 설명한 그대로이다.

> 십자가 위에 죽음은 희생자들이 빈번히 절대 매장되지 않았다는 사실로 더욱 악화된다. 십자가에 못 박힌 희생자가 사나운 짐승이나 육식 새들의 먹이가 되었다는 것이 전형적인 모습이다. 이런 방식에서 그의 치욕은 끝나지 않았다. 고대 사람들에게 그것이 의미한 것은 장사 지냄을 거절당하는 것이요, 그에 따르는 불명예란 현대인이 가히 상상하기 어려운 것이었다.[9]

십자가 위에서의 죽음은 단지 신체적 고통이나 사회적 수치에 관한 것이 아니었다. 그것은 경기장 사나운 맹수에게 던져지거나 타오르는 불에 익히고 태워지는 화형의 형벌처럼, 가능한 대로 한 개인을 철저히 말살시키려는 것이었다. 하지만 본문과 고고학적 자료로부터 그런 궁극적 운명에도 예외가 있을 수 있음을 알게 된다.

예수와 동시대 인물인 이집트의 알렉산드리아 출신 유대인 철학자 필로(Philo)는 『플랙커스 83』(*Flaccus* 83)에서, 관대한 총독이 때때로 십자가에서 처형된 죄수들을 "내려서 관련자들에게 주도록 했는데, 이는 장사 지내는 명예를 얻도록 하기 위함이었으며," 황제의 생일 기간에 그처럼 하여 "축제의 성스러운 성격이 존중되도록 하였다"라고 관찰했다.[10]

그리고 예루살렘의 기바트 하-미브타르(Giv'at ha-Mivtar)에서 나온

---

[9] Martin Hengel, *Crucifixion in the Ancient World and the Folly of the Message of the Cross* (Philadelphia: Fortress Press, 1977), 87-88.

[10] Philo, *The World of Philo*, trans. Charles duke Yonge (Peabody: Hendrikson, 1993), 732.

예수와 동시대의 인물 예호찬난(Jehochanan)의 십자가에 못 박힌 유골에는 오른쪽 발꿈치 뼈에 아직도 4.5인치 길이의 못이 남아 있다. 하지만 그는 영예롭게 유골함(ossuary)과 무덤에 매장될 수 있었다.[11] 예수가 장사 지낸 바 되었다는 것은 확실히 가능하다.

또한, 만일 바울이 '예수가 장사 지낸 바 되었다는 것'을 전해 받은 전승이라고 했다면, 더욱 그런 가능성이 있을 것이다. 하지만 공포는 이것이다. 즉, 십자가 위에 버려진 시체에 대한 주요 대안은 석회 구덩이에 시체를 버리는 것이었다. 마리안네 사윅키(Marianne Sawicki)가 이 점을 주시하였다.

> 복음서 이야기들에서는 신사적으로 수의를 입히는 것과 고상하게 눕히는 것, 또한 무덤가에 호의적인 불침번을 이야기한다. 그렇지만 석회 구덩이라는 것이 훨씬 가능성 있다. '사라져 버린' 셀 수 없는 다른 시신들처럼, 예수는 총독에게… 유물들을 가족에게 돌려주는… 수고를 끼칠 만큼 중요한 인물이 아니었다. 석회는 신체를 속히 위생적으로 잠식한다. 그러므로 1세기에 예루살렘 밖에서 십자가에 못 박힌 수천 명의 골격의 잔재를 실제로 발견할 수 없다….
>
> 갈보리는 고대에 채석장이었다. 그리고 처형 후에 경찰은 시신들을 어느 편리한 구덩이에 냄새를 막는 얼마의 석회와 함께 버렸다. 그러나 아마도 미슈나 **산헤드린** 6:5(공동 범죄인 무덤)에서 요청하는 절차에 따라 산헤드린이 예수의 시신을 감금했을 수 있는

---

[11] Joseph Zias and Eliezer Sekeles, "The Crucified Man from Giv'at ha-Mivtar: A REappraisal," *IEJ* 35(1985): 22-27.

데, 왜냐하면 법정의 집행이 육체가 분해될 때 까지는(1년 후) 만족하지 못한 것으로 간주되었기 때문이다.[12]

그 인용에서 예수가 무덤에 안치된 방법, 특히 마가가 보도한 아리마대 요셉 이야기의 역사성에 도달하게 된다.

둘째, 그렇다면 예수는 '어떻게' 무덤에 묻히게 되었는가?
만일 예수가 궁극적인 처벌로 십자가 위에 남겨지지 않았다면, 수치스러운 석회 구덩이와 영예로운 새 무덤 둘 중에서 어느 것이 가장 그럴듯한 대안이었을까?
달리 말해서, 마가복음의 내러티브는 역사적인가?
나의 최근 저서에서 복음서에 관련된 결론으로 마가가 장사 지낸 이야기(burial story)와 빈 무덤 이야기(empty tomb story) 둘 다 창작했다는 것을 주장하였다.[13]
제럴드 오' 콜린스(Gerald O'Collins)와 다니엘 켄달(Daniel Kendall)은 질문을 던졌다.
"아리마대 요셉이 존재했는가?"
이와 같은 질문을 던지면서 그런 입장을 거론했다. 여기에서 질문

---

[12] Marianne SAwicki, *Seeing the Lord: Resurrection and Early Christian Practices* (Minneapolis: Fortress press, 1994), 180, 257.
[13] *The Cross That Spok*를 보라: *The Origins of the Passion Narrative* (SanFrancisco: Harper and Row, 1988) 234-48; *The Historical Jesus: The Life of a Mediterranean Jewish Peasant* (San Francisco: HarperSanFrancisco, 1991), 391-93; *Jesus: A Revolutionary Biography* (San Francisco: HarperSanFrancisco, 1994), 123-27, 152-58; *Who killed Jesus? Exposing the Roots of Anti-Semitism in the Gospel Story of the Death of Jesus* (San Francisco: HarperSanFrancisco, 1995), 160-88.

은 정확히 그것이 아니다. 아리마대 요셉이 존재했는지, 아닌지에 대해 일반적으로 질문하지 않는다. 그렇지만 특정적으로 아리마대 요셉이 마가가 기록한 내용을 행했느냐, 아니냐에 관해서, 달리 말해 마가의 해설이 역사적인지 아닌지를 질문한다.

오'콜린스와 켄달이 사용한 주요 논의와 관련해 대부분의 또는 모든 학자마저 나와 불일치하는데, 그들은 마가가 기록한 장사 지냄 이야기의 역사성을 수락한다. 그들이 연구한 논문의 구도를 설정해 주는 문장은 이것이다.

> 양식 비평의 선구자들 가운데 루돌프 불트만(Rudolf Bultmann)은 장사 지냄 이야기의 본질적 역사성을 인정하였다. 그는 기본 이야기(막 15:44-45, 47)를 '전설'(legend)이라는 인상을 조성하지 않는 '역사적 설명'으로 묘사하였다. 더욱 최근에 죠셉 피츠마이어(Joseph Fitzmyer)가 글을 썼다,
>
> 아리마대 요셉이 다른 곳에서는 알려지지 않았다. 그러나 사복음서 모두에서 그는 예수의 장사 지냄과 관련되는데, 이는 틀림없이 역사적으로 상기된 것이다. 누가 그를 고안했겠는가?…질문의 여지없이, 마가복음에 나오는 장사 지냄 이야기의 본질적 역사성을 완전히 논증할 수 없다. 하지만 우리가 최소한 결론 내릴 수 있는 것은 크로산이 장사 지냄 이야기의 역사적 신빙성을 약화시킬 수 없다는 점이다. 그 이야기의 신빙성은 불트만으로부터 피츠마이어에 이르기까지 또한 그 이후에 상당히 많은 성경학자들이 인정하고 있는 것이다.[14]

---

[14] Gerald O'Collins and Daniel Kendall, "Did Joseph of Arimathea Exist?" *Biblica* 75

첫째, 부차적 관점이지만 정확하게 말해보자.

불트만은 "마가복음 15:42-47은… 15:47과 15:44,45과는 별도로 … 역사적 사건이었다"라고 말했다.¹⁵

둘째, 중요한 관점은 내 주장에 반대하는 사람들이 얼마나 많으냐가 아니고, 그들의 논의들이 얼마나 건실하냐에 대한 것이다. 마가의 장사 지냄 이야기가 전설이 아니라고 말하는 불트만의 주장은 매우 옳다.

하지만 그것이 '역사적 설명'(historical account)이라면 역사적 **사실**(historical fact)인가 아니면 역사적 **픽션**(historical fiction)인가?

불트만은 그런 질문조차 혹은 그런 구분마저 하지 않았다. 피츠마이어는 평가된 독립된 자료들이라기보다, 마치 하나가 각자의 본문을 표현하듯이 '사복음서들 모두'라고 언급한다.¹⁶

하지만 마태와 누가는 장사 지냄 이야기를 마가에게서 취하였고, 또한 아래에서 보듯이 요한도 여기에서는 마가에게 의존하였기 때문에, 하나의 독립된 자료만 남게 된다. 그것이 마가가 장사 지냄 이야기를 창작했다는 점을 입증하지는 않지만, 마가가 창작하지 않았다는 것을 증명할 '확실한 역사적 회상'이라고 주장만 하는 것보다는 그 이상이 요구된다. "누가 아리마대 요셉을 고안했겠는가?"라고 피츠마이어는 질문하는데, 적어도 현재 내러티브의 기능상 마가가 고안했을

(1994): 235-41.

15 Rudolf Bultmann, *The History of the Synoptic Tradition*, tarns. John Marsh (New York: Harper and Row, 1963), 274.

16 Joseph A. Fitzmeyer, *The According to Luke*, 2 vols..(Garden City, N. Y.: Doubleday, 1981-85), 1526.

것이라고 나는 대답한다.

셋째, 나의 주장은 '일반적 입장'(비록 더 이상 존재하지 않지만, 베드로복음서에 스며 있는 더욱 초기 설명인 복음서 수난 설화의 본래 자료에 관해, 또한 구약 예언들을 역사화시키는 경향과 마가의 극도의 창의력에 관한 입장들)과 콜린즈와 켄달이 진술하듯 '특별한 관점'(아리마대 요셉을 중간기 인물로 보는)에 단지 의존하지 않는다.[17]

나는 그런 모든 태도를 유지한다. 하지만 여기서 마가의 장사 지냄 내러티브의 비역사성을 주장하는 것은 훨씬 구체적인 논의와 본문 자체의 밀접한 분석에서 온 것이다. 그 일반적인 비평주의들은 그런 논의들을 거론하지 않는다. 여기서 다시 한번 확장된 양식으로 반복하겠다. 마가복음의 본문으로 시작한다.

> 이날은 준비일 곧 안식일 전날이므로 저물었을 때 아리마대 사람 요셉이 와서 당돌히 빌라도에게 들어가 예수의 시체를 달라고 하니 이 사람은 존경받는 공회원이요 또한 하나님의 나라를 기다리는 자라. 빌라도는 예수께서 벌써 죽었을까 하고 이상히 여겨 백부장을 불러 죽은 지 오래냐고 묻고 백부장에게 알아본 후에 요셉에게 시체를 내주는지라 요셉이 세마포를 사서 예수의 몸을 내려다가 그것으로 싸서 바위 속에 판 무덤에 넣어 두고 돌을 굴려 무덤 문에 놓으매 막달라 마리아와 요셉의 어머니 마리아가 예수의 몸이 놓인 곳을 보더라(막 15:42-47).

---

[17] O'Collins and Kendall, "Did Joseph of Arimathea Exist?" 236.

아리마대 요셉이라고 부르는 어느 누군가가 개인적 경건성에서든 아니면 공동 사회의 의무에서이든 예수를 장사 지낼 수 있었을 것이다.

(1) 개인적 경건심

주전 8세기 말과 7세기 초의 앗시리아가 배경을 이루고 있는 주전 4세기 혹은 3세기의 "토빗"(*Tobit*)에 경건심의 본보기가 기록되어 있다.

첫째, 토빗 1:17에서 토빗이라 부르는 경건한 유대인이 말한다, "내 음식을 굶주린 자에게 주었을 것이며 내 의복을 벌거벗은 자에게 주었을 것이다. 그리고 만일 니느웨의 성벽 뒤로 던져진 내 백성의 시체를 보았다면 묻었을 것이다."
이를 위해 그는 모든 소유를 상실하고, 그의 생애를 거의 잃어버린다.

둘째, 토빗 2:2에서 오순절 축제에 "니느웨이 포로 가운데 얼마나 가난하든지 온 마음으로 하나님을 생각하는 우리 백성을 발견할 수 있다면, 그는 나와 함께 먹을 것이다"라고 초대한다.

셋째, 토빗 2:4에서 시장 광장에서 매장되지 않은 유대인을 되찾으려고 만찬을 건드리지 않고 일어선다. 그리고 "해가 져서 시신을 매장할 수 있을 때까지 방 가운데 한 곳에 두었다." 아리마대 요셉은 예수 이전 수 세기의 소설에 나온 토빗 같은 경건한 유대인이었을 수 있다.

(2) 공동의 의무

주전 200여 년경에 수집된 유대인의 생활 법전『미쉬나』(*Mishnah*)

의 유대법에 공동의 의무(communal duty)가 전형적으로 예시되어 있다. 여섯 부문의 네 번째가 손해(damage)에 대한 것이며, 손상의 열 조항 중 네 번째가 산헤드린 또는 최고 법정에 관한 것이다. **산헤드린** 6:5-6에서는 처형된 범죄자를 조상들의 무덤에 묻지 '말아야 했으며,' '목이 베인 자와 교살된 자'를 위한 곳과, '돌에 맞거나 불에 타 죽은' 자를 위하여 준비된 곳의 두 매장지에 보관했다고 기록되어있다.

그런 장소에서 1년이 지난 후에 '살이 없어졌을 때,' 그들의 뼈는 취해져 가족들에 의해 영예롭게 재매장될 수 있었지만 어떤 공동의 애도도 없어야 했다[18]. 만일 그것이 이상적인 법에서 구분되어 현실적으로 실행되었다면, 또한 만일 그것이 초기 로마 통치의 예루살렘에서 실행되었다면, 요셉은 형벌을 받은 시신을 매장하는 의무를 지닌 관리이었을 수 있다.

아리마대 요셉의 문제는 **할 수 있었**다(could)의 차원에 대한 것이 아니라, **했다**(did)의 차원에 관한 것이다. 그것은 가능성이 아닌 실재성의 차원에 관한 것이다.

가장 최고의 역사적 재구성에서, 마가가 묘사한 내용을 그런 한 사람이 정말로 하였는가?

두 가지 관점에서 볼 때, 마가복음 15:42-47은 마가 자신의 창작이라는 것이 내게는 설득력 있다.

① 요셉이 누구였는지에 관한 것이다.
② 요셉이 무엇을 했는지에 관한 것이다.

---

[18] *The Miishnah*, trans. and ed. herbert Danby (Oxford: Oxford University Press, 1950), 391.

(3) 요셉은 누구였는가

마가가 그에 대해 말하고 마태와 누가가 그 내용을 다시 기록한 그대로의 요셉은 누구였는가?

마가복음 15:43에서 그에 대해 묘사하였다.

① 존경받는 공회(bouleutes)의원이요,
② 하나님의 나라를 기다리는 자.

나는 그런 묘사가 의도적으로 두 배나 더욱 애매하게 만든 것으로 생각한다. 첫째 부분과 관련해 모호한 면이 있다.

요셉은 예수를 재판한 사람들 가운데 있었는가?

마가복음 14:55와 15:1에서 마가는 예수를 재판한 사람들을 '전체 공회'(synedrion), 또는 산헤드린이라 불렀다. 또한, 마가복음 14:64에서 "그들 모두가 예수를 사형에 처해야 한다고 정죄하였다"라고 언급한다. 하지만 요셉은 산헤드린 회의(synedrion-council)의 회원이 아니라 공회(Boule-council)의 회원으로 묘사되었다.

물론 당시의 역사적 시기에는 그런 차이가 없었다. 총독 빌라도와 (또는) 대제사장 가야바가 그 순간에 회의에 적절하게 간주된 누구를 포함했든지 간에, 필요할 때 언제나 소집했던 오직 하나의 회의가 있었을 뿐이다. 회의에 대한 그런 별다른 용어 사용에서, 요셉이 예수를 재판한 자들 중에 있었다는 것을 확신할 수 없게 되는데, 바로 그것이 정확하게 마가의 목적이다.

둘째 부분과 관련해 동일하게 애매한 면이 있다.

요셉이 예수를 따른 사람 중에 있었는가?

마가복음 1:14에서 일찌감치 하나님의 나라가 마가에게 중요한 용어임을 알려 준다.

그렇지만 '하나님의 나라를 찾는 것'이 하나님의 나라를 받아들이고, 하나님의 나라에 들어가고, 하나님의 나라를 믿는 것과 동일한 것일까?

용어 '찾는'(looking for)이라는 애매한 표현으로 인해 요셉이 예수를 따르는 자 중에 있었다는 것을 확신할 수 없는데, 다시 한번 그것이 정확히 마가의 목적이다.

가장 주의 깊은 마가복음의 독자인 마태와 누가는 그런 문제를 알았으며, 마가의 계산된 애매한 진술에 대해 각자 반응을 보였다. 그러므로 마태복음 27:57에서 회의에 관한 어떤 언급 없이 요셉이 예수를 따르는 자라고 명시한다. 그는 이제 '요셉이라는 이름의 아리마대 출신 부자요 예수의 제자'로 묘사된다. 누가복음 22:66에는 마가에게서 온 '산헤드린-회의'라는 용어를 채택했지만, 23:50-51에서 산헤드린-제자와 관련해 생기는 요셉의 문제를 해결한다.

> 공회 회원으로 선하고 의로운 요셉이라 하는 사람이 있으니 그들의 결의와 행사에 찬성하지 않은 자라. 그는 유대인의 동네 아리마대 출신이요 하나님의 나라를 기다리는 자이라(눅 23:50-51).

물론 '누가'는 마가복음 14:64에 나온 공회의 '모든' 재판관들이 예수를 사형으로 정죄했다는 더욱 초기의 비평을 그대로 기록하지 않았다.

(4) 요셉은 무엇을 했나

마가가 말하고, 마태와 누가가 그것을 다시 기록한 대로 요셉은 무엇을 하였는가?

마가복음 15:46에서는 요셉이 예수의 몸을 가져다 "바위 속에 판 무덤에 넣어 두었다"라고 말한다. 독자가 요셉이 누구였고, 왜 예수를 묻었는지를 질문하지 않는다면, 그것으로 충분히 명확해 보인다. 요셉이 개인적 경건심에서든, 또는 공동 사회의 의무에서 그런 행동을 했든, 예수와 함께 못 박힌 두 명의 다른 범죄자에게도 동일한 처리를 했을 것이다. 하지만 각기 셋의 무덤들을 상상하지 않는다면, 그 시신들은 모두 함께 한 무덤에 혹은 범죄자를 위한 어떤 공동 무덤에 매장되었을 것이다.

그렇다면 빈 무덤 이야기가 어떻게 계속될 수 있었는가?

그 송장들 가운데 예수의 것이 없어진 것으로 분별하는 과정을 상상하기가 얼마나 끔찍한가?

다시 한번 마태와 누가는 그 문제를 알았으므로, 각기 강조해서 반응한다. 그들 모두 명백한 해결을 발견하였다. 요셉의 무덤은 예수 이전에, 또한 예수와 함께 아무도 매장되지 않은 곳이었다. 예수는 그 무덤에 홀로 안치되어야 했다. 마태복음 27:60에서 마가의 기록을 다시 이런 방식에서 말한다. 즉, 요셉이 예수의 몸을 가져다가 "바위 속에 그가 판 자신의 새 무덤에 두었더라." 누가복음 23:53에서는 마가의 기록을 다시 이런 방식으로 말한다. 즉, 요셉이 예수의 몸을 가져다 "아직 사람을 장사한 일이 없는 바위에 판 무덤에 넣어 두니라."

마가의 이야기는 이중 딜레마를 지닌 전승을 표현해 주고 있다.

첫째, 만일 요셉이 공회에 있었다면 예수를 반대했다는 것이며, 반면에 만일 요셉이 예수에게 찬성했다면 그는 공회에 없었다는 것이 된다.

둘째, 만일 요셉이 경건심이나 의무에서 예수를 장사지냈다면, 십자가에 못 박힌 다른 두 죄수에게도 같은 일을 했을 것이며, 만일 그렇게 했다면 빈 무덤의 연속은 있을 수 없었다는 것이다.

그런 관점 중에 어느 것도 대답할 수 없을 것이다. 하지만 그들로 인해 마가복음 15:42-47에 기록된 아리마대 요셉의 장사 지냄 이야기가 마가의 창작이라는 것이 설득력을 얻게 된다. 거기에는 선-마가 전승(마가 이전 전승)에서 온 자료가 포함되지 않고 후-마가 전승(마가 이후 전승)에 대한 여러 문제가 포함되어 있다.

(5) 두 번째 반대

이름이 알려진 지도자들에게 부활한 예수의 어떤 현현 없이 복음서를 종결하려고 마가가 영예스러운 장사 지낸 이야기와 빈 무덤 이야기를 창작했다는 이론에 대한 두 번째의 외부적 반대는 이것이다.

즉, 마태와 누가가 그 사건들의 설명을 위해 마가에게 의존했음을 인정한다면, 요한에 대하여는 어떻게 설명할 것인가?

요한복음 19:38-42에 영예로운 장사 이야기와 요한복음 20:1-13에 빈 무덤 이야기가 각기 있지 않은가?

그렇다면 그들을 어떻게 마가의 창작물로 볼 수 있는가?

그 질문은 공관복음과 요한복음의 관계에 연결된다. 만일 요한복음이 독립된 것이라면, 마가가 그런 이야기들을 창작했다고 할 수 없게 된다. 만일 요한복음이 의존적이라면, 마가가 그런 이야기들을 창작했다고 할 수 있겠다. 그리고 명백히 그런 질문이 처음에 결정되어야 하고, 역사적 전제로서 유지되어야 할 것이다. 그것은 마가가 그런 이야기들을 창작했다고 주장하는 입장에 생기는 악순환 속에서 결정할 수 없다.

내 관점에서 보면 콜린스와 켄달이 이 문제를 인식했지만 해결했는데, 일상적인 대로 비교 논증이 아닌, 대체 권위에 호소하는 방식을 보였다.

> 존 마이어가 지적하듯이, '최근 수십 년 동안 요한복음의 주요 주석의 대부분에서' 요한복음이 공관복음과 독립되는 전승을 표현한다는 태도를 지녔다.[19]

만일 문제를 논증이 아닌 인용으로 간단히 해결하려 했다면, 마이어에 반대하는 두 명의 학자들도 있다.

첫째, 아델버트 디낙스(Adelbert Denaux)는 1990년에 벨지움의 루반(Leuvan)대학교에서 공관복음과 요한복음에 관해 국제 회합에서 발간된 글을 소개하면서, 요한복음의 저자가 공관복음 중에 하나 또는 그 이상에 어찌하든 관계있으며 또한(또는) 의존한다는 것이 이제 점점

---

[19] O'Collins and Kendall, "Did Joseph of Arimathea Exist?" 24-241. 마이어에 대한 인용은 *Horizons* 16 (1989): 379에서 온 것이다.

일치된 의견"이라고 너무 강력하게 주장하였다.[20]

둘째, 드와이트 무디 스미스(Dwight Moody Smith)는 그 관계성에 대한 학문을 철저히 역사적으로 검토한 다음에, 현재 상황을 매우 정확하게 요약하였다,

> 그 세기의 초기에 주석가나 해석자는 요한이 공관복음에 대해 알고 있다고 안전하게 전제할 수 있었다. 다음 세기의 일사분기나 그 이상을 지나면서(1955-80), 반대의 전제가 더욱 안전한 것이 되었다. 즉, 요한은 아마 공관복음을 몰랐을 것이며, 틀림없이 공관복음과 무관하게 독립된 것이다. 하지만 이제 우리는 그것 중에 어느 전제도 안전하지 않으며, 어느 쪽도 당연시될 수 없다는 관점에 도달하였다.[21]

그렇지만 한 번 더 여기에서 신속한 요약에서,[22] 고려하려는 것은 누군가의 글의 인용이 아닌 주장이며, 특별히 수난-부활 내러티브에서 요한복음이 공관복음에 의존한다는 것이 나의 글에서 기본 주장이다. 가장 눈에 띄는 마가의 문학 장치 중 하나는 **끼워 넣기**(intercalation, **삽입**) 혹은 **샌드위치**라고 부르는 것이다. 그 장치는 두 가지 요소

---

[20] Adelbert Denaux, ed. *John and the Synoptics* (Leuven: Leuven University Press, 1992), viii.

[21] Dwight Moodly Smith, "The Problem of John and the Synoptics in the Light of the Relation between Apocryphal and Canonical Gospels," in *John and The Synoptics*, ed. Denaux, 189.

[22] 더욱 충분한 설명을 위해 필자의 *Who Killed Jesus?* 62-63, 100-105를 보라.

를 지닌다.

첫째, 문학적 표현이다.

즉, 사건 A가 시작된다(그것을 A1이라 부르자). 다음에 사건 B가 시작되고 완성된다(그것을 B라 부르자). 마지막으로 사건 A가 종료된다(그것을 A2라 부르자).

둘째, 신학적 의미이다.

삽입의 목적은 단지 문학적 쇼가 아니다. 그것은 두 사건, 즉 사건 구성(A1+A2)과 삽입 사건(B)이 상호 작용하며, 마가의 신학적 의도를 강조하기 위해 상호 해석적이 된다. 또한, 그런 삽입은 마가를 유일하게 또는 특별하게 만드는 문학적 구조와 신학적 의미가 결합한 것이다. 더욱이 마가의 끼워 넣기의 예로 널리 일치를 보이는 것은 다음 여섯 경우다.

A1: 막 3:20-35; 5:21-24; 6:7-13; 11:12-14; 14:1-2; 14:53-54.
B : 막 3:22-30; 5:25-34; 6:14-29; 11:15-19; 14:3-9; 14:55-65.
A2: 막 3:31-35; 5:35-43; 6:30; 11:20-21; 14:10-11; 14:66-72

여러 학자들이 위의 여섯 가지 보기에 동의하지만 다른 것들 역시 첨부하겠다. 예를 들어 프란스 나이링크는 일곱, 존 도나휴(John Donahue) 역시 일곱, 제임스 에드워즈(James Edwards)는 아홉 가지의 보기를 제시하였다.[23] 탐 쉐퍼드(Tom Shepherd)가 그런 여섯 가지의 경우에 마가의 목적을 요약했다.

"복음서 기자는 두 이야기를 함께 실었지만, 해석적인 효과를 주기 위해, 상호 대조를 이루도록 분리시킨다."[24]

예를 들어 마가복음 14:53-72는 탁월하게 아이러니한 대조를 이룬다.

> 예수가 자신의 메시아 직에 관해 충실히 고백하고 처형을 당한다 [A1+A2에서]. 반면에 베드로는 주님을 세 번 부인하면서 고통을 면한다[B에서].[25]

마가의 그런 삽입은 문학적 지문(fingerprints) 또는 신학적 DNA라 할 만큼 독특한 것이다. 그러므로 다른 복음서에 그것들이 있음을 발견할 때, 마가에 의존한 것임을 인식하게 된다.

쉐퍼드가 언급한 대로 마가복음 14:53-72에 기록된 내용인 위의 목록에서 여섯 번째 보기에 이제 초점을 두도록 하자.

마가는 여기서 마가복음 14:55-65의 재판 과정과 예수의 선언(=B)을, 마가복음 14:53-54의 시작(=A1)과 14:66-72의 베드로의 부인에 대한 결어(A2) 사이에 삽입하였다.

---

[23] Frans Neirynck, *Duality in Mark: Contribution to the Study of the Markan Redaction* (Leuven: Leuven University Press, 1972), 133; John R. Donahue, *Are You Christ? The Trial Narrative In the Gospel of Mark* (Cambridge: SBL, 1973), 42 n.2, 58-59. James R. Edwards, "Markan Sandwiches: The Significance of Interpolation in Markan Narratives," *Novum Testamentum* 31 (1989): 197-98.

[24] Tom Shepherd, "The Narrative function of Markan Intercalation," *New Testament Studies* 41 (1995): 523.

[25] Ibid., 532.

마가 공동체에서 반복적으로 핍박에 관해 경고하기 때문에, 삽입된 병렬의 관점은 매우 명확하다. 사람들이 비록 재판 중에서도 진리에 대해 공개적으로 용감하게 고백한 예수를 행동의 모델로 삼아야 한다는 것이다. 하지만 만일 그들이 탄압을 받아서 예수를 부인하고 자신들의 무죄를 입증하기 위해 예수를 저주했었다면, 그래도 여전히 회개와 용서에 대한 희망이 남아 있다. 확실히 신앙고백을 하면서 용감하게 죽음을 맞이한 기독교인들과, 또한 신앙을 부인하고 안전하게 살아남은 기독교인들을 향해 바로 이중 위로의 메시지를 지닌다.

마가복음 14:53-72의 A1-B-A2가 마태복음 26:57-75에서 유지되지만, 누가복음 22:56-71에서 제거되는데, 여기서 누가복음 22:54-62에는 베드로의 부인이 단순히 누가복음 22:63-71에 예수의 고백 이전에 나온다.

하지만 여기에 중요한 관점이 있다. 요한은 A1-B-A2 유형을 표현할 뿐 아니라, 베드로의 부인을 예수의 고백 앞에 놓았고(요 8:13-18) 예수의 고백(요 18:19-24) 다음에 다른 두 가지를 두었다. 요한의 목적은 마가가 하듯이 단지 예수와 베드로의 대조가 아닌 또한 베드로와 '다른 제자들'과의 대조였을 터인데, 다음과 같이 묘사하고 있다.

> 시몬 베드로와 또 다른 제자 한 사람이 예수를 따르니 이 제자는 대제사장과 아는 사람이라. 예수와 함께 대제사장의 집 뜰에 들어가고 베드로는 문 밖에 서 있더라. 대제사장을 아는 그 다른 제자가 나가서 문지키는 여자에게 말하여 베드로를 데리고 들어오니, 문 지키는 여종이 베드로에게 말하되 너도 이 사람의 제자 중 하나가 아니냐 하니, 그가 말하되 나는 아니라 하더라(요 18:15-17).

추정하건대 사랑하는 제자(Beloved Disciple)와 동일한 인물인 **그 다른 제자**의 예수 부인에 관해 아무것도 말하지 않는 것은 의미심장하다! 특별히 또는 독특하게 마가복음 14:53-72에 마가의 문학적-신학적 구조로부터 요한복음 18:13-27로의 전이로 인해, 요한복음의 수난-부활 내러티브가 마가의 것에 의존한다는 최소한의 가정이 수용되도록 설득력을 실어 준다 마우릿츠 삽베(Maurits Sabbe)의 수난 설화[26]와 프란스 나이링크(Frans Neirynck)의 부활 설화[27]에서 그런 의존에 관해 발전된 주장들을 제시한다.

요한복음에 나온 예수의 장사 지냄 보도는 두 가지이다.

첫째, 공관복음에 의존하는데, 나의 관점에서는 마가의 창작에 의존한 것이다.

둘째, 요한복음에 표현된 부활로서 수난신학(theology of passion-as-resurrection)과 예수를 보낸 아버지께로 예수가 되돌아가는 승천으로서 수난신학(crucifixion-as-ascension)과 일치하는 데서 절정을 이룬다.

---

[26] Maurits Sabbe, "The Arrest of Jesus in Jn 18, 1-11 and Its Relation to the Synoptic Gospels: A Critical Evaluation of A. Dauer's Hypothesis," and "The Trial of Jesus before Pilate in John and Its Relation to the Synoptic Gospels:," in *Studia Neotestamentica Collected Essays* (Leuven: Leuven University Press, 1991), 355-88, 467-513; Sabbe, "The Johannine Account of the Death of Jesus and Its Synoptic Parallels (Jn19, 16b-42)," *ETL* 70 (1994): 34-64. 또한 Sabbe, "The Denial of Peter in the Gospel of John," *Louvain Studies* 20 (1995): 219-40.

[27] Neirynck, *Evangelica* I, 181-488, *Evangelica* II: 1982-1991. *Collected Essays by Frans Neirynck*, ed. F. Van Segbrock (Leuven: Leuven University Press, 1991), 571-616.

여기서 요셉은 비공개 제자(secrete disciple, 비밀 제자)인데, 다른 사람 니고데모와 동행하여 요한복음 19:39에서 '몰약과 침향 섞은 것을 백 파운드쯤' 가지고 와서 함께 예수를 장사 지낸다. 나는 거기에서 역사가 아닌 희망의 궤적(trajectory)을 발견한다. 사윅키(Sawicki)가 위에서 말했듯이, 그런 희망 뒤에는 최악의 십자가 위에 남은 부육의 몸에 대한 공포나, 기껏해야 다른 사람들처럼 '석회 구덩이'에 던져진 시체가 남아 있을 뿐이다. 나는 요셉의 관용이나 니고데모의 소비마저도 희망할 것이다. 하지만 그것에 대한 희망이 항상 일어난 것은 아니다.

3. 그때의 현현, 지금의 현현

앞에서 예수의 부활을 절대적으로 믿었지만, 한편에서는 예수의 부활 현현을 완전히 강조하였고, 다른 한편에서는 예수의 부활 현현을 완전히 회피한 매우 초기의 두 가지 기독교를 대비시켰다. 고린도전서 15장에서 바울이 전해 받은 전승에 대비를 이루는 마가복음 15-16장은 내가 보기에는 정확히 부활 현현을 피하고자, 영예로운 장사 지냄과 빈 무덤이라는 이야기를 마가 자신이 창작한 것이다. 누가와 요한이 그런 현상을 다루는 똑같이 다양한 방식을 지금 여기서는 생략한다. 하지만 적어도 누가복음 16:31 "그들이 모세와 예언자들을 듣지 않는다면 죽은 자 가운데 살아난 어느 사람이 가도 듣지 않으리라"와 요한복음 20:29 "보지 못하고 믿는 자가 복되도다"의 경고를 잠시 상기시키고자 한다.

다음으로 바울과 마가의 대비적 관점에서 처음 1세기로 되돌아가고, 첫 세기의 안목에서 부활 현현을 바라보려고 한다. 그 후에 그 다음 단락을 매우 주의 깊게 살펴볼 것이다.

그 모든 것은 죽임을 당한 인간, 가장 증오스럽고 멸시당할 수 있는 끔찍스러운 방법으로 처형되어, 아직도 형벌의 상처를 지닌 죽임당한 인간의 환상으로 시작하였다. 그리고 그것은 개들과 까마귀들이 서성이면서 매장되지 않은 시체를 기다리고 있던 성벽의 밖에서 발생하였다.

거기에 또한 이야기가 있었다. 하늘로부터 잉태되었지만, 지상에 탄생한 공동체에 관한 이야기다. 그것은 이 세상의 다른 왕국들과 대립해 서 있는 왕국에 관해 말하였다. 또한, 인격적 평화의 조성자와 주님, 구세주와 하나님의 아들로서 왕국의 도래를 온 세상에 기쁜 소식(복음)으로 선포한 분에 대하여 말하는 것이었다.

그렇지만 나는 부활하신 주님과 가장 초기 기독교에 대한 것이 아니라, 이교도 로마와 라틴 문학 전성기의 종말론에 관해 말하겠다. 그 이야기는 칭송 합창으로 울려 퍼지고, 국가 서사시로 읽히면서, 로마 제국의 대리석 장식 띠(frieze, 프리즈)에서 보이는 것이다. 하지만 이야기가 시작되는 취임 환상은 1,000여 년 일찍이 그리스인들이 지상에서 트로이를 불태운 그날 밤에 발생한 사건이다.

호머가 지은 『일리아드』([Iliad], 22)에서 아킬레스(Achilles)는 트로이의 영웅 헥토르(Hector)와 칼에 찔린 그리스 전사자들의 벌거벗은 송장을 빙빙 돌렸다. 아킬레스는 죽어가는 헥토르에게 "개들과 새들이 너를 물어뜯고 네 시체를 부끄럽게 하리라 …. 개들과 새들이 너(피와 뼈)를 핥으리라"고 악담을 퍼붓는다. 헥토르가 죽은 후에 아킬레스는 그의 몸을 그리스 진영에 돌려보냈는데 로버트 페이걸스(Robert Fagles)의 번역서에 묘사되어 있다.

힘줄과 발목을 두 발 뒷발꿈치까지 찔러
그것들을 관통해 생가죽 끝매듭을 엮고
병거에 채찍질하는데 머리는 질질 끌렸다.
차에 올라타서 명사의 팔을 들어 올리고
그가 팀을 휘몰아쳐서 극렬한 속도로
아무 남김없이 달려가도록 하였네.
그들이 사람을 땅에 끌면서 가니
진한 먼지구름이 일어나고
한때 멋지던 그의 검은 머리털
머리 주위에 헝클어지면서
모두 먼지 속에서 소용돌이쳤다.
조상들의 땅에서 더러워지도록
제우스가 이제 그를 적에게 넘겨주었네.[28]

오직 토로이의 왕 헥토르의 아버지 프리암(Priam)의 처참한 탄원과 굴욕적인 애원으로 아킬레스는 그 몸을 그의 백성들이 영예롭게 장사하도록 넘겨주었다. 그리고 그것이 일리아드가 끝나는 장면이다. 헥토르 가까이에 세 명의 여인들의 애가(lament)가 있다. 그의 아내 안드로마케(Andromache), 그의 모친 헤쿠바(Hecuba), 그의 자매 헬렌, 그리고 장례 장작더미, 금 유골단지, 깊고 우묵한 무덤, 마지막 차례로 '헥토르의 명예로운 화려한 연회'가 있었다. 그러나 호머의 『일리아드』가 끝나는 곳에 버질(Virgil)의 『아이네이드』(*Aeneid*)가 시작된다.

---

28 Homer, *Iliad*, trans. Robert Fagles (New York: Viking, 1990), 554-55.

율리우스 시저는 주전 44년 3월에 살해당했다. 귀족 정치의 공화당원들이 그가 전제 정치를 계획한다고 생각했기 때문이다. 그의 양자이며 법적 상속인으로서 19세의 옥타비우스(Octavius)는 주전 42년 1월에 신격화된 시저가 되었으며, 주전 31년 9월에 안토니와 클레오파트라를 굴복시키고, 주전 27년 1월에 아우구스투스(Augustus)로 선포되었다.

옥타비우스는 또한 평화의 조성자, 은인, 구세주, 하나님의 아들이었다. 그는 심지어 시간 자체의 주인(Lord of Time itself)이기도 했으므로, 그의 생일 9월 23일이 소아시아 로마령에서 신년일(New Year's Day)이 되었다. 왜냐하면 '우리 신의 생일은 그의 존재 때문에 세계에 기쁜 소식이 시작되는 신호'이기 때문이다. 주전 27년에 중요한 교역(exchange)에서 옥타비우스가 대부분 영토를 원로원(Senate)에게 돌려주었지만, 30년이 지나 그들은 대부분 지역을 아우구스투스에게 되돌려주었다.

비록 어떤 명목 아래 그런 명백한 사실을 감추려고 해도, 그는 이제 시저가 그러했을 최고의 전제 군주였다. 하지만 그가 지닌 신성과 권력도 암살되는 것을 막지 못했다. 지역과 권력과 함께 필요한 것은 예술가와 선전이었다. 버질의 『아이네이드』는 훌륭한 시이다. 그것은 또한 뛰어난 선전이었다.

『아이네이드』는 로마 백성, 특히 시저 아우구스투스와 그들의 가족을 포함해 율리우스 시저의 문중에 관한 이야기다. 그것은 오래전에 트로이의 남성 안키제스(Anchises)와 그리스 여신 아프로디테(Aphrodite)와 함께 시작되었다. 아에네아스(Aeneas)는 인간-신 혹은 소멸-불멸의 연합된 아이로서, 멸망하는 도시 성벽 내부에서 그에게 그리스인들과 함께 헥토르가 나타났다. 로버트 피츠제럴드(Robert Fitzgerald)의 번역 『아이네이드』 2권에 나오는 해설이다.

> 잠결에 꿈속에서 헥토르가 내게 나타났네,
> 슬픔에 여위어 눈물 흘리고 괴로워하며
> 그가 죽던 날 강폭한 차 옆에서처럼
> 생가죽 채찍에 짤린 부르튼 발들
> 아 신(god), 그의 모습이, 얼마나 변했던가!
> 트로이에 돌아온 헥토르는 뽐냈었지
> 아킬레스의 갑옷 그 옷을 입고
> 누가 다나안(Danaan) 선박 위에 불빛을 올렸던가?
> 그의 더러운 수염, 피로 물든 머리칼,
> 상처들 그가 입은 많은 상처를 보이면서
> 부친의 도성 벽들 밖에 있었네.[29]

'여신의 아이' 아에네아스는 부친 안키제스와 아들 율러스(Julus)를 데리고 트로이를 탈출한다. 그들은 결국 이태리에 도착하는데, 나머지가 정확한 역사가 아니라면, 최소한 웅장한 시이다. 버질의 위대한 시는 10년 동안의 작업 후인 주전 19년에 그가 죽었을 때 미완성이었는데, '트로이의 시저… 그의 이름 율리우스, 율루스로부터 전해 내려왔으며,'[30] 하늘과 땅을 연결하고, 트로이와 로마를 연계시키며 로마 백성과 아우구스투스 왕족에게 신적인 기원과 신화적인 운명을 수여

---

[29] Virgil, *Aeneid*, trans. Robert Fitzgerald (New York: Random House, 1983), 43.
[30] Ibid., 13.

해 주었다.

그런 선행 단락들에서 간단한 관점이 만들어진다. 일반적인 지중해 문화에서는 헥토르와 아에네아스의 비전에 대해 아무것도 불가능하다는 면을 발견하지 않았을 것이다. 그 이야기에서 아무것도 1세기 사람들에게 불편을 줄 수 없었다. 하데스나 세올(Sheol)의 영역에 있는 죽은 사람이 살아 있는 사람에게 다시 나타날 수 있었다. 그리고 헥토르의 몸이 비록 트로이의 장례 장작더미 위에 재가 되었어도, 아에네아스는 그의 '몸'을 아직 볼 수 있었고 인식할 수 있었다.

죽은 자가 되돌아와 살아 있는 자와 상호 작용할 수 있다는 것은 그레코-로마 세계에서 흔한 개념이었으며, 이교도나 유대인도 그런 일이 불가능하다고 주장하지 않았다. 그런 상호 작용은 중요한 과정과 사건을 일으킬 수 있었으며, 로마 백성을 발견하기 위해 아에네아스를 구하는 헥토르와 율리우스의 등극처럼, 평범한 것이었다.

죽은 자가 단순히 인사말을 하려고 하데스에서 되돌아오는 것으로 기대하지 않았다. 그런 되돌아옴은 이 시기나 혹은 그 시기에도 일어나지 않은 것으로 쉽게 말할 수 있다. 하지만 그것이 어느 곳에서 일어날 수 없다거나 또는 결코 발생할 수 없는 것이라고 말할 수는 없다. '죽은 자의 영혼은 살아 있는 자와 또는 상호 간에 정상적인 삶에 유비적인 방식으로 확실히 교통할 수 있었는데' 그레고리 릴레이(Gregory Riley)가 그에 대한 것을 잘 보여 준다.

> 죽은 자가 접촉되고 다른 사람을 접촉하는 풍부한 예시들…. 죽은 자의 영혼이 감촉할 수 없는 것으로 묘사되어도, 이런 소수의 변경을 주시하지 않는 듯싶다. 즉, 그들은 살아 있는 자가 하듯이,

살아 있는 자와 더불어 정확히 같은 행동을 하고 산다…. 어느 셈족이나 그레코-로마의 영혼도 여전히 인식할 수 있는 몸의 형체를 지니고, 살아 있는 자에게 나타날 수 있었다. 어느 영혼도 잠긴 문을 통과할 수 있었으며, 기이한 조언을 줄 수 있고 사라질 수 있었다.
예수가 십자가에 못 박힌 후에 제자들에게 나타나서 가르쳤는가? 파트로클로스(Partroklos)도 아킬레스에게 나타났으며, 사무엘이 사울에게, 스시피오(Scipio) 장로가 손자에게 나타났으며, 수많은 다른 죽은 자들도 생존자에게 나타났다.
부활한 예수가 제자들과 함께 구운 생선과 음식을 먹었는가?
어느 영혼도 죽은 자의 제의에서 식사 시간에 친척과 친구와 함께 자주 먹을 수 있었으며, 아마 기독교인들 가운데서 특별히 일반적인 의식이었을 것이다.[31]

그렇게 간단한 것이 아니라는 반대를 제기할 수 있다. 고린도전서에서 바울은 예수의 부활을 세상의 종국에 있을 일반 부활의 시작으로 설명한다. 바울은 바리새인으로서 그런 묵시적 부활을 믿었으며, 그 부활이 예수와 함께 이미 시작되었다고 결론지었다. 바울에게서 세상의 종국이 임박했다고 학자들은 자주 말한다. 하지만 바울에게 종국은 이미 시작되었으며, 오직 최후의 완성만이 임박했다고 말하는 것이 더욱 정확하다.

왜냐하면, 바울이 예수의 부활과 일반 부활을 함께 매우 논리적으로 고린도전서 15:13, 16에서 정립하거나 고린도전서 15:13, 16, 20에

---

[31] Gregory John Riley, *Resurrection Reconsidered: Thomas and John in Controversy* (Minneapolis: Fortress Press, 1995), 58, 67.

서 부정을 부인하면서 주장할 수 있었기 때문이다.

> 만일 죽은 자의 부활이 없으면, 그리스도도 다시 살아나지 못하셨으리라(고전 15:13).
> 만일 죽은 자가 다시 살아나는 일이 없으면 그리스도도 다시 살아나신 일이 없었을 터이요(고전 15:16).
> 그러나 이제 그리스도께서 죽은 자 가운데서 다시 살아나사 잠자는 자들의 첫 열매가 되셨도다(고전 15:20).

바울은 예수의 부활이 메시아, 주님, 하나님의 아들이기 때문에 주어진 특별하거나 독특한 특권이라고 절대 말하지 않는다. 또한, 예수의 경우도 엘리야와 유사해서 어떤 더욱 광범위하고 공동의, 우주적인 영향 없이 하나님과 함께 살기 위해 개인적으로 취해진 것이라고도 절대 생각하지 않는다.

그러므로 예수의 부활은 단지 죽은 자의 환상에 대한 것이 아닌, '일반적인 부활을 시작하는' 죽은 자의 비전에 관한 것이다. 그것은 우주적이며 묵시 문학적 결과들의 현현이다. 그 모두가 옳겠지만 오직 질문을 강화한다.

왜 그런 1세기 배경에서 바울과 기독교인들은 부활하신 예수의 환상을 예수만을 위한 개인의 은사가 아닌, 종국(end)의 시작이라고 결론 내리게 되었는가?

1세기에는 교회와 국가를 명확히 분리하지 못했을 뿐 아니라, 하늘과 땅의 명확한 분리도 부족하였다. 친기독교 옹호자(pro-Christian defender) 순교자 저스틴은 2세기 중엽에 『첫 번째 변증』(*First Apology*)을 저술하고 반기독교 공격자(anti-Christian attacker) 셀수스(Celsus)는 약 25년 후에 『참된 교리에 관하여』(On True Doctrine)를 저술하면서, 이 주요한 관점에 일치해야 했다. 부활 현현과 하늘로의 승천은 그들의 문화적 환경에서 수락되던 가능성이었다. 그 당시의 문화적 환경에서 그런 사건들이 일어날 수 없다고 주장하지 않았다. 또한, 그런 사건들이 독특하다고도 주장하지 않았다. 저스틴은 『첫 번째 변증』 21에서 다소 놀라운 주장을 하였다.

> 또한, 우리가 그리스도, 우리의 선생, 십자가에 못 박히셨으나 다시 부활하셔서 하늘로 승천하신 분에 대해 말할 때, 너희가 주피터의 아들을 존중하는 자들에 대해 믿는 것과 다를 것이 없다. 너희는 존경하는 작가들이 주피터에게 얼마나 많은 아들이 있다고 보는지를 안다.
> 모두의 스승이며 해석된 말씀인 머큐리(Mercury), 비록 대의사였지만 벼락에 맞고 하늘로 올라간 아에스쿨라피우스(Aesculapius), 또한 사지가 찢긴 바쿠스(Bacchus), 고문에서 탈피하고자 불길에 몸을 던진 헤라클레스(Hercules), 레다(Leda)의 아들들, 페르세우스(Perseus), 다나에(Danae)의 아들, 비록 죽을 운명에서 출생했지만 페가수스(Pegasus)라는 말을 타고 하늘로 올라간 벨레로폰(Bellerophon).
> 아리아드네(Ariadne), 또한 그녀처럼 별 가운데 앉아 있다고 알려진 그들에 대하여 무엇을 말하리오?
> 너희 중에 죽은 황제들, 너희가 신격화하는 그들, 장례의 장작불에서 불타는 시저가 하늘로 올라가는 것을 보았다고 맹세하는 것

에 관하여는 어떠한가?³²

물론 기독교인들은 예수의 클라이맥스의 경우와 관련해, 그런 이교도의 유사 현상들이 하나님이 기독교 신앙을 예비시키려고 조성하셨거나, 아니면 사탄이 기독교 신앙을 혼동시키려 고안한 것이라고 주장하였다. 여전히 그 주장은 친기독교 변증론(호교론)에서 예수의 경우를 독특한 것으로 말할 수 없고, 또한 반기독교 논쟁에서는 그런 사건이 일어날 수 없는 일로 간주할 수 없다는 것이다.

예를 들어 셀수스의 저서 『참된 교리에 관하여』에서 예수의 육체적 부활에 대한 기독교인의 주장을 논박할 수 있었다는 것이 최상이다.

> 이제껏 그처럼 무능한 계획자가 있었는가?
> 예수는 육체로 있었을 때, 그를 믿지 않았지만, 모든 사람에게 가르쳤다. 부활 후에 그는 강력한 믿음을 형성하기 원하면서 한 여인과 소수의 동료에게만 그 자신을 보이기로 선택하였다. 예수가 형벌을 받았을 때, 모든 사람이 보았다. 하지만 무덤에서 부활했을 때, 거의 아무도 그를 보지 못하였다.³³

그것들은 좋은 농조이지만 약한 비평이다. 신들과 여신들, 영들과 불멸의 존재들이 육체적이고 성적으로, 또한 영적이며 지적으로 인간 존재들과 상호 활동하는 세상에서, 죽은 인간의 부활은 전혀 비정상

---

32 Justin Martyr, *First Apology*, in *The Ante-Nicene Fathers*, ed. Alexander Roberts, James Donaldson, and A. Cleveland Coxe (New York: Scribner's, 1926), 1:316-17.

33 Celsus, *On the True Doctrine: A Discourse against the Christians*, ed. and trans. R. Joseph Hoffmann (New York: Oxford University Press, 1987), 57-58, 59, 68.

적이거나 완전히 독특한 사건일 수 없었다.

그러므로 1세기 문화적인 관점에서 어떻게 부활 환상들이나 부활 현현들이, 그것이 사실이든 역사적이든, 기독교의 탄생을 설명해 준다고 말할 수 있겠는가?

마지막 하나의 관점을 언급하겠다. 환상들과 현현들은 1세기 초기에 용납되던 흔한 가능성일 뿐 아니라, 20세기 후기에도 수용되는 가능성이다. 1955년 봄의 예수 세미나 모임에 제출한 글에서 스테시 다비즈(Stacy Davids)는 비애와 사별에 관한 최근의 심령학적 저술을 요약하였다.

> 과거 30년 동안에 잘 수행된 연구를 검토해 보면 연구 대상이 된 사별한 사람들의 약 1/2에서 80퍼센트가 이런 직관, 즉 때때로 고인의 압도적인 '현존'이나 '정신'을 느낀다는 것을 보여 준다. 이런 느낌은 자주 죽음 후에 처음 몇 달 동안 발생했으나 때로 1년 이상 지속하였으며 이런 사건을 보고하는 남자들보다 여인들에게 심각했다.
>
> 미국심령협회에서 『정신 장애 진단과 통계 편람-4』를 발간한 저자는 이 현상들('사람이 죽은 자의 모습을 잠시 보고 음성을 들을' 때)을 병리학적이 아닌 것으로 간주한다. 그것들은 직선적인 비애의 공통된 특성으로 보이며, 정신적 장애에 속하지 않는다.
>
> 슬퍼하는 자가 '일어난 사건을 이해하고 해명하면서 다른 유사 사건들에 따라 당연히 쉼없이 분류해 봄에 따라, 슬픔의 표현에는 부분적으로 죽음으로 이끈 사건들에 대한 반복적 또는 단순한 상기가 포함된다. 이런 과정 중에서 고인의 생애에 대하여 정확히

기록하고 말하는 것이 유가족에게 극도로 중요하다.'³⁴

내가 이 행간들을 기록할 때, 세바스찬 정거(Sebastian Junger)의 바다에 침몰한 사람들에 대한 강력한 애가(elegy)가 논픽션 부분에서 「뉴욕타임즈」(New York Times)의 베스트셀러 명단에 올라 있다. 그것은 글라세스터(Gloucester)에서 출발한 72피트 높이의 강철 황새치잡이 어선, **안드레아 게일**(Andrea Gail)에 대한 것인데, 1991년 10월 28일에 노바스코샤(Nova Scotia)의 검은 담비섬(Sable Island) 동부에서 100피트 높이 파고 속으로 그 배는 사라져 버렸다.

안드레아 게일에 승선한 사람들이 단순히 죽은 것이고 그들의 몸이 어딘가 고요한 장소에 뉘어 있다면, 그들을 사랑하는 사람들은 작별 인사를 고하고 살아갈 수 있었을 것이다. 하지만 그들은 죽지 않았으며, 지면을 떠나 사라져 버렸다. 엄밀히 말해 그 사람들이 결코 돌아오지 않으리라는 것은 믿음의 문제이다.

위의 소견과 비문은 어떤 죽음 이후에 특별히 갑작스럽고 비극적인 또는 의문의 사건이 생긴 다음에, 친지들이 사랑하는 사람들을 애도할 때, 오늘날 미국에서 무엇이 일어날 수 있는지를 말해 준다. 꿈들과 환상들이 있다. 안드레아 게일 어선에 승선했다가 돌아오지 않는 데일 머피(Dale Murphy)는 세 살된 아들 데일과 전 부인 데브라(Debra)와 어머니를 남겨 두고 사라졌다.

---

34 Stacy Davids, "Appearance of the Resurrected Jesus and the Experience of Grief," Santa Rosa, Calif. 1995, 3-6. 예수 세미나의 여름 모임에서 제출된 논문임.

그의 아들은 "아빠가 방에 있어요…. 아빠가 바로 여기 있었어요…. 아빠가 이리 와서 배 위에서 무엇이 일어났는지 말했어요"라고 하며, "한밤중에 소리 지르면서 일어났다." 하지만 어른들도 역시 방문을 받는다. 데일 머피의 어머니가 어느 날 창밖을 내다보았는데, 거대한 갑판 장화를 신은 머피가 절름거리면서 거리를 내려가는 것을 본다. 어떤 이는 머피가 브라덴톤(Bradenton) 읍내에서 차량 속에 있는 것을 발견한다. 때때로 데브라는 꿈속에서 머피를 보고 달려가서 "데일, 어디 있었어?"라고 말을 건다. 그러면 그는 대답하지 않으며, 그녀는 식은 땀 속에 기억을 더듬으면서 잠을 깬다.[35]

위에서 내가 제시한 기독교 탄생에 대한 진술을 기억해 보라.

기독교의 탄생과 성장, 로마 제국을 횡단하여 전파된 승리의 능력을 설명해 주는 것은 죽은 자의 부활 현현이다. 하지만 문제는 여기에 있다.

그런 1세기 초기 정황의 배경에서 환상이나 현현(환영) 또는 부활이 절대로 비정상적이라고 간주하지 않았다면, 왜 그런 사건들이 어떤 일을 행하면서 그 사건들만을 완전히 독특한 것이라고 말하는가?

20세기 후기인 오늘날의 정황에도 이런 일들이 아직 동일하다면, 왜 그 사건들이 어떤 일을 설명해 주는가?

반기독교 세속주의자들이 죽은 자의 환상과 현현을 나쁘게 보아 단순한 거짓말이요, 기껏해야 환영이라고 주장할 수 있었던 더욱 안이한 시기가 있었다. 친기독교 근본주의자들이 모든 인간 역사에서 한 인간 존재가 죽음에서 살아난 사건이 유일하고 독특한 경우였다고 응

---

[35] Sebastian Junger, *The Perfect Storm* (New York: Norton, 1997), 213, 214.

답할 수 있었던, 더욱 편리한 시기가 있었다.

양쪽 모두가 그 사건의 비정상성을 인정하였다. 한편에서 그것은 결코 일어날 수 없다고 말했다. 다른 편에서 그것은 유일회적으로 일어났다고 말하였다. 이것은 같은 합리주의자 동전의 쌍둥이 양면일 뿐이다. 그러므로 1세기 또는 20세기로부터 부활과 현현, 역사적 예수와 부활하신 주님, 고린도전서 15장의 바울에 대하여 달리 바라볼 필요가 있다.

4. 이원론과 불일치성

고린도전서 15장에서 바울은 아주 정확한 문제를 거론한다.

부활하신 예수는 어떤 종류의 몸(body)을 가졌는가?

하지만 바울은 그런 질문에 대답하기 위해, '몸'이 무엇이고, 어떤 유형의 '몸들'이 있는지에 대한 생각을 밝혀야 했다. 고린도전서 15장에서 바울의 대답에 초점을 맞추기 전에 그런 예비적인 전제들을 바울의 다른 서신에서 거론하겠다. 그리고 최근에 다니엘 보이아린(Daniel Boyarin)의 도발적인 해석을 거론하면서 바울을 읽어보겠다. 그 다음에 바울이 갈라디아서 3:28에서 "너희는 유대인이나 헬라인, 종이나 자유인, 남자나 여자나 모두 그리스도 예수 안에서 하나이라"고 말하는데 이것은 보이아린의 저서 『세속 이스라엘』(*Carnal Israel*)과 변증법적인 긴장을 이룬다.

일부 기독교인들은(유대인이든 또는 이방인이든) 헬라인이나 유대인,

남성이나 여성이 없다고 선언할 수 있었다. 랍비적 유대인들은 아무도 그렇게 할 수 없었다. 왜냐하면 사람들은 육체를 지녔고 정신이 아니며, 육체는 정확히 남성과 여성으로 표시되고, 또한 유대인이나 헬라인으로서, 마찬가지로 할례와 음식 금기같은 의식과 기능으로 표시되기 때문이다.[36]

더 나아가서 바울이 헬라적 이원론을 수용하는데 보인 불일치성을 강조하겠는데, 갈라디아서 3:28에서 가장 명백하고, 고린도전서 15장에서 더욱 명확하게 볼 수 있다. 여기서 바울이 주후 50년경 갈라디아에 창설했던 기독교 공동체에 보낸 서신으로 시작하는데, 그가 에베소에 머물면서 기록한 것이다.

1) 급진적인 유대인으로서의 바울

고대 사회는 로마 제국의 현대화에 직면했을 때 거절하느냐 아니면 동화되느냐를 선택할 수 있었다. 하지만 어느 것을 선택하든 절대적일 수 없었다. 그것은 낯설은, 타협할 수 없는 것과 관련해, 어디에서, 언제, 무엇을, 왜 거절하거나 수용하느냐의 경우이다. 그 경우는 항상 무엇이 피상적이고 무엇이 기본적이며, 또한 무엇을 타협할 수 있고, 무엇을 관용할 수 있느냐에 대한 것이다. 그 경우는 항상 누구에 의해, 어떻게 그런 차이가 결정되는지에 대한 것이다.

주후 1세기까지 고대의 전통적인 유대교는 아우구스투스 시대에

---

[36] Daniel Boyrian, *Carnal Israel: Reading Sex in Talmudic Culture* (Berkeley: University of California press, 1993), 10.

로마의 상업적 착취로부터 오는 탄압뿐 아니라, 알렉산더 대왕의 시기 이후에 그리스 문화의 지배로부터 오는 압박 아래 놓여 있었다. 당시에 많은 사람에게 현대화는 헬라화(Hellenization), 즉 그리스 국제주의였는데, 이는 오늘날 많은 이들에게 현대화가 미국화인 것과 유사하였다.

그것이 제트기, 컴퓨터, 통신의 문제인가 아니면 성, 마약, 폭력의 문제인가?

자유, 민주, 정의의 문제인가 아니면 물질주의, 개인주의, 세속주의, 자본주의 문제인가?

존중받는 전통적인 사회가 문화적, 사회적, 경제적, 군사적 지배에 직면할 때, 정확하게 어떤 적절한 방식으로 수용하거나 거절할 수 있을까?

특별히 압도해 오는 문화 제국주의에 어떻게 저항할 수 있는가?

결국 바울은 '유대인과 로마인'이 아닌, '유대인과 헬라인'이라고 말한다. 보이아린의 논문에는 네 가지 중요한 관점이 나타난다.

첫째, 보이아린은 1994년 자신의 저서에서 바울을 '급진적 유대인'이라 명하면서 바울의 목적을 이처럼 요약하였다.

> ① 바울에게 동기가 된 것은 하나를 바라는 헬라적인 사고였다. 이것은 다른 사물 가운데서 차이와 계층을 초월해 우주적 인간 본질의 이상을 이루려는 것이다.
> ② 그렇지만 이 우주적 인간성은 육신과 영이라는 이원론에 기초를 두었는데(또한, 아직도 그런데), 몸이 특정적이며 의식을 통해

유대인이나 헬라인으로 표시되고, 해부를 통해 남성과 여성으로 표시되는 반면, 영은 보편적이다.

③ 그렇지만 바울은 육신(body)을 영지주의가 하듯이 거절하지 않는다. 오히려 비록 영에 종속된다고 해도 육체가 그 자체로 자리를 지닌 체계를 발전시켰다.[37] 이후에 그 논문의 처음 두 가지 관점이 정확하게 그대로 반복되고 있지만 마지막 다른 두 가지 관점을 보여 준다.

④ "바울의 문화 비평주의가 최고로 강렬히 표현된 것이 갈라디아서인데, 특히 갈라디아서 3:28-29이다."[38] 달리 말해 그것들은 바울의 강력한 진술에서 중요하고 연속적인 네 가지 관점이다. 이제 유대교와 헬레니즘이 바울의 의식에서 깊이 충돌할 때를 주시하라. 그리고 어떤 꾸밈 없이 문제의 이슈에서 어느 편이 지배적인가를 판단해 보라.

둘째, 그런 육신과 영의 이원론은 바울 시대의 문화에서 만연하던 플라톤주의에서 유래하였다.

유대교의 다양한 지류들(대부분 문화를 중심으로)이 고대 후기에 점차 플라톤주의화되었다. 여기서 플라톤주의화의 뜻은 이원론주의 철학의 채택인데, 현상 세계를 그에 상응하는 정신적 또는 이상적 실체를 표현하는 것으로 이해한다. 이것은 계층적 대립이 설정된

---

[37] Daniel Boyarin, *A Radical Jew: Paul and the Politics of Identity* (Berkeley: Univeristy of Calfornia Press, 1994), 7.
[38] Ibid., 181,

더욱 심한 결과인데, 볼 수 없는 내면적 실재가 볼 수 있는 외면적 유형의 실재보다 더욱 가치 있거나 높은 것으로 간주한다. 그런 문화 인류학에서 인간은 비본질적인 외부의 육신적 껍질과 그것의 [원문대로] 참되고 더욱 높은 본질을 표현하는 내부의 정신적 영혼으로 구성된다.[39]

영이 육체보다 우월하다는 계층적 이원론에서, 몸을 격하시키는 육신의 무시로부터 육신을 거절하는 스펙트럼이 형성되었다. 육체(flesh, 살)는 영(spirit)에게 혼란시키는 저택이요, 유목민적 텐트요, 노쇠한 처소요, 또는 불결한 감옥방으로 표현될 수 있었다. 그것들은 모두 동일한 이원론적 척도를 따르는 관점들이다.

바울은 보이아린이 볼 때, 영지주의만큼 급진적으로 이원론적이지 않았다. 하지만 동시대의 알렉산드리아 출신 철학자 '필로(Philo)의 것만큼 전체적으로 이원론적이다.' 즉,

"바울에게 육신은 필요한 것이며 긍정적 가치를 지니는데 인간 존재로서가 아닌 인간의 집이나 옷으로서 가치를 지닌다."

보이아린은 바울의 이원론이 "육신의 거절을 암시하지 않고," "육신을 증오하지 않으며," "육신을 위한 여지가 있지만, 영이 훨씬 높은 가치를 지닌다"라고 주장하였다.[40] 그렇지만 바울의 입장은 매우 불안정한 헬라주의 경사(slope)에 서 있다.

셋째, 보이아린은 이 중에 아무것도 "추정된 '팔레스타인' 유대교

---

[39] Ibid., 59. 여기서 "[sic]"는 본래의 것이다.
[40] Ibid., 59, 64, 185.

보다 어느 정도 덜 순수한 헬라의 유대교와 관련이 없음을 정확히 이해하였다."[41]

그것은 마치 팔레스타인에 있는 모든 유대교가 단일론적이고, 반면에 헬라에 있는 모든 유대교가 이원론적이라는 듯이 말한 것이 아니다. 다시 말해 지리학적 차이가 아닌 이념의 차이다.

어느 지역에 살든지 플라톤의 이원론을 어떤 유형으로, 어느 정도 수용하느냐 또는 거절하느냐에 달린 것이다. 보이아린은 바울을 필로와 병행시킨다. 하지만 어떤 사람은 이원론적 사고가 오직 디아스포라 유대인에 대한 것으로 생각할지도 모르기 때문에, 동시대의 팔레스타인 사람 요세푸스(Josephus)에게서 온 예시를 제시하면서 보여 준다.

그것은 오히려 플라톤적 이원론의 현저한 보기인데, 육신을 능가하는 영혼의 초월과 영혼에 대한 육신의 부적절성을 보여 준다. 그것은 주후 74년 제1차 로마 전쟁 말기에 맛사다(Masada) 정상에서 포위당한 채로 항거하는 유대인 지도자 엘르아살(Eleazar)의 연설이라고 요세푸스가 기록한 내용이다.

로마인들은 플라비우스 실바(Flavius Silva)의 지휘 아래, 독립된 요새와 같은 바위 성채에 대항하려고 거대한 램프(ramp)를 건립했으며 유대인들의 종국이 다가 오고 있었다. 방어자들은 그들의 가족들을 죽이고 자신들 역시 죽기로 결정하였다. 지도자 엘르아살이 노예가 되는 것보다 죽음을 택하라고 독려한 내용이 『유대전쟁』(Jewish War) 7.344, 346에 나온다.

영혼(soul)에 자유를 주고 영혼이 자신의 순수한 거주지를 향해 출

---

[41] Ibid., 6.

발하도록 허락하는 것은 죽음이다. 거기서 영혼은 모든 재앙에서 벗어난다. 영혼이 죽을 육신에 갇혀 있는 한 모든 비참한 일에 감염된다. 사실 그것은 죽는 것인데, 죽어야 할 것과 신적인 것의 연합은 어울리지 않기 때문이다.… 영혼은 그것을 지상에 구속 시키고 속박하는 압박에서 벗어날 때라야 본래의 적절한 범주로 복구되는데, 그때 영혼은 인간의 눈으로 볼 수 없지만 축복받은 에너지와 모든 면에 방해받지 않는 능력을 누리면서 남아서, 마치 하나님 자신과 같다.

물론 그 연설은 엘르아살이 동료 유대인들에게 말하는 것이 아니라 요세푸스가 동료 로마인들에게 말하는 것이다. 하지만 영혼이 육체보다 상위이고 우월하다는 것이 이 글보다 더욱 정확히 이루어진 형식을 발견하기 어렵다.

1세기 유대인들에 대한 질문은 팔레스타인에 사느냐 또는 디아스포라냐, 그가 헬라어를 말하느냐 또는 아람어를 말하느냐가 아니라, 그 사람이 필로, 바울, 요세푸스가 하듯이 사상적으로 헬라의 이원론을 흡수했는지 아닌지의 여부에 대한 것이다.

넷째, 그런 '일반적인 이원론 이념이… 서구 사상의 초기부터 실제적 특성으로 나타났기 때문에,' 바울이 그런 이원론자였다는 주장은 돌발적인 것이 아니다.

내가 무언가 담대한 단계를 밟는 것이 있다면, 랍비들이(더욱 초기와 후기의 헬라적 유대인에 대립하는 것으로) 이런 이원론 유형에 저항했다고 주장하는 점이다.

보이아린은 오직 2세기와 그 이후에 관련해 **랍비들**(Rabbis) 또는 **랍비적 유대교**(Rabbinic Judaism)라는 용어를 사용한다. 플라톤의 이원론에 대한 저항은 헬라화의 반응에서 '동화주의자'가 아닌 '거부주의자'를 뜻하는 것이다. 보이아린은 말한다.

> 물론, 랍비들 역시 육신에 생기를 주는 영혼을 믿었다. 하지만 그들의 관점은 인간 존재를 육신에 거하는 영혼이 아니라, 영혼이 생기를 준 육신으로 동일시 한 것이다. 이것이 인간 존재가 세상의 모든 것과 구별되는 것이다.[42]

5. 술어의 문제

1) 단일론 전승과 이원론 전승

필연적으로 육체를 입은 영(spirit)이라는 단일론과 우발적으로 육체를 지닌 영이라는 이원론 사이의 이분법에서 어떤 정확하게 묘사하는 용어가 필요하다. 보이아린의 분석은 매우 설득력 있는데, 플라톤화 또는 헬라화된 유대교와 전통적인 또는 랍비적인 유대교 사이에 차이를 강조하였다. 이전에 쓴 내 논문에는 유대교가 아닌 기독교 안에서 영지주의 기독교와 가톨릭 기독교 사이의 구분을 강조하였다.[43]

---

[42] Boyarin, *Radical Jew*, 85, 2, 7, 278 n.8.
[43] John Dominic Crossan, "Why Christians Must Search for the Historical Jesus," *Biblical Review* 12, no.2 (April, 1996): 34-38, 42-45.

하지만 이제는 더 이상 육체-영 단일론(flesh-spirit monism)과 육체/영 이원론(flesh/spirit dualism) 사이에 차이를 구성하며 만족하지 않는다. 한편에서 그것은 K. 루돌프(K. Rudolf)의 영지(Gnosis)와 교회라는 구분보다 나은 것인데, 그는 "영지주의가 그림자처럼 교회에 따라다녔다고 거의 말할 수 있다. 교회는 결코 그것을 극복할 수 없었으며 영지주의는 너무 깊게 영향을 미쳤다. 공통된 역사적 이유로 말미암아 그들은 대적하는 두 자매로 남아 있다"[44]라고 주장하였다.

한편 그런 공식화에서 생긴 문제는 영지가, 영지주의 기독교와 보편적 기독교의 이분법처럼 동일한 기독교 내에서 선택이 아닌, 교회 외부에 있는 것처럼 되는 점이다. 다른 한편으로 영지주의 기독교와 일반적 기독교에서 문제는 그런 구분이 논의 중인 단일론과 이원론에 거의 일치하지 않는다는 점이다. 비록 모든 영지주의 기독교가 이원론적이라 해도, 모든 전체적 기독교가 단일론적인 것은 아니다.

하지만 더욱 심오한 문제는 마이클 윌리엄스(Michael Williams)가 최근에 요구한 것인데, '영지주의'(gnosticism) 그 자체의 애매한 범주를 해체하라는 것이다.

2) 비 우주 창조자와 우주 창조자 전승들

윌리엄스는 상당히 모호하고 논쟁적인 '영지주의'에 대해서 대체 용어가 아닌, 대체 범주를 제안하는데, 그의 매우 영향력 있는 저서의 시작과 끝부분에서 그 의미를 규정한다.

---

[44] Kurt Rudolf, *Gonsis*, trans. R. Mcl. Wilson, P. W. Coxon, and K. H. Kuhn, ed. Wilson (San Francisco: Harper and Row, 1983), 368.

'성경의 우주 창조자 전승'(biblical demiurgical traditions)의 범주를 유용한 대안으로 제시하였다. '우주 창조자' 전승으로 내가 뜻하는 것은 우주의 창조와 관리를 최고 하나님과 구분되는 다소 저급의 실체나 실체들에게 돌리는 그런 모든 것을 뜻한다. 물론 이런 것은 대부분 고대 플라톤주의를 포함할 것이다.

그러나 형용사 '성경의'를 유대교 성경 또는 기독교 성경에서 온 전승들에 결합하거나 각색된 전승임을 지적하는 데 사용한다면, 그 범주는 매우 좁아진다. 사실 '성경의 우주 창조자'라는 범주는 오늘날 '영지주의'라 불리는 자료의 많은 퍼센트를 포함할 것인데, 우주의 창조자(들)와 참된 하나님 사이에 구분이 '영지주의'의 공통된 특징으로서 인식된다….

이 연구에서 최소한 하나의 대안을 제시하였다. '성경의 우주 창조자'라는 범주는 상당히 명확하게 규정할 수 있다. 그것은 물질적 세계의 창조자(들)와 조정자들과 가장 초월적인 신적 존재 사이를 구분하는 것이며, 그런 방식에서 유대인 또는 기독교 성경 전승을 사용한 모든 자료를 포함할 것이다. 이 범주는 단순히 '영지주의'에 대한 새 명칭이 아닐 것인데, '영지주의' 자료들이나, 이 주제를 논의한 대부분 선집에 포함된 그룹과 정확히 일치하지 않을 것이기 때문이다.

일반적으로 '영지주의'라 칭해지는 많은 부분의 자료들이 일부 성경의 우주 창조자 신화를 포함하거나 가정하기 때문에, 정말로 중첩되는 부분이 상당히 있을 것이다.[45]

---

[45] Michael Allen Williams, *Rethinking "Gnosticism": An Argument for Dismantling a Dubious Category* (Princeton: Princeton University Press, 1996), 51-52, 265.

'성경의 우주 창조자'라는 범주는 매우 도움이 되며, 성경이 영지주의 창조주와 만나고 그 결과로 반사된 스펙트럼의 기원들에 관해 무언가를 설명할 수 있을 것이다.

> 이 글에서 우주 창조자 신화라 부르는 것은 결국 고대에 널리 공유되던 어떤 전제들을 포함한다. 예를 들어 세상이 본래 '중간 관리'(middle management) 수준의 신에 의해 조직되고 관리된다는 것은 플라톤 철학에서 당연시되던 것이었다. 그리고 주후의 초기까지 그런 개념은 완전히 느껴질 수 있는 것으로 그리스-로마 세계의 많은 사람에게 마음으로 전달되는 것이었다. 그런 환경에서 왜 다양한 유대인들과(또는) 기독교인들이 성경의 창조 전승들을 그에 따라서 해석하게 되었을지 상상하기란 어렵지 않다.[46]

윌리엄스의 '성경의 우주 창조자'라는 범주를 광대하게 구성된 '영지주의'(gnostic)라는 범주보다 더욱 정확한 것으로 수용한다. 하지만 그런 제안에 대해 한 가지 중요한 질문이 남는다. 우주 창조자 전승에서 창조주 하나님은 악한 반역자나 무지한 바보가 아니어야 함은 분명하다.

그렇지만 왜 높으신 하나님(High God)보다 항상 열등한가?

왜 동등하거나 우월한 존재가 결코 될 수 없는가?

달리 말해, 유대교의 성경 전승에서 창조주 하나님이기도 하신 한 분의 높으신 하나님이 있고, 플라톤주의의 우주 창조자 전승에서 높

---

[46] Ibid., 232.

으신 하나님에게 종속되고 구별되는 창조주 하나님이 있다면, 그런 서로 분기되는 전승들에서 연루된 것은 무엇인가?

윌리엄스는 이렇게 말한다.

> '성경의 우주 창조자'라는 범주의 정의가 그 자체로 '반우주주의'(anticosmism)에 관해 아무것도 말하지 않으며 아무것도 전제하지 않는다. 그러므로 그것은 업적들에서 실제로 입증되는 우주들과 우주의 창조자(들)에 대한 입지들의 범위를 허용한다.[47]

그렇지만 우주 창조자 전승과, 그러므로 성경의 우주 창조자 전승은 최소한 물체 위의 정신 또는 육체 위의 영혼이라는 분리와 직급을 전제로 한 것이 아니겠는가?

이 낮은 세상과 높으신 하나님과 거리감을 두는 것을 제외하고, 왜 다른 것이 우주 창조자에게 요구되는가?

아마 '반우주주의'가 아니겠지만 친우주주의(procosmism)도 거의 아니다. 윌리엄스는 우주 창조자 혹은 비 우주 창조자 전승들 이면에 일치하지 않는 이념이나 감수성에 대해 절대 거론하지 않는다.

3) 싸르코필릭과 싸르코포빅 전승들

그런 서로 다른 감수성들을 강조하기 위해 여기서 두 범주를 제안하는데, 의도적으로 도발적이며 플라톤주의로부터 유대교(일부)와 기

---

[47] Ibid., 265.

독교(일부)로 흐른 그런 불일치의 역사적 영향을 강조하고자 한다. 그것은 아직도 현대 서구 세상에서 육체가 영과 분리될 때 언제든지 어느 곳에서나 나타난다. 그때 육체는 선정적이 되고 영혼은 감상적으로 될 수 있다. 그 결과는 둘 다 같이 비인간적이 되는 것이다.

육체를 입은 영혼의 그런 단일론을 '싸르코필리아'(육체 친화 또는 육체 사랑)라 부르며, 영혼에 역행하는 육체의 이원론을 '싸르코포비아'(육체 회피 또는 육체 공포)라고 부른다. 이는 '육체'(sarx)와 '사랑'(philia)과 '공포'(phobos)라는 헬라어 어원에서 온 것이다. 그 용어들은 '육체'(sarx, flesh)와 '먹다'(phagein, eat)에서 유래한 싸르코파거스(sarcophagus), 즉 고대에 대리석 관의 유비에서 조성된 것이다.

여기에서는 서구의 감수성과 의식에서 매우 결핍된 방향으로 다루고 있다고 생각한다. 나의 입장은 이원론이라기보다 단일론이다. 우주적 이원론에서는 정신과 물체를 분리하고, 물질 위에 정신을 높이며, 남성을 정신과 여성을 물질과 동등시한다. 또한 그런 과정에서 우리의 성적 특질(sexuality)과 인간성을 비인간화시킨다.

우리 인간은 영적 육체(spiritual flesh), 또는 육체적 영(fleshly spirit)인데, 그런 혼합이 없는 것은 위태롭다. 내가 이것을 공공연히 인정하는데, 왜냐하면 이 논의를 계속하기 이전에 저자와 독자 모두가 자기 자신의 감수성에 대하여 대답해야 하기 때문이다.

4) 성육신 전승과 가현 전승들

그렇지만 두 번째로 그것과 상호 작용하면서, 그러나 그것 없이 존재할 수 있었을 특별하게 기독교적인 구분이 있다. 그것은 우리에게 이해하기 어려운 것이지만, 이미 앞에서 보았던 신들과 여신들이 땅 위에 목적하는 일을 위해 인간의 몸을 입는 것과 관련된다. 일부 현대인들에게는 불멸과 사멸, 천상과 지상, 신과 인간이 오히려 초월적으로 상호 분리된 세계 속에서 살고 있을 것이다.

그렇지만 고대에는 일반적으로 그렇지 않았다. 고대인들의 세계는 상이한 모습과 상징을 지닌 신들과 여신들, 영들로 가득하며, 우리가 의복을 입고 스타일을 바꾸듯이, 그 신들은 몸(형체)을 입고 바꾸었다. 예를 들어, 신들과 여신들은 경우에 따라 적절하게 어느 물체나 동물, 혹은 인간의 형태로 나타날 수 있었다. 하지만 그런 모든 몸은 **실제로** 사실이 아니었다. 그들은 단지 사실과 같이 보였을 뿐이다. 그들은 우리의 영화 화면에 나오는 특별 효과로 방영된 형체와 흡사하다.

신들과 여신들이 성육신할 수 있고 성육신했는가?

물론이다!

그들이 일상적으로 상이하게 또한 리얼하게 그렇게 했기 때문에, 인간들은 그런 외형적이고 환영적인 몸들을 인식할 수 없었다.

하지만 그들이 실제로 성육신했는가?

물론 아니다!

신적인 육체라는 비실재를 수용한 것은 최초 기독교에서 예수에 관해 매우 심각한 문제를 표현한 것이다. 우리는 스스로 생각할지 모른다. 물론 예수는 인간이었다. 여기서 질문은 이것이다.

즉, 그분이 정말로 신이었는가?

상반되는 문제가 포함된다. 만일 그들이 예수를 신과 같다고 믿었다면, 질문은 이것이다.

즉, 그분이 어떻게 인간일 수 있었는가?

어떻게 그의 몸이 유령이나 환영이 아니고 사실일 수 있었을까? 그것은 단지 몸처럼 보인 것이 아니었나?

사람들이 그의 신체를 보고, 듣고, 만지면서 반응한 것에 요점이 없었다. 왜냐하면, 그 모든 일이 그것이 그러했던 대로 거주하는 신성(resident divinity)을 통해 정렬될 수 있기 때문이었다. 그레고리 릴레이(Gregory Riley)가 명백한 하나의 대답을 탐색하였다.[48] 즉 예수는 신(god)이나 영(spirit)이 아니라, 영웅(hero)이며 신과 인간이 결합한 후손으로 설명할 수 있었다.

그러므로 그 자신이 반-인간과 반-신(half-divine)이며, 참으로 또한 실제로 각기 반씩이다. 그리하여 정말로 죽임을 당한 후에 승천하여 천상의 불멸자들 가운데 자리를 차지할 수 있었다. 그러나 예수를 영웅을 능가해 영이나 신으로 이동하기 원한다면, 그의 육체의 비실재성과 육신의 외형적 현현은 고대 세계에서 불가피하던 수반물(concomitants)이었을 것이다.

만일 예수가 신이었다면, 그의 몸은 실재이며 온전하고 유효하게 육체를 입은 의미에서 **성육신**(incarnational)인가?

아니면 그의 몸은 비실재이고 환영이며 단지 육체를 입은 듯한 **가현** 육신(헬라어 *dokein*, '처럼 보이는')이었는가?

그 문제는 우리 중 어떤 사람에게 그러하듯이, 신적 존재들이 인간의 모습으로 이 땅 위를 걸으며 대화를 하고 성관계를 하고 자녀를 출산할 수 있느냐의 여부가 아니었다. 물론 그들은 죽을 수 있었으며 죽

---

[48] Gregory John Riley, *One Jesus, Many Christs: How Jesus Inspired Not One True Christianity, but Many: The Truth about Christian Origins* (San Francisco: HarperSanFrancisco, 1997).

었다. 하지만 그들의 신체는 단지 비실재의 가장된 육신들이었다.

예를 들어, 기독교인들이 그런 고대적인 빌립보서 2:6-11에서 바울이전 예수 찬가를 지었을 때, 예수의 육신이 실재라고, 아니면 환영이라고 상상했는가, 또는 정말이거나 아니면 그처럼 보이는 것으로, 정상적이거나 아니면 가현적이라고 상상했을까?

그런 구분을 가현 기독교(docetic Christianity)에 반대되는 것으로 성육신 기독교(incarnational Christianity)라고 부르자.

그런 구분이, 마치 더욱 초기의 더욱 기본인 싸르코포빅 기독교에 반대되는 것으로 싸르코필릭 기독교라는 구분이 결코 없었던 것처럼 있어 왔을 것이다.

하지만 그들 둘은 존재했었으며, 불행히 그 후에도 항상 상호 작용할 수 있었다. 그것이 본 장의 시작에서 싸르코포빅과(또는) 가현 기독교와 구분되는 것으로서 싸르코필릭과(또는) 성육신 기독교에 대해 언급한 것의 의미다. 그리고 그런 용어로, 고린도전서 15장으로 가기 전에 다시 한번 갈라디아서 3:28에서 보이아린과 바울에 대하여 언급하겠다.

5) 인종, 계층, 성별

플라톤의 이원론이 보이아린에게 또한 갈라디아서 3:28에서 바울이 기독교인들에게 인종, 계층, 성별의 세 가지 구분을 부인한 것에 대해 어떻게 적용되는가?

그런 이원론적 배경에서, 그런 세 가지 구별의 부인은 육체로서 비인간(nonperson-as-flesh)이 아니고, 영혼으로서 인간(person-as-soul)에 적용할 수 있었다.

그들은 현대 사회나 사회적 실재가 아닌, 의식적 임재(ritual present)나 미래의 하늘 나라에 적용할 수 있었다. 그런 육체적 또는 물질적 불일치가 무엇이든지 영혼, 정신, 참된 인간 존재와 무관한 것이라고 주장하면서, 바울을 플라톤주의나 헬라주의화시켜 상상하기 쉽다. 그들은 자신의 머리털 색상이나 발톱 모양처럼 하나님이나 그리스도 앞에 부적절한 것이었다. 그것이 보이아린이 바울에 관해 설명한 것이다.

> 인간 존재들 사이에 차별과 계급(hierarchy)을 없애는 데 바울이 매진하게 한 것은 인간 연합(human unification)에 대한 강력한 열망이었다. 그리고… 바울은 그리스도 사건을 자신이 체험했던 그대로 이런 인간성의 개혁을 위한 수단으로 보았다.[49]

그러나 만일 그것이 바울이 한 모든 것이고 그가 지속해서 헬라주의적이었다면, 아직도 거리가 있을 것이다. 바울은 자신의 유대적이고 헬라적인 유전자(genes)에서 타협이 아닌, 불일치에 대해 투쟁하였다. 타협에서는 육체가 열등한 자리에 유지되지만, 결코 완전히 거절되지 않는다고 말할 수 있다. 불일치에서는 무엇인가 다른데, 그것이 바울에게 일어난 것이다.

이것이 바로 그것이다. 즉, **바울은 유대인과 헬라인에 대해 영혼**(soul)**에서 육신으로, 영**(spirit)**에서 육체로 그런 첫 번째 구분을 한다**. 그는 로마 도시들의 거리 안으로 인종 부인을 유지하면서 가지만, 같은 방식

---

[49] Boyarin, *Carnal Israel*, 106.

으로 외부에서 계층 부인이나 성별 부인을 취하지 않는다. 그는 계층(class)이나 성별(gender)에 대해 하듯이, 인종(ethnicity)에 대해 언급하지 않으며, 그것이 하나님 앞에 종교적으로 정신적으로 부적절해도, 물리적으로 사회적으로 유지되어야 한다고 말하지 않는다.

모순(contradiction)은 바울이 셋 모두를 영적으로 취한 것이 아니라, 하나를 영적이면서 동시에 육체적으로 취한 것이다. 만일 유대인/헬라인 구분이 영적으로 취해진다면, 내부에서 둘 다 동등하다는 것과 또한 외면에서 어느 것도 중요하지 않았음을 뜻했을 것이다. 그렇다면 할례받은 유대인이나 할례받지 않은 헬라인이나 차이가 없을 것이다. 그리하든 아니하든 차이가 생기지 않을 것이다. 할례받지 않는 것이 할례받는 것보다 더욱 좋지도 나쁘지도 않을 것이다.

하지만 실제로 보아 만일 바울에게 아들이 있었다면, 할례를 받게 하지 않았을 것이다. 갈라디아서 5:6과 6:15에서 '할례나 무할례의 아무것도' 중요하지 않으며, 할례받지 않는 것은 바울에게 중요하지 않았다. 할례는 갈라디아서 5:12에서 '베어버리기'라는 신랄한 용어로 나온다. 갈라디아서 2:11-14에 따르면, 바울은 안디옥에서 유대인 기독교인과 이교도 기독교인이 함께 먹을 수 있도록 하기 위한 최소한의 코셔(정결한, kosher)를 준수하는 것에 관해, 야고보, 베드로, 바나바, 모든 다른 사람들과 더욱 초기에 단절했었다.

바울이 자신의 유대교와 자신의 헬레니즘 사이에서 급진적이지(영을 위해 육체를 거절) 않으나, 온건한 플라톤적 이원론(영에게 육체가 종속됨)을 채택함으로써, 절충했다는 보이아린의 주장은 매우 옳다. 하지만 내가 강조하려는 것은 그런 절충이 아니라, 갈라디아서 3:28에서 바울이 적용하는 불일치성(inconsistence)이다.

그 당시의 바울이나 또는 지금의 보이아린으로부터 **그런 세 가지들 사이의 차이에** 대해 명상하는 것이 필요해진다. 그리고 그런 명상에서 계층 구별이 있음이 중대하다. 예를 들어, 인종과 성별의 경우에 직급 없는 차이가 보존될 수 있었다. 그러나 계층의 경우에는 아니다. 계층에서 차이는 계층 구조(hierarchy)이고 계층 구조는 차이이다. 부자는 가난한 자와 다르다. 부자는 돈이 더욱 많다. 자유인은 노예와 다르다. 자유인은 권력이 더욱 있다!

만일 바울이 로마 도시에서 이 세 가지 모든 구분을 물리적이고 물질적으로 부인했다면, 그의 생애는 예수의 생애와 같이 짧았을 것이다. 보이아린은 바울에게서 그런 불일치성을 보지 않았다. 그것은 바울이 할례나 코셔에 관해 완전히 육체의 정도에서 유대인/헬라인을 부인하고, 그러나 훨씬 다른 차원에서 노예/자유인과 남성/여성을 부인할 수 있게끔 만든 것이다. 바울의 세 가지 구분에서 불일치성은 보이아린 자신에게서 유사한 것으로 조화된다.

보이아린은 1993년 저서 『세속 이스라엘』(Carnal Israel)에서 위의 인용 시에 바울의 갈라디아서 3:28의 인종, 계층, 성별이라는 세 가지 구분 중에 오직 처음과 마지막만을 언급한다. 그것은 단지 스쳐가는 강조일 수 있으며 생략이 아니었을 것인데, 그러므로 1994년의 속편 『급진적 유대인』(Radical Jew)에서 그는 '바울을 해석하는 열쇠'로 보는 갈라디아서 3:28에 기초해 바울을 전체적으로 해석한다.

그렇지만 그는 오로지 인종이나 성별에 집중하기 위해, 중간에 '계층'이라는 용어를 반복해서 일관성 있게 변명이나 설명 없이 생략한다. 계층의 구분이 한번 강조되면서 나왔는데, 즉 바울이 빌레몬에게 보낸 서신에서 그의 도망친 종 오네시모와 특히 관련하여, '그리스도

안에서 종이나 자유자가 없으며'라고 한다.

세 가지 모든 구분은 드물게 언급되는데, 예를 들어, "세례에서는, 유대인이나 헬라인… 남자나 여자, 종이나 자유인을 인간적으로 구분하는 모든 차이들이 제거된다," 또는 다시 "바울의 사역 배후에 인종, 계층, 성별로 구분이 안 되는 인류에 대한 심오한 비전이 있었다." 그리고 다시금 "갈라디아서에서 바울은 인종 그룹들과 사회경제적 계층들 사이에 있는 차이들에 더해서, 성별 사이에 있는 사회적 차이와 계층구조를 정말로 제거하는 것 같다."[50]

그렇지만 인종과 성별 차이를 심오하게 토론한 책에 계층 구별에 관한 내용이 또한 있다는 것이다. 나는 바울과 보이아린에게서 그런 관점이 강조된다고 보는데, 왜냐하면 그들 세 가지 구분 간에 차이, 즉 구별과 계급조직 간에 차이를 고려한다면, 우리가 다음의 질문들에 직면하게 된다.

만일 인종과 성별의 차이들이 계급 조직 없이 있을 수 있다면, 계층에도 동일하게 그럴 수 있는가?

계층이 인종과 성별과는 어떻게 다를까?

바울은 결코 그런 질문들을 하지 않았으며, 보이아린도 하지 않았다. 그리고 그런 실패 때문에, 보이아린은 바울의 이원론을 명확히 알았어도 바울이 그런 이원론을 적용할 때의 불일치를 전혀 인식하지 못한다. 그것은 단지 그런 이원론이 아니라, 최종적으로 특별히 고린도전서 15장에 되돌아와 내가 초점을 두는 그런 불일치이다.

'이원론' 또는 '불일치'라는 용어를 우월성이나 비하라는 어떤 의

---

[50] Boyarin, *Radical Jew*, 23, 5, 181, 183.

미로도 사용하지 않는다. 왜냐하면, 바울에게 그것들은 역사의 격랑 속을 헤쳐가려고 전력투구하면서 창조된 강력한 원동력이었기 때문이다. 하지만 우리는 단순히 그것들을 반복하지 말아야 하며 그것들의 심오한 인간적인 도전을 더욱 발전시켜야 할 것이다.

6. 예수의 육신적 부활

주후 50년의 초기에 바울은 아직도 에베소에 있었다. 하지만 지금 바울은 동부 쪽의 갈라디아가 아닌 서부 쪽의 고린도에 편지를 쓰고 있다. 고린도에서 기독교로 회심한 사람들은 예수를 부활한 영혼(resurrected soul)이나 불멸의 영(immortal spirit)으로 받아들이는 데 문제가 없는 적절한 플라톤주의 이원론자들이다.

그렇지만 어떻게 예수가 육신을 가질 수 있으며, 또한 어느 경우든 왜 육신을 원했던 것인가?

왜 감옥인 육신으로 다시 와서 영원히 있겠다고 말하는가?

누가 불멸의 짐을 필요로 하는가?

영혼(soul)은 긍정이고 육신(body)은 부정이다. 영(sprit)은 긍정이고 육체(flesh)는 부정이다.

고린도전서 15장에서 바울은 부활하신 예수의 모든 현현을 열거함으로써 시작한다. 하지만 고린도전서 15:1-11에서 그것들을 인용했어도 15:12-58의 나머지 주장 전체에서 결코 다시 언급하지 않는다. 그 이유는 매우 분명하다. 고린도인들은 환상과 현현의 모든 것을 알고 있으며 유효성을 부인하는 것에 대해 꿈도 꾸지 않았을 것이기 때문이다.

 물론 비실재가 가시적이고 유형적인 신체들을 입고 아래로부터 되돌아온다. 물론 인간과 신의 부모들 사이에서 태어난 불멸 자식들이 죽음 후에 신들과 여신들 사이에 있는 것으로 가정되고, 가시적이며 유형적인 신체들(몸들)을 입고 위로부터 되돌아온다. 물론, 신들과 여신들이 신체를 가장하고 인간들과 접촉하여 사랑하고 전쟁을 하며 대화를 한다. 하지만 그들은 유사 신체들(seeming-bodies), 연극 신체들(play-bodies), 가현 신체들(in-appearance-only bodies)이다.

 그들은 살과 피가 아니라, 에테르나 공기로 만들어진다.

 그런데 신체(body, 몸)와 육체(flesh, 살)를 다소간 상호 교환적으로 사용함을 주시하라.

 이원론적 감수성에서 쉽사리 신들, 불멸자들, 영들이 신체를 가졌지만, 육체(살)를 가지지 않았음을 주목하라.

 이것은 오늘날 특수 효과의 영화 같은 것이라고 앞에서 제시하였다. 말하자면 우리가 예수의 육체(살)가 아닌 육신(몸)을 보고 있는 때가 있다. 육신의 공룡은 소화하지 않는다. 이어서 바울은 그에게 중요한 무언가를 유지하고자 하면서, 다시 한번 어떻게 절충에서 불일치가 초래되었는지를 주목한다. 그 질문은 고린도전서 15:35에서 더 명확하다.

> 누가 묻기를 죽은 자들이 어떻게 다시 살아나며, 어떠한 몸으로 오느냐 하리라(고전 15:35).

 바울은 두 가지 대답을 함께 엮는데, 한편은 매우 관습적이고, 다른 편은 매우 도전적이다. 관습적인 대답에서는 여러 상이한 몸의 유형들이 존재한다고 주장한다. 예를 들어, 움직이는 별들은 몸(형체)을 지닌 살아 있는 존재들이었다. 하지만 그들의 몸은 우리 자신의 것들과는 달리 불멸하는 것들이다. 바울은 그러한 것들을 '영적인 몸들'이라고 주장한다.

대부분의 헬라적인 독자들은 신들이 현현하는 몸들을 '신체적'이기보다 '영적'으로 간주했을 것이다. 그들은 행동의 마지막에 옷을 걸치듯, 몸을 걸쳤다. 새로운 것들, 상이한 것들, 채소, 동물, 광물적인 것들이 필요에 따라 조성되었다. 그러나 또 다른 대답으로 씨 뿌림의 비유가 고린도전서 15:36-44에 나온다.

> 어리석은 자여 네가 뿌리는 씨가 죽지 않으면 살아나지 못하겠고 또 네가 뿌리는 것은 장래의 형체를 뿌리는 것이 아니요 다만 밀이나 다른 것의 알맹이뿐이로되 하나님이 그 뜻대로 그에게 형체를 주시느니라.
> 육체는 다 같은 육체가 아니니 하나는 사람의 육체요 하나는 짐승의 육체며, 하나는 새의 육체요, 하나는 물고기의 육체라. 하늘에 속한 형체도 있고 땅에 속한 형체도 있으니 하늘에 속한 것의 영광이 따로 있고 땅에 속한 것의 영광이 따로 있느니라. 해의 영광이 다르고 달의 영광이 다르며 별의 영광도 다른데 별과 별의 영광이 다르도다.
> 죽은 자의 부활도 그와 같으리라 썩을 것으로 심고 썩지 아니할 것으로 다시 살아나며 수치스러운 것으로 심고 영광스러운 것으로 다시 살아나며, 약한 것으로 심고 강한 것으로 다시 살아나며

육의 몸으로 심고 신령한 몸으로 다시 살아나리니 육의 몸이 있은 즉 또 영의 몸도 있느니라(고전 15:36-44).

여러 유형의 몸의 은유법에서는 오직 차이만을 강조하지만, 씨 뿌림의 비유에서는 연속성과 차이를 동시에 강조한다. 심은 것은 절대로 같은 것이지만 거두는 것은 완전히 다르다. 물고기를 심고 새를 거두는 것은 불가능하다. 특정한 씨앗을 심으면 특정한 곡식의 이삭을 거둔다.

그것이 바울의 플라톤적 협상에서 비롯된 것으로 보이는 불일치이다. 물론 땅(지상의)의 예수와 하늘(천상의)의 그리스도 사이에 영적 연속성(spiritual continuity)이 있다. 고린도의 누구도 그것을 논쟁하지 않았다.

하지만 그들 사이에 몸의, 즉 신체적이고 물질적인 연속성이 있는가? 바울의 대답은 일정하지 않다. 만일 초점을 그 다른 몸의 유형들에 둔다면, 대답은 부정적이다. 즉, 예수가 한 때 육의 몸을 지녔으나, 지금 예수는 영의 몸을 지닌다. 하지만 만일 초점을 씨앗 은유법에 둔다면, 대답은 긍정적이다. 즉, 예수는 지금 철저히 동일하고, 절대로 상이하다. 고린도인들은 '영의 몸'(spiritual body)에 초점을 두었을 것이며, 신들, 불멸자들, 인간 접촉을 위해 가장한 형체와 같은 가상적인 몸으로 이해하였을 것이다. 바울이 고린도전서 15:50에서 이런 비평으로 결론 맺을 때, 그들은 그런 해석을 다시 확신하였을 것이다.

형제들아 내가 이것을 말하노니 혈과 육은 하나님 나라를 이어받을 수 없고 또한 썩는 것은 썩지 아니할 것을 유업으로 받지 못하느니라(고전 15:50).

여러 유형의 몸들(형체들)이 있을 수 있지만, 육체와 피(flesh-and-blood)라는 유형은 오직 한 유형의 몸이다. 플라톤의 이원론을 괴롭힌 것은 육체와 피였다. 영의 몸들은 매우 수용할 만했다. 그것 모두에서 내가 오직 바울의 씨앗 비유만을 유지하는데, 왜냐하면 거기서 잠시 협상이 부인되고, 그의 유대교 목소리가 커지기 때문이다.

심어진 씨앗과 수확된 곡식은 둘 다 같으면서도 다르며, 파괴되지 않은 물질적이고 물리적 연속성이 있다. 하지만 그것은 일반적으로 헬라적 유대인(Hellenistic-Jewish)의 설명에서 단지 스쳐 가는 유대적 유대인(Jewish-Jewish)의 비일치다. 그럼에도 불구하고, 어떤 정도든 어떤 이름이든, 나 자신은 플라톤의 이원론이 근본적으로 비인간화시킴을 발견하기 때문에, 그런 불일치를 유지하며, 그런 이원론 외에도, 바울에게 다른 무엇이 있는지를 질문하고 있다.

지상의 예수는 단지 이념을 지닌 사상가가 아닌, 원인을 지닌 반역자였다. 그는 유대인 농부의 태도를 지녔고, 자신의 태도가 유대인 하나님의 것이라고 주장하였다. 하지만 그가 말한 하나님의 왕국이 계시되고 부정의와 불의한 세상에 정의와 의의 하나님이 성육신한 것은 그분의 생애 안에서였다.

하나님의 나라는 결코 단지 말씀, 이념, 경구, 비유, 어록과 대화에 관한 것이 아니었다. 하나님의 나라는 삶의 방식(way of life)에 대한 것이었다. 또한, 육체와 피의 몸(flesh-and-blood body)에 관한 것이었음을 의미한다. 정의는 항상 신체와 생애에 관한 것이며, 단지 말씀이나 이념에 대한 것이 아니다.

부활은 단순히 예수의 영이나 영혼이 세상에 살아 있음을 뜻하지 않는다. 또한, 단순히 예수의 동료나 추종자가 세상에 존속함을 의미하지도 않는다. **부활은 이 세상에서 강력하게 영향력 있는 것으로 남아 있는 구현된 생애이어야 한다.** 나는 역사가로서 그런 주장들을 인정하며, 그리스도인으로서 그것들을 믿는다.

오직 한 분의 예수, 즉 불의한 세상에서 하나님의 정의로운 생애를 살고 구현시킨 갈릴리인 예수가 있다. 그 예수는 세상이 인정하는 대표자들에 의해 공식적으로 법적인 처형을 당했는데, 그분의 계속되는 강력한 존재는 믿는 자들에게 하나님은 불의의 편이 아니며, 특히 로마 제국의 불의의 편이 아니라는 것을 지시해 준다.

하나는 부활-이전 예수, 다른 하나는 부활-이후 예수, 또 하나는 지상의 예수, 다른 하나는 천상의 예수, 또 다른 하나는 육의 몸을 지닌 예수, 다른 하나는 영의 몸을 지닌 예수라는 두 분의 예수가 있지 않다. 오직 한 분의 예수가 있다. 역사적 예수로서 믿는 자들에게 정의로운 유대인 하나님이 그 당시에 그런 삶의 공동체에 성육신하신 분이며, 그 이후 항상 계속해서 그처럼 계속 계신 분이다.

그런 이해에서 바울의 씨앗 비유를 매우 도움이 되는 것으로 받아들인다. 씨앗으로부터 곡식은 동일하지만, 전적으로 상이한 무언가의 결합이다. 부활도 그러하다. 동일한 예수, 20세기 후기에 유대인 땅에서 하나의 유일한 역사적 예수이며, 그러나 이제 시간과 공간, 언어와 근접의 구애를 받지 않는 분이다. 하나의 유일한 예수이며, 절대적으로 동일하고, 절대적으로 상이하다.

물론 그분은 그때와 지금, 그리고 항상 신앙으로 제약된다. 육신의 부활은 구현시킨 생애와 역사적 예수의 죽음이 이 세상에서 강력하게 영향력 있으며 구원적으로 현존하는 것으로 믿는 사람들에게 계속해서 체험되는 것을 의미한다. 그런 삶은 항상 그러했듯이 그런 삶과 같은 공동체들을 형성하면서 계속되고 있다.

그런 모든 빛에서 이 부문의 제목은 예수의 육신적(bodily) 부활이 아닌 육체적(fleshly) 부활이 되어야 한다. 내가 그 단어들을 상호 교환적으로 사용하는 경향이 있다. 하지만 바울은 확실히 그렇지 않은데, 왜 그렇지 않았을는지가 이제 명확하다.

그러므로 바울이 '육체와 피'는 하나님의 나라에 들어갈 수 없다고 말할 때, 바울과 예수 사이에(그리고 솔직히 바울과 나 사이에) 감수성(sensibility)에 큰 간격이 있다. 예수에게 하나님의 정의를 이 땅 위에서 구현하는 누구든지, 하나님 나라에 들어가는 '육체와 피'였다. 그리고 그런 사람은 그런 들어감을 위한 벌로서 그 육체가 피에서 분리되리라는 것을 기대해야 했다.

바울은 역시 요한복음 1:14의 "말씀이 육신이 되어 우리 가운데 거하신다"는 선언에 대립하고 있었다. 말씀이라는 로고스(Logos)는 헬라어로 신의 정신(Divine Mind)이며, 세상의 지성(intelligibility), 우주의 합리성(rationality of the universe), 삶의 의미를 뜻한다.

그리고 요한은 말씀이 단지 육신이 아닌, 육체(flesh)가 되었으며, 단지 그레코-로마 신들의 방문에 전형적인 특별 효과의 몸이 아닌, 유일하게 하나의 육체와 피의 온전하고 정상적인 인간 존재가 되었다고 말한다. 말씀이 육체가 되었다, 말하자면 신적 생애의 의미가 어떤 인간 생애의 방식으로 성육신한 것이다.

잔혹한 경멸과 공공연한 능욕 또한 의도적 괴멸로 인해 파괴된 육신의 이미지로 결론을 내린다. 「뉴스위크」(Newsweek), 「타임」(Time),

「U.S. 뉴스 & 월드 리포트」(U.S. News and World Report, 1996년 4월호)의 부활절 이슈에 모두가 역사적 예수를 표지 기사로 실었다. 「뉴스위크」는 '부활을 다시 생각하기: 부활하신 예수에 대한 새 논쟁'이라는 표제를 실었다. 그 표제는 손을 밖으로 보이며 팔을 위로 들고 하늘을 향하여 올라가는 예수의 사진을 교차하여 기록되었다.

즉시 내게 생소한 충격을 준 것은 명확히 볼 수 있는 그 손과 발 위에 완전히 어떤 상처도 없는 것이었다. 그들이 부활 그림 대신에 변화산상 그림에서 예수를 잘못 취했다는 것을 깨닫지 못했다. 물론 바티칸에 있는 라파엘의 작품에는 상처가 없다. 왜냐하면, 예수의 죽음 이전에 묘사된 사건이기 때문이다.

한편 「U.S. 뉴스 & 월드 리포트」는 정확한 그림을 실었다. 표지에는 '예수 탐색: 그는 누구였는가? 예수의 생애와 의미에 대한 새 평가'라는 표제를 걸었는데, 명확히 볼 수 있는 예수의 오른손에 상처를 지닌 벨리니의 부활 그림에서 취한 예수의 모습을 교차하여 기록하였다.

지금 그 상처들에 관해 생각해 보라.

언제나 항상 오직 하나의 예수가 있다. 싸르코필릭과(또는) 성육신 기독교에서 부활한 주님으로서 역사적 예수이다. 시험은 이것이다.

부활하신 예수가 아직도 십자가에 못 박힌 상처를 지니는가?

복음서, 예술, 싸르코필릭과(또는) 성육신 기독교에서 그 대답은 명백히 확언적이다. 그렇지만 그 상처들은 하늘에서 온 것이 아니라, 역사에서 온 것이다.

벨리니의 그림을 멀리서 바라보면서 왜 그분이 두 손에 구멍을 지녔는지 질문하고 있는 나그네를 상상해 보라.

그 사람에게 단지 예수의 죽음 유형에 대한 것이 아닌, 예수의 죽음에 관한 설명이 필요할 것이다. 그것은 말하자면 질병이나 익사, 병환이나 사고로 인한 죽음이 아니었다. 그것은 하류 계층 전복자들에게 준비된 로마 제국의 공식적인 처형이었다. 그러므로 질문자는 반응할 수 있다.

그는 특별히 위험스러운 범죄자였는가?

또는 그들은 특별히 악한 사람들이었을 것이라고 반응할 수 있으리라.

예수의 생애, 즉 로마제국의 불의에 항거한 유대인의 저항이라는 정황 내에서 역사적 예수에 대한 설명이 필요할 것이다.

정경 복음서를 최초의 모델과 근원적 본보기로 지니고서, 각 기독교 세대는 각 세대에 복음서를 새롭게 기록해야 하며, 먼저 역사적 예수를 충분히 온전하게 재구성해야 한다. 또한, 그다음에 이 세상에서 현재의 삶을 위해 그 역사적 재구성이 무엇을 의미하는지를 말하고 생활해야 한다. 역사와 신앙은 성육신적 기독교에서 항상 변증법적이다. 달리 말해 예수의 육체적 부활에 관한 주장은 예수 역사의 영속성에 관한 주장이다. 그때나 지금이나 그리고 항상 신앙으로 바라본 역사가 있다.

제2장

예수의 인간성

역사적 예수 연구 무엇이 위기인가?

루크 티모디 존슨(Luke Timothy Johnson)

역사적 예수 연구 자체를 하나의 독특한 역사적 현상으로 볼 수 있다. 뉴스 매체와 현대 일부 연구가가 전해 준 영향에도 불구하고 이런 유형의 지적인 질문이 정도는 다르나 계속 제기된다.¹

알버트 슈바이처(Albert Schweitzer)의 1906년 저술 라이마루스(Reimarus)에서 브레데(Wrede)까지의 역사적 예수 연구 검토는 완성된 것은 아니나 유명하다.² 슈바이처의 역사적 예수 연구 분석 역시 잠시

---

1 Charlotte Allen, *The Human Christ: The Quest for the Historical Jesus* (New York: Free Press,1998), 92-119: 안토니 콜린즈(Anthony Collins), 매튜 틴데일(Matthew Tindale), 존 토랜드(John Toland), 무엇보다 토마스 첩(Thomas Chubb) 같은 17세기 후기와 18세기 초기 자유사상가들에게서 훨씬 후기의 역사적 예수를 해석하는 방식이 예견됨을 보여 준다.

2 A. Schweitzer, *The Quest of the Historical Jesus: A Critical Study of Its progress from Reimarus to Wrede*, trans. W. Montgomery with a new introduction by J. M Robinson (New York: Macmillian, 1968). 이 저서에서 슈바이처는 주로 독일 학자들의 연구에 집중했으며 프랑스 학자 르낭(Renan)의 『예수의 생애』(*Vie de Jesus*, 1863)를 약간 언급했다. 슈바이처의 해설을 확장시킨 것에 대해, M. Goguel, *Jesus and the*

이런 연구를 종결짓는 듯했다.³ 그러나 1960년에 이 연구가 다시 물방울처럼 시작되어,⁴ 결국 큰 강물로 변했으며,⁵ 이제 다시 대홍수처럼

Origins of Christianity, vol.1: *Prolegomena to the Life of Jesus*, trans. O. Wyon (1932; New York: Harper and Brothers, 1960), 37-69; Allen, *The Human Christ*, 또한 D. Pals, *The Victorian "Lives" of Jesus* (San Antonio, Tex: Trinity University Press, 1982)를 보라. 미국 학자들의 연구에 나타난 특별한 정경을 잘 묘사한 것에 대해, P. Allen, "The American Christ," *American Heritage* (1988, 11월): 128-41을 보라.

3 슈바이처의 연구는 한편에서 초기 예수 연구의 많은 저술이 연구자 자신들이 이상화시킨 예수에 대한 해석이요 그 자신들의 모습을 투사시킨 유형임을 보여 준다. 다른 한편에서 그는 진정한 역사적 연구는 불행한 두 가지 중에 선택해야 한다고 결론 내렸다: 예수의 정체성과 사역에 관련해 복음서를 전적으로 신빙성 없는 자료로 간주하는 것, 아니면 (그들이 신빙성을 지닌다면) 복음서에 표현된 예수는 현재와 너무 상이하여 동화시킬 수 없다는 것. 그러나 예수의 영원한 가치는 그가 말한 종말론적 비전의 실재에 있으며 어느 시대나 각 개인에게 전달될 수 있다고 제시하면서 슈바이처는 또한 새 탐색 방식을 지시했다(*Quest*, 401-2를 보라).

4 불트만과 바르트의 영향력으로 독일 학자들의 연구에서 역사적 예수에 관한 새 연구가 지체되었다. Bultman, *Jesus and the Word*, trans. L. P. Smith and E. H Lantero (New York: Scribner's, 1958)은 슈바이처가 암시한 문제에 대한 중요 반응이었다. 불트만 학파 내에서 케제만(E. Kasemann)이 1953년에 행한 강연 "역사적 예수 문제"(*Essays on New Testament Themes*, W. J Motague[Philadelphia: Fortress Press, 1964], 15-47)가 중추적이었다. 케제만은 불트만의 회의주의와 스타우퍼(E. Stauffer), 예레미아스(J.Jeremias) 같은 학자의 실증주의 사이에서 자신의 학문적 입장을 추구했다; E. Kasemann, "Blind Alleys in the 'Jesus of History' Controversy," *New Testament Questions of Today*, W.J. Montague (Philadelphia: Fortress Press, 1969) 23-65를보라. 또한 실증주의에 대해 E. Stauffer, *Jesus and His Story*, trans. Richard and Clara Winston (New York: Knopf, 1960); Joachim Jeremias, *New Testament Theology: The Proclamation of Jesus*, trans. J. Bowden (New York: Scribner's, 1971)을 보라. 로빈슨의 저서 역시 슈바이처와 케제만의 시기 사이 진행된 연구에 대한 귀중한 참고 문헌을 알려 준다: J. M Robinson, *A New Quest of the Historical Jesus*, Studies in Biblical Theology 23 (London: SCM Press, 1959), 9-25를 보라.

5 보다 정확히 말하자면 일련의 강줄기들이 여러 단계에서 여러 방식으로 서로 교차하고 상호 연결되었다. 특별히 두 지류를 주목할 수 있다. 첫 번째 지류는 진정한 것으로 간주되는 그런 예수의 말씀을 발견하기 위해 세부적으로 설화 자료의 각 층을 분해시킨다. 예레미아스와 그의 계승자들의 비유에 대한 연구가

번졌다. 거의 매달 반스앤노블(Barnes and Noble)출판사에서 예수에 대한 새로운 해석들이 쏟아진다.⁶

> 여기 속한다. 예를 들어 J. Jeremias, *The Parable of Jesus*, trans. S. H. Hook (New York: Scribner's, 1963)을 보라. 또한 J. D. Crossan, *In Parables: The challenges of the Historical Jesus* (New York: Harper and Row, 1973); D. O. Via, *The parables: their Literary and Existential Dimension* (Philadelphia: Fortress Press, 1967); R. Funk, *Parable and Presence: Forms of the New Testament Tradition* (Philadelphia: Fortress Press, 1982)등을 보라. 페린의 예수의 말씀에 대한 저술 중에, N. Perrin, *Rediscovering the Teachings of Jesus* (New York: Harper and Row, 1967), 또한 궁극적으로 펑크와 예수 세미나의 저술, R. W. Funks and R. Hoover, *The Five Gospels: The Search for the Authentic Words of Jesus* (New York: Macmillan, 1993)를 보라. 두 번째 지류는 슈바이처의 종말론적 강조에서 발전된 것인데, 재구성된 유대교의 정황에서 예수의 사역을 해석한다. 예를 들어 E. P. Sanders, *Jesus and Judaism* (Philadelphia: Fortress Press, 1985); Sanders, *The Historical Figure of Jesus* (London: Allen Lane, 1993); G. Vermes, *Jesus the Jews: A Historian's Reading of the Gospels* (Philadelphia: Fortress Press, 1983); Vermes, *Jesus and the World of Judaism* (London: SCM Press, 1983) 등을 보라. 또한 J. Riches, *The World of Jesus: First Century Judaism in Crisis* (Cambridge: Cambridge University Press, 1990); R. A, Horsley, *Jesus and the Spiral of Violence: Popular Jewish Resistance in Roman Palestine* (San Francisco: Harper and Row, 1987); J. H. Charlesworth, *Jesus within Judaism: New Light from Exciting Archeological Discoveries* (Garden City, N.Y.: Doubleday, 1988); N. T. Wright, *Jesus and the Victory of God, Christian Origins and the Question of God* 2 (Minneapolis: Fortress Press, 1996)을 보라. 도움이 되는 안내서로 B. Witherington, *The Jesus Quest: The Third Search for the Jew of Nazareth* (Downer's Grove, 3, Intervasity Press, 1995)을 참고하라.

6 L. T. Johnson, *The Real Jesus: The Misguided Quest for the Historical Jesus and the Truth of the Traditional Gospels* (San Francisco: HarperSanFrancisco, 1996)를 보라. 이 책에서 예수 세미나와 일부 다른 학자의 연구를 조사했는데, 검토된 서적은 다음과 같다: Barbara Thiering, J*esus and the Riddle of the Dead Sea Scrolls: Unlocking the Secrets of His Life Story* (San Francisco: HarperSanFrancisco, 1992); John, Spong, *Born of a Woman: A Beshop Rethinks the birth of Jesus* (San Francisco: HarperSanFrancisco, 1992); J. Spong, *Resurrection: Myth or Reality?* (SanFrancisco: HarperSanfrancisco, 1994); A. N. Wilson, *Jesus* (New York: Norton, 1992); Stephen Mitchell, *The Gospel according to Jesus* (New York: HarperCollins, 1991); Marcus Borg, *Jesus, a New Version: Spirit, Culture, and the Life of Discipleship* (SanFrancisco: Harper and

여기서 제기하려는 질문은 간단하며 상상할 만한 것이다.
역사적 예수 연구 같은 그런 탐구가 왜 있는가?
이 질문은 간단해도 여러 부분이 포함된다.
기독교 형성 이후 17세기를 지나면서 왜 갑자기 인물 예수를 역사적으로 탐구하는 것이 중요해 보였는가?
동일한 자료에 동일한 방법을 사용한 학자들의 세심한 연구에서 왜 극적으로 상이한 결론이 내려졌는가?
학자들이 연구에 쏟은 막대한 집중력과 에너지, 정보에도 불구하고 왜 만족할 결론에 도달하지 못한 것처럼 보일까?
그리고 최종적으로 그 연구에 내재한 명백한 난제와 이전의 모든 노력이 실패했음에도, 왜 그런 연구가 지금 계속될 뿐 아니라, 널리 행해지면서 성경학자들 사이에 열정을 끄는 독특한 주제로 보이는가?
슈바이처의 영향력 있는 첫 번째 연구 분석에서 이들 질문에 대한

Row, 1987); Borg, *Meeting Jesus Again for the First Time: The Historical Jesus and th Hear of Contemporary Faith* (San Francisco:HarperSanFrancisco, 1994); John Dominic Crossan, *The Historical Jesus: The Life of a Mediterranean Jewish Peasant* (San Francisco: HarperSanFrancisco, 1991); Crossan, *Who Killed Jesus? Exposing the Roots of Anti-Semitism in the Gospel Story of the Death of Jesus* (San Francisco: HarperSanFrancisco, 1995). 또한 John P. Meier, *A Marginal Jew: Rethinking the Historical Jesus*, vol.1 *The Roots of the Problem and the Person* (New York: Doubleday, 1991), 또한 vol.2, *Mentor, Message, and Miracle* (New York: Doubleday, 1994). 이 저서에서 초점이 제한되어 다음과 같은 멋진 저서를 다루지 못했다: J. Boden. *Jesus: The Jesus: Unanswered Questions* (Nashville: Abingdon Press, 1989); Morton Smith, *Jesus the Magician* (San Francisco: Harper and Row,1978), 또한 H . Boers, *Who was Jesus? The Historical Jesus and the Synoptic Gospels* (San Francisco: Harper and Row, 1989). 이런 여러 저서들 중에 보다 긍정적인 견해에 대해, R. Shorto, *Gospel Truth: The New Image of Jesus Emerging from Science and History*, and *Why It Matters* (New York: Putnam's Sons, 1997)을 보라.

대답을 찾을 수 있다. 역사적 예수 연구는 유럽에서 일어난 계몽주의로 인해 시작되었다. 그 시기에 스스로를 이성(reason)의 시대에 산다고 간주하는 사람들 중에 계몽주의와 관련된 두 확신이 유행했다.[7]

① 종교가 참되려면 이성적이어야 한다.[8]
② 역사가 가장 이성적인 진리의 척도다.[9]

---

[7] 물론 그 과제는 '성경의 세계'가 '실재의 세계'와 동일하지 않다는 깨달음, 즉 자연과학 발달과 세계 탐험으로 지니게 된 인식으로 더욱 촉진되었다. 성경의 세계가 단순히 실재의 세계와 일치한다는 가정은 더 이상 그대로 유지될 수 없었다. 이런 흐름에서 이제 신앙은 보다 근본적인 방식에서 과학과 역사의 담화에 응답해야 했다. 이에 관해, H. Frei, *The Eclipse of Biblical Narrative: A Study in Eighteenth and Nineteenth Century Hermenutics* (New Haven: Yale University Press, 1974)을 보라.

[8] 이와 관련해 첫 번째 피해를 당한 것은 성경 이야기에 나오는 기적의 요소들인데 합리주의자들이 이에 도전했으며 스트라우스가 결정적으로 모독했다. D. F. Strauss, *Life of Jesus Critically Examined* (1835)를 보라. 상당히 오랫동안 깨닫지 못한 것은 '기적'에 대한 정의를 '자연법'의 이탈이라는 관점에서 내린 것이 근본적으로 뉴턴의 우주 학설에 순응한 것인데, 이미 그 자체가 여러 근거에서 도전을 받고 있는 면이다. 예를 들어 W. Placher, *The Domestication of Transcendence: How Modern Thinking about God Went Wrong* (Louisville, Ky.: John Knox/ Westminster Press, 1966), 또한 S. Maitland, *A Big-Enough God: A Feminist's Search for a Joyful Theology* (New York: Henry Holt, 1995)을 보라.

[9] Schweitzer, *Quest*, 13-57; Allen, *The Human Christ*, 92-119를 보라. 한 번 더 타당한 전제가-역사는 시공간 안에서 일어나는 인간 사건에 관련되므로 오직 그런 사건들에 대해서만 말할 수 있다-통찰력 없이 타당하지 못한 추론으로-역사에서 그에 관해 말할 수 없는 것은 존재하지 않거나 존재할 수 없다는- 바뀔 수 있다. 이에 대한 가장 명백한 하나의 예를 든다면, 만일 부활이 역사적으로 입증될 수 없다면, 부활은 사실이 아니라고 주장하는 것이다. 이런 주장에는 구체적으로 두 가지 오류가 있다: **첫째**, 역사가의 과거 사건에 대한 입증 능력을 사건 발생의 시금석으로 간주하는 것. **둘째**, 역사가 실재를 파악하는 유일하게 타당성 있는 방식이라고 간주하는 것.

그러므로 예수에 대한 기독교의 주장 역시 그런 기준을 충족시켜야 한다. 놀랍지 않게, 기독교가 예수의 초자연주의와 성례전에 근거한 것에 만족하지 못한 자들이 대부분 예수 연구를 추진했다. 그리하여 미신적 요소를 제거하고 순전히 합리적인 예수를 기독교의 근거로 삼으려 했다.[10]

이신론자 토마스 제퍼슨이 이 욕망을 대표하는데, 복음서에서 초자연적이고 미신적 요소들은 무엇이든 제거하고 모든 인간에게 적용될 수 있는 단순한 교사 예수를 발견하고자 했다.[11]

그러한 첫 번째 탐구는 불만족한 결과를 가져왔다. 그 이유는 예수에 관해 무엇이 역사적인가를 규정하는 주된 난관 때문이었다.[12] 고대의 어느 인물과 비교할 때, 예수에 대한 증거는 더욱 적고 단편적이다. 외부인의 관찰에서는 예수가 활동한 장소, 시간, 죽은 방법, 운동에 대한 역사성만이 지지될 뿐이다.[13] 그 외의 증거는 내부인에게서 온 것이다. 그들은 예수를 단지 과거의 인물이 아니고, 무엇보다 부활

---

10 예를 들어 P. Gay, *Deism: An Anthology* (Princeton: D. Van Nostrand, 1968)를 보라. 특히, Thomas Chubb, *The True Gospel of Jesus Christ Asserted* (London: Thomas Cox, 1737)을 보라. 또한 W. Baird, *History of New Testament Research*, vol.1, *From Deism to Tubingen* (Minneapolis: Fortress Press, 1992), 31-57을 보라. 동일한 관점에 대해 현대적으로 가장 명백히 표현한 것에 대해서, R. Funk, *Honest to Jesus: Jesus for a New Millennium* (San Francisco: HarperSanFarnacisco, 1996), 23-29, 300-314을 보라.
11 Thomas Jefferson, *The Life and Morals of Jesus of Nazareth* (Washington, D.C.: USGPO, 1904; New York: Henry Holt, 1995).
12 나의 저서 *The Real Jesus*, 105-26을 보라.
13 중요한 유대 자료: Josephus, *Antiquities* 18.3.3, 18.5.2, 20.9.1. 또한 *Babylonian Talmud* (e.g., *Sanhedrin* 43a, 106a)에 간간히 언급된다. 그레코-로마 자료: Suetonius, *Life of Cladius* 25.4, Tacitus, *Annals* 15.44.2-8, Pliny the Younger, *Letters* 10.96, Lucian of Samosata, *Proteus Pregrinus* 11-13. 한편 Celsus, *True Word* 는 말기에 기독교를 공격한 저술인데 보다 이른 자료에 보이는 지식을 반영한다.

로 인해 죽기 이전보다 더욱 강력히 살아계셔서 행동하는 분으로 간주하였다.[14] 예수에 대한 그들의 모든 기록은 이런 확신에 차있다. 그리하여 그런 경향의 자료에서 어떤 연구를 통해 정말로 무엇이 일어났는지 밝히는 데는 한계가 있어 보인다.[15] 그러므로 연구하는데 두 가지 기본 선택을 할 수 있다.

① 복음서 내러티브(설화) 구도를 사용하면서, 편파적이거나 불가능해 보이는 내용을 교정하는 것이다.
② 복음서 구도를 포기하고, 분산된 단편 자료들 가운데 역사적으로 보다 가능해 보이는 어떤 조각들을 건져내는 것이다.

---

[14] 이 점을 강조해야 한다: 경전이 아닌 저술에는 예수에 대한 견해가 더욱 "신화론적"(mythological)이다. 비록 다르게 이해할지라도 "부활/신앙" 전망이 결코 감소되지 않는다. 이들 경전 외 자료들 어느 곳에도 예수가 단순히 인간으로 간주되지 않는다. 에비온(Ebionites)이나 나자리안(Nazoreans)과 관련된 유대적-기독교 복음서마저 부활에 관해 명백히 언급한다. H. Hennecke, *New Testaemnt Apocrypha*, vol.1, *Gospels and Related Writings*, ed. W. Schneemelcher, trans. R. McL, Wilson (Philadelphia: Westminster Press, 1963), 117-65을 보라.

[15] 예수의 말씀 가운데 진정한 것과 비 진정한 것을 구분하는 데 사용된 기준을 간략히 논의 한 것에 대해, L. T. Johnson, *The Real Jesus*, 20-27, 128-33을 보라. 어떤 전승의 단계를 추적하는 데 대조 표준의 부재로 인해 따르는 난관 외에도, 지금 학자들에게 적용되는 모든 선택된 자료들이 부활 전망을 나눈 자들에게서 유래된 것임이 거의 주시되지 않는다. 더욱이 그런 방법들에서 최고로 할 수 있는 것은 전승의 가장 초기 유형을 규정하는 것이지, 어느 특정한 말씀이 실제로 예수 자신에게서 유래했는가의 여부가 아니다. 최종적으로 그런 논증의 결과는 그 자체가 예수께서 아마 말했거나 행동했을 일종의 모든 것을 구성하는 것이 아니다. 단지 미리 선정된 말씀들이다. 비록 그들의 진정성이 논증된다 하더라도, 그 자체가 그런 기준으로 확증될 수 없는 다른 말씀의 진정성을 부인하는 것은 아니다.

첫째의 경우, 각 복음서의 설화 자체가 내용과 순서에서 불일치하므로 그들 중에 선택을 해야 한다.[16]

둘째의 경우, 복음서 내러티브 구도의 완전 포기는 진정성을 지닌 것으로 간주되는 예수 전승의 단편들을 연결시킬 수 있는 그럴듯한 어떤 다른 구도를 발견해야 함을 뜻한다.[17]

첫째 선택은 대부분의 전통적인 역사가들과 초기 연구가들이 따랐던 방식이다.[18] 이런 방식의 연구 절차에서 연구가들이 충분히 비판적이었는지, 아니면 단지 성경 이야기(story)만을 재진술한 것은 아니었는지에 대한 질문이 제기된다.[19]

---

[16] 여기서 누구나 대조표를 펼치는 대로 명백히 볼 수 있음을 입증할 필요가 없다: 마태, 마가, 누가복음은 실재로 많은 양의 자료와 언어, 표현에서 순서를 같이 하지만, 세 복음서는 또한 실질적으로 다르다: 요한복음은 매우 다르기 때문에 일반적으로 대조표에 나타나지 않는다.

[17] 진정성을 지닌 것으로 간주된 말씀들을 수집해 놓은 것이 그 자체로 일관성 있는 하나의 정체를 구성하지 못한다. 그런 이유로 어떤 부류의 설화 구도가 필요해진다. 복음서의 설화를 복음서 기자가 고안한 것으로 간주하여 일단 무시한다면, 그리고 신약성경의 서신문학에서 제공되는 예수의 모습을 부적절한 것으로 간주하여 역시 무시한다면, '진정성을 지닌 단편들'을 연결시킬 수 있는 구도로서 어떤 다른 사회학적 모델이나 인류학적 모델을 사용할 수 있게 된다.

[18] 그리하여 첫 번째 연구에서는 공관복음을 선호하면서 요한복음을 제외시켰다. 그 다음에 세 공관복음 중에 어느 것이 예수의 생애에 대한 가장 최초의 그리고 아마 최상의 자료인가를('공관복음 문제'의 해결을 통하여) 결정지으려 했다.

[19] 이의 현저한 예로, A. N. Wilson, *Jesus*를 보라. 기본적으로 사복음서 설화를 통해 이동하는데 이충적으로 설화를 선택해 저자의 생각에 그럴듯해 보이는 사건들의 순서를 구성한다. 개인적 취향 외에는 어떤 선택의 기준이 없음이 그에게는 문제 되지 않는 듯하다.

둘째 선택은 보다 최근의 연구가들이 선호하는 방식인데, 어떤 전승의 단편을 선택하고 새로운 유형에 맞춘 것이 단지 상상력의 발휘로 예수에 대해서가 아니라, 연구가 자신들에 대해 더욱 알려주는 것이 아닌지에 대한 질문이 제기된다.[20]

그런 질문은 많은 학자들이 동일한 방법으로 동일한 자료를 연구한 결과 왜 그처럼 상이한 예수의 모습이 나오는지의 문제에 연결된다. 그것들은 다음과 같다.

① 낭만적 환상가 예수(르낭).
② 종말론적 예언자 예수(슈바이처, 라이트).
③ 쿰란의 악한 제사장 예수(티어링).
④ 막달라 마리아의 남편 예수(스팡).
⑤ 혁명적 열심당원 예수(S. F. G. 브란돈).
⑥ 농지 개혁가 예수(요더).
⑦ 새활력 운동 창설가와 카리스마적 예수(복).
⑧ 동성애 마술사 예수(스미스).
⑨ 견유학파 현인 예수(다우닝).
⑩ 소작인 마술사 예수(크로산).
⑪ 소작인 시인 예수(베일리).
⑫ 넘치는 지복의 영적 스승 예수(미첼).[21]

---

20 이의 중요한 예는 J. D. Crossan, *The Historical Jesus*이다. 크로산은 예수에 대해 '지중해 유대인 농부'라는 지칭을 될 수 있는 많이 활용하려 한다. 또한 복(M. Borg)도 증거 선정을 위한 대조 표준을 제공하기 위해 '카리스마적 신비주의'(chasid)와 '활력 운동 창설자'의 범주를 끌어낸다.
21 S. G. F. Brandon, *Jesus and the Zealots* (New York: Scribner's, 1967); J. H. Yorder,

이들 묘사에서 공통 요소는 연구가들이 추구하는 이상적인 자기 이미지가 반영된 예수다. 이런 경향으로 인해 맨슨(T. W. Manson)이 냉소적으로 "그들이 구성한 예수의 생애로 그들 자신이 누구인가를 알리라"[22]고 말한 것은 당연하다.

그런 난관과 혼합된 결과를 고려하면 역사적 예수 연구가 왜 중지되거나 좌절 없이 진행되는지 의문이 생길 것이다. 이에 대한 대답은 에베레스트산이나 마터호른산이 있기에 등산가가 오르듯이, 어느 역사가든 고려해야 할 대상으로 예수가 단지 '거기에' 있기 때문이라고 단순히 말할 수 없다.

사실 역사적 예수 연구는 고대 역사를 전문적으로 연구하는 세속의 학자들에 의해 주로 행해진 것이 아니다. 그들은 대부분의 연구에서 복음서 이야기 줄거리를 예수의 사역에 대한 신빙성 있는 묘사로, 그리고 사도행전에 나오는 기독교 기원에 대한 보도를 최소한 근본적으로 믿을 만한 내용으로 따르려고 했다.[23] 주로 기독교 학자들이 느낀

The Politics of Jesus: Vicit Agnus Noster (Grand Rapids, Mitch: Eerdmans, 1973); G. F. Dowing, *Christ and the Cynics: Jesus and Other Radical Preachers in First-Century Tradition* (Sheffield: Sheffield Academic Press, 1988); J. D. Crossan, *Jesus: A Revolutionary Life*에는 마술적인 요소가 훨씬 강조된다; K. E. Bailey, *Poet and Peasant, and Through Peasant Eyes: A Literary Cultural Approach to the Parables in Luke* (Grand Rapids, Mich.: Eerdmans, 1983).

[22] T. W. Manson, "The Failure of Liberalism to Interpret the Bible as the Word of God," *The Interpretation of the Bible*, C. W. Dugmore (London: SPCK, 1944), 92. 또한 Martin Kahler, *The So-Called Historical Jesus and the Historic, Biblical Christ*, trans. C. Braaten (1892; Philadelphia: Fortress Press, 1964), 56의 다음 진술을 보라: "일상적으로 일어나는 것은 예수의 이미지가 저술가 자신들의 정신을 통해 굴절된 모습이 되는 것이다."

[23] M. Grant, *Jesus: A Historian's Review of the Gospels* (New York: Scribner's, 1977), A. N. Sherwin-White, *Roman Society and Roman Law in the New Testament* (Oxford:

근질거림으로 인해 이 성경 자료들이 계속 피해를 입어야 되는 것처럼 보이는데, 그들이 말하는 역사에는 상당한 신학적 관심사가 혼합되어 있다.[24]

지난 20년 동안 재개된 역사적 예수 연구는 지금까지 지식의 발전으로 이전의 연구보다 성공적으로 할 수 있으리라는 느낌에서 아마 추진되었을 것이다.[25] 결국 금세기에 고대 지중해에 대한 발견물이 비교할 수 없을 정도로 많이 발굴되었다.

이 모든 정보는 예수의 세계에 대한 실제 양상을 조명해 주지만, 그 세계에 살았던 예수의 생애에 관한 실질적 지식을 더해 주지는 않는다.[26] 쿰란에서의 고고학적 발견물은 처음에 그런 기대를 조성했다. 하지만 오늘날 대부분의 학자들은 예수에 대한 지식을 더해 주는 데

Clarendon Press, 1963)을 보라.

[24] 슈바이처는 첫 번째 연구를 주시했다: "예수의 생애에 대한 역사적 연구는 순수하게 역사적 관심사에서 생긴 것이 아니다. 역사적 예수를 교리의 횡포에 대항해 싸우는 통로가 되도록 변화시킨 것이다"(Quest, 4). 이 측면에서 첫 번째 연구는 기독교(또한 무엇보다 개신교)학자들이 시행한 단지 자기 이해적인 역사 비평주의의 한 양상인데, 다시 말해 역사 분석적 수단으로 모든 유형의 기독교가 그로 인해 측정되는 기독교의 본질적인 핵을 분리시킴으로써 개혁을 완성하려는 것이다. 이런 통찰은 다음 두 전제를 기초로 하는데 이 전제에 거의 도전하지 않았다. 1) 종교의 기원이 종교의 본질을 규정한다. 2) 종교의 성격이 역사적 기준에 의해 규정될 수 있다. 최초 기독교 연구에서 개신교 신학적 경향이 풍기는 것에 대해, J. Z. Smith, *Drudgery Divine: On the Comparison of Early Christianities and the Religions of Late Antiquity* (Chicago: University of Chicago Press, 1990), 1-35. 또한 L T. Johnson, *Religious Experience: A Missing Dimension in New Testament Studies* (Minneapolis: Fortress Press, 1998)를 보라.

[25] J. M. Robinson, *New Quest*, 59-63에 따르면 "새로운 자료들"을 적용할 수 있음이 새 연구가 시작된 이유 중 하나다.

[26] 그레코 로마 세계의 측면으로부터 이 새로운 지식이 가장 인상적으로 전개된 것에 대해, J. D. Crossan, *The Historical Jesus*, 또한 유대교의 측면에서 전개된 것에 대해, E. P. Sanders, *Jesus and Judaism*을 보라.

가치가 제한된 것으로 간주한다.²⁷

현대의 여러 연구가들이 나그-함마디에서 발견된 콥트어 도마복음을 예수에 대한 새 정보를 알려 주는 자료로 중시한 것은 사실이다.²⁸ 그러나 도마복음이 경전 복음서에 의존한 문서가 아니라 경전 복음서만큼 이른 자료이고, 예수의 어록 자료라고 한 것은 그들 상호 간에 이루어진 확신이지 나머지 다른 학자들은 그렇게 간주하지 않는다.²⁹

---

27 요한이 세례 사역을 하던 장소의 수 마일 내에 종말론적으로 규정된 유대 종파 공동체가 존재했는지는 기대를 부추긴 것으로 남아 있다. 마찬가지로 헬라적 도시 세포리스(Sepphoris)가 예수의 고향 나사렛에서 단지 수 마일 내에 있었는지도 미궁으로 남아 있다. 그러나 예수가 쿰란에 관련된다는 것이(비록 그가 거기 있었는지 모르지만) 그가 세포리스에서 목수로 일했고 그러므로 헬라어 격언을 배웠다는(비록 그가 배웠는지 모르나) 것보다 더욱 가능성 있어 보인다. 역사가들은 불행이나 혹은 다행스럽게 '…일 수 있었다'에서 '…이어야 했다,' '…했었다' 혹은 '…였다'로 자동적으로 전이할 수 없는데, 만일 그렇게 하려면 그런 연결을 뒷받침하는 특별한 증거가 제시되어야 한다. 나그-함마디 문서들이 경전 복음서와 완전히 같은 정도로 예수에 대해 접근하게 해 주는 자료로 읽어야 한다는 개념을 열광적으로 포용한 것으로는, M. Franzmann, *Jesus in the Nag Hammadi Writings* (Edinburg: T.&T. Clark, 1996)을 보라.
28 예를 들어 S. J. Patterson, *The Gospel of Thomas and Jesus* (Sonoma, Calif.: Polebridge Press, 1993), J. S. Kloppenborg, et al., *Q-Thomas Reader* (Sonoma, Calif.: Polebridge Press, 1990), R. Valantasis, *The Gospel of Thomas* (London: Routledge, 1997) 등을 보라. 이런 접근법이 완전히 사용된 것에 대해, R. Funk, *The Five Gospels*와 J. D. Crossan, *The Historical Jesus*가 있다.
29 **도마복음**을 역사적 예수를 위한 자료로 사용하는 데 낙관적인 입장에 주의를 요하는 것은 네 가지 성찰로부터 생긴다. 첫째, 경전 복음서의 어록과 유사한 **도마복음**의 어록이 어떤 방식에서 복음서에 의존한다는 가능성을 쉽게 간과할 수 없다. 이런 가능성을 제시한 연구를 보라: R. McL. Wilson, *Studies in the Gospel of Thomas* (London: Morbray, 1960); B. Garner, *The Theology of the Gospel of Thomas*, trans. E. Sharpe(London: Collins, 1961); F. M. Strickert, "The Pronouncement Sayings in the Gospel of Thomas and the Synoptics," diss., University of Iowa, 1988; J. E. Menard, *L'Evangile selon Thomas*, Nag Hammadi Strudies 5 (Leiden: Brill, 1975); W. Schrage, *Das Verhatnis des Thomas and the Evangelium zur Synoptischen Tradition und*

또한 1세기 지중해 세계에 사회과학적 모델을 적용한 것에서 도움이 주어진다.[30] 하지만 한 번 더 이론적으로 얼마나 흥미로운지와 상관없이, 모델은 그 모델에 적용된 자료만큼만 좋은 것이다. 특정한 정보 부족을 모델 자체가 보충할 수 없다.[31]

---

zu Koptischen Evangelienuebersetzungen, BZNW 29 (Berlin: A. Toepelmann, 1964); H. Montefiore & H. E. W. Turner, *Thomas and the Evangelists* (London: SCM Press, 1962). 특히 둘째, **도마복음** 전체에 대한 적절한 해설은 경전 복음서와 연관뿐 아니라, 보다 넓은 나그-함마디 전집들의 관련에서 고려되어야 한다. 예를 들어 **도마복음** 75와 104에서 "신부 방"에 대해 말한 것은 **빌립복음** 75:25-76:5의 정황에 맞는 구절이다. 마찬가지로 **도마복음** 97의 "깨뜨린 병"에 관련된 여인은 **진리복음** 26:4-25의 정황에서 가장 설득력 있게 발견된다. 셋째, **도마복음과** 경전 복음서의 이슈에서 다른 많은 나그-함마디 문집들이 경전 문헌을 사용한 분명한 증거를 고려해야 한다(C. M. Tucker, *Nag Hammad and the Gospel Tradition*, ed. J. Riches [Edinburg: T. & T. Clark, 1986]을 보라). 넷째, 편집층들의 결정 방법은 어느 경우이든 불가피한 순환성 때문에 가장 심각히 조사되어야 한다. C. M. Tuckett, "Q and Thomas: Evidence of a Primitive 'Widsom Gospel'? A Response to H. Koester," *Ephemerides Theologicae Lovanienses* 67 (1991): 346-60을 보라.

30 로빈슨(J. M. Robinson)은 '역사에 대한 새로운 개념 그 자체'를 옛 연구의 실패 이후 새 연구가 시작된 타당한 이유로 간주한다. 그러나 그가 의미하는 것은 예수의 '자기-이해' 표현으로서의 말씀에서 교회의 케리그마를 발견하려는 상당히 신학화된 시도다. 이 연구법의 결과를 대부분 드라마틱하게 보여 주는 저서로 G. Bornkamm, *Jesus of Nazareth*, trans. I. and F. McLuskey (New York: Harper and Row, 1960)가 있다. 대조적으로 새 연구에서는 고대에서 온 드문 자료들을 밝히고 확장시키며 유비로 논쟁하는 수단으로서 사회-과학적 모델을 사용한다. 이 접근법에 대한 일반적 전망을 위해, B. Malina, *The New Teatament World: Insights from Cultural Anthropology*, rev. ed. (Louisville, Ky.: Westminster/John Knox Press, 1993), R. Rohrbaugh, ed., *The Social Sciences and New Testament Interpretation* (Peabody, Mass.: Hendrickson, 1996)을 보라. 그런 모델들의 사용, 특별히 하롤드 랜스키(Harold Lenski)의 계층 분석의 사용에 대해 J. D. Crossan, *The Historical Jesus*, 43-46 참조.

31 예를 들어 증거가 부족한 것을 이론으로 제압하려는 경향에 대해, W. R. Herzog, *Parables as Subversive: Jesus as Pedagogue of the Oppressed* (Louisville, KY.: Westminster/John Knox Press, 1994)을 보라.

그러므로 예수에게 적용된 '소작인' 범주의 정확성을 인정한다 해도,³² 그 분류는 그렇게 지칭된 특정한 역사적 인물이 그런 세계에서 무엇을 할 수 있고 할 수 없으며, 무엇을 생각할 수 있고 생각할 수 없는지를 규정하는 데 제한적으로 사용된다.³³

마지막으로 자료 비평과 양식 비평으로 훈련받은 많은 학자들이 문체와 주제 분석의 방법으로, 한 작문 내에 편집 층을 구분할 수 있고, 그런 기초 위에서 실제로 옛 자료 안에 새 자료를 '발견'할 수 있다고 확신하게 되었다.³⁴ 그런 방법이 매우 주관적이고 논쟁적이라고 생각

---

³² J. D. Crossan, *The Historical Jesus*, 45-46, 124-36을 보라. 반면에 마이어(Meier)는 예수의 정확한 사회 경제적 지위를 분류하는 것의 난해성에 대해 뉘앙스 지닌 비평을 한다. J. Meier, *A Marginal Jew*, 1:278-315을 보라.

³³ 적절한 두 가지 관찰이 있다. **첫째**, 로마 제국이 사실 고도로 계층화된 사회이지만, 동일하게 사회적 유동성과 변화를 지녔다. W. A. Meeks, *The First Urban Christians: The Social World of the Apostle Paul* (New Haven: Yale University Press, 1983)을 보라. **둘째**, 비록 계층화된 사회에서도 개인이 수행하는 일은 각자 구별되며 가정된 기준으로부터 추론될 수 없다. 크로산 자신이 패트로니우스의 인물 트리말치오(Trimalchio)의 적절성을 주시한다(*The Historical Jesus*, 53-58).

³⁴ 자료 비평, 양식 비평, 편집 비평은 모두 이전에 "문헌 비평"(literary criticism)이라 불리던 종류와 동일한 통시적 접근법의 변형들인데, 즉 문학적 탐지의 수단으로 현존하는 문학 작품에서 역사적 순서를 수립하려는 노력이다. 그런 접근법들을 검토한 것에 대해, S. L. McKenzie and S.R. Haynes, *To Each Its Own Meaning: An Introduction to Biblical Criticism and Their Application* (Louisville, Ky.: Westminster/John Knox Press, 1993), 29-99을 보라. 그런 절차에는 문학적 "이음새"(어휘, 전망, 주제의 변화들)가 작문 자체 내에서 수사학적으로 형성된 "표시들"이 아니고, 시간이 경과함에 따라 함께 합쳐지게 된 "자료들"을 항상 지시한다는 전제 하에 진행된다. "편집층들"에 대한 탐색은 일상적으로 구별되는 이념적 경향들이 같은 시기에 함께 유지될 수 없다는 전제에 기초를 둔다. 그러므로 불트만과 예수 세미나 양 편 모두 복음서(혹은 Q) 내에 "지혜의" 혹은 "종말론적" 요소들이 다른 시기에서 온 것이어야 한다고 주장하는데, 비록 현존하는 비 경전 문헌들에서 그들이 문제없이 함께 나오는 보기들이(예. *The Testament of the Twelve Patriarchs*의 경우) 있더라도 말이다.

하는 자들을 거의 주목하지 않으면서, 궁극적으로 자신들이 보다 초기 연구에 방해가 되던 장벽을 돌파할 수 있는 시금석을 발견한 것으로 간주했다.[35]

그들로 인해 구별되는 다양한 전승의 층을 분류할 수 있으며, 초기 교회의 영향을 받지 않은 예수 자신에게 소급되는 전승들을 발견할 수 있었다.[36] 새 정보, 새 모델들, 새 방법들이 새 연구가들을 격려했으며, 연구가들은 자신들의 노력을 통해 더욱 과학적으로 타당한 결과들을 가져오리라 믿었다.[37]

그러나 1999년까지 이런 희망이 실현되지 않았다는 것과 옛 순환

---

[35] 슈바이처가 묘사한 탐구는 사실 예수에게 가장 잘 접근할 수 있는 문헌 작문을 추적한 것이었다. 마가의 우선성이 수립되었을 때 마가의 종말론적 예언자로서의 예수 묘사를 수용하던가, 아니면 마가의 역사적 정확성에 도전하던 가가 당면한 과제처럼 보였다. 새 연구는 브레대(W. Wrede)가 마가복음에 도전한 것으로 이어지는 데, 이는 양식비평의 발전을 가져왔다. 복음서(도마복음 포함) 중에 모두가 복음서 기자들이 신학적으로 구성한 것으로 간주된다. 역사가의 과제는 각 복음서 기자들이 사용한 단편들을 평가하는 것이다.

[36] 여기서 요아킴 예레미아스의 *The Parables of Jesus*에 매우 보수적인 방법론적 원칙들과 예수 세미나의 *The Five Gospels*에 사용된 방법론적 원칙들 사이에 직접적인 연결선이 있다. 복음서는 예수가 말한 것의 기억을 근본적으로 왜곡시킨 것으로 간주된다. 그러므로 '진정한 예수'에게 소급되려면 전승의 전망을 반영하는 복음서의 부분들을 벗겨내야 한다. 루터가 가톨릭 전승에 대항하여 복음서에 호소한 것이 비평적인 연구에서 모든 전승에 대항하여 예수에게 호소한 것이 되었다. 새 연구를 특징지은 것은 복음서 설화들 자체에 이런 대립이 조성되게 된 점이다. 예수에 대해 알려주는 유일한 자료인 복음서가 예수에 대한 보도에서 근본적으로 신빙성 없는 것으로 간주된다.

[37] 비록 공식적으로 예수 세미나와 관련되지 않지만, 맥크(B. Mack)의 연구는 동일한 방법론적 전제를 나누고 있다. 가설적인 문서 Q의 분석에서 종말론의 영향을 받지 않고 성격상 근본적으로 지혜에 속하는 예수 전승의 가장 이른 층을 자리 잡게 한다. B. Mack, *The Lost Gospel: The Book of Q and Christian Origins* (San Francisco: HarperSanFrancisco, 1993)과 내 저서 *The Real Jesus*, 50-54에 실린 비평을 보라.

이 극복되기보다 더욱 드러남이 명확해졌다. 20세기 후기의 자유로운 경향의 학자들이 당황스럽게 종말론적이 아니요, 특별히 유대적이 아니며, 반감을 주는 종교적이 아닌, 다문화적 평등주의적이요 반문화적 경구의 신중한 조성자, 열린 식탁의 옹호자, 배타적 성결 정책에 대항해 포괄적 동정 정책을 지향하는 개혁가로서의 예수 발견은 우연의 일치가 아니다. 또한, 예수가 교육으로 물들지 않은 카리스마적 소작인(농부)라는 것이 좋은 예다.[38]

20세기 후기 학문의 사회적 가치와 전문적인 자아-경시가 이보다 완전히 반영된 것을 상상할 수 있을까?

또한, 문화와 종교적 스펙트럼의 대립적인 극단에서, 보다 복음적으로 접근된 기독교인이 정결과 성결에 전념하는 정확하게 종말론적인 예수, 유대주의 내에서 회복(restoration) 정책의 선봉자 예수를 발견하는 것은 놀랍지 않다.[39] 분명히 예수에 대한 학자들의 선이해가 자료 평가 방식에 깊은 영향을 주었다.[40]

만일 주제 문제에 대한 본질적 관심이나 성공의 가능성이 역사적 예수 연구의 순환을 설명하지 못한다면, 연구가들이 어떤 압박에 끌

---

[38] J. D. Crossan, *The Historical Jesus*; M. Borg *Jesus, a New Vision*; R., Funk, *Honest to Jesus* 을 보라. 이 묘사는 여기 그려진 것들의 종합이다.

[39] E. P. Sanders, *Jesus and Judaism*; N. T. Wright, *Jesus and the Victory of God*; B. Chilton, *Pure Kingdom: Jesus' Vision of God* (Grand Rapids, Mich.: Eerdmans, 1996)을 보라.

[40] 펑크(R. Funk)가 가장 투명한 본보기다. 1985년 새로이 형성된 예수 세미나의 개회 연설에서 그는 요청된 예수 이미지를 이미 선언했다: *Forum* 1, no.1(1985), 10-12를 보라. 그렇다면 *The Five Gospels* (1993)에서 세미나의 투표로 '결정된' 예수를 발견하는 것은 놀랍지 않다. 그러나 세미나에서 설정된 바로 그 기준을 무시하면서 기꺼이 그가 바라는 예수를 '발견'하려는 정도가 그의 저술에 명백히 나타난다. 그의 *Honest to Jesus*, 143-216을 보라.

린 것처럼 보인다. 그들은 이 난해하고 낙심시키는 과제를 필요해서 추진한다. 달리 말해, 어떻게 이상하게 순환되든 그들은 이 과제를 포기하지 않을 것이다. 왜냐하면 포기한다는 것은 무언가 본질적 가치의 상실을 뜻하기 때문이다. 이런 결론은 이해되는데 연구가들과 대화에서 느낀 맹렬한 헌신으로 전망, 절차, 결과에 대한 어떤 비평도 견디는 것과 일치한다.[41]

때로 비지성적 동기로 에너지를 쏟는 것 같다. 어떤 경우 직업적, 경제적 이유일 수 있다. 학자들은 발행해야 하고 출판사는 예수에 대한 서적이 인기 높음을 안다. 단지 이 방법 안에서만 교육받고 과제를 이처럼 추구하는 방식만 아는 자들은 전체 기획이 어떻게 도전받든 발행함으로써 분출구를 찾는 듯싶다.[42]

어떤 경우에 개인적인 충동일 수 있다.

---

[41] 내 저서 *The Real Jesus* 발행 이후 가진 다양한 논의와 토의에서 그들이 대답을 회피하는 방식에 놀랐다. 내가 역사적 방법에 근거한 연구에 도전했을 때, 그들은 연구의 신학적 타당성의 관점에서 대답하는 경향을 보였다. 또한, 필자가 전래적 기독교 신앙의 기초에서 신학적 전제들에 도전했을 때, 그들은 역사 기록적 관점에서 대답하는 경향을 보였다. 이런 경향의 예를 들어 "The 'Real Jesus' in Debate," *Bulletin for Biblical Research* 7 (1997): 225-54를 보라: 1996 AAR/SBL 모임에서 에반스(C. A. Evans), 콜린스(A. Y. Collins), 윙크(W. Wink), 존슨(L. T. Johnson)이 나눈 대화가 발행된 것이다.

[42] 이와 같은 진술이 분노를 일으켰다: *The Real Jesus*, 2-3을 보라. 예수 세미나 회원들은 미국에서 가장 두드러진 연구 제도를 철회하지 않았다. 독자들은 내 진술을 엘리트주의로 간주했다. 사실 나는 비판적인 학문에서 자신들이 최고를 대표한다는 세미나의 입지에 대해 가장 건전한 부류에서 자격을 말하려는 것이었다. 그러므로 여기서 본문을 검토하는 데 연구가들의 지적 능력이나 도덕적 온전성을 질문하는 것이 아님을 강조하고 싶다. 그보다는 오늘날 신약성경 학문의 유형에 관해 중요한 무엇을 주장하고 있다. 역사적 예수 탐색에서 예시된 전제들과 절차들의 확산은 성경 학문의 위기를 가리킨다. 이에 관해 말하려고 했다. *The Real Jesus*, 57-80에 내가 지적한 것을 보라.

현대 여러 연구자가 교리를 지지하는 성경 본문의 '문자적' 의미에 충성하는 근본주의 정황에서 일어난 것은 우연일까?[43]

어떤 이에게 비판적 학문 추구는 글자 그대로 다른 신앙 체계로 전환하는 것이었다. 학문의 교리와 관습이 주는 자유가 협소하게 규정된 전통적인 문자주의적 구속에서 해방시켰다. 그렇지만 문자주의로 규정된 세계를 탈피하는 것은 어렵다. 그들 자신이 억압되어 양육되었다고 생각하는 예수에 대항하면서도 어떤 자들은 예수나 성경 본문의 위력에 대해 자유로울 수 없으며 마치 동일한 서클을 반복하면서 최초 기억을 떨쳐버릴 수 없이 집착하듯 생애를 보내야 했다.[44]

역사적 예수를 연구하는 모든 자에게 그런 설명이 해당되지 않는다.[45] 다시 말해 어떤 동기에서 연구에 전념하게 되었는지 생각해 보아야 한다. 명백해 보이는 이유를 고려해보자. 역사적 예수 탐구는 어찌하든 두 가지 확신에 근거해 시작된 것으로 보인다.

① 예수의 인간성이 중요하며 정말로 기독교인이 지녀야 할 본질이다.
② 예수의 인간성을 이해하는 최선의 방식은 역사적 지식을 통해서이다.

---

[43] 이것이 최소한 'TV 복음 전파자'와 '근본주의자'에 대항한 분노를 어느 정도 설명해 줄 것인데, 다소 '교리적 기독교'와 동일시되었다. *The Five Gospels*, 1-35, J. S. Song, *Born of a Woman*, 1-14를 보라.

[44] R. Funk, *Honest to Jesus*: 이런 인상을 가장 생생히 풍긴다. 펑크의 개인적인 이야기, 예수의 부활, 기독교에 대한 비전이 '고별과 귀향'이라는 주제에 연결되어 나온다.

[45] J. P. Meier, *A Marginal Jew*를 보라. 마이어의 기념비적 연구서인 이 저서에는 그런 요소들이 전혀 없어 보인다.

그렇다면 이 확신들에 관해 더욱 정확히 질문해야 한다. 연구가들의 이 두 전제가 과연 필수적이고 정확한지 문제를 제기하면서 그런 부류의 주장들의 일부를 검토해 보겠다.

가장 기본 단계에서 기독교가 단지 신화에 근거하지 않음을 확증시키기 위해 역사적 예수 연구가 요청된다고 주장된다. 그러므로 예수가 1세기 유대인이었다면 소크라테스가 실제 인물이었다는 그런 의미로 '실제적'인데, 이는 오시리스(Osiris)나 아티스(Attis), 즉 신화나 자연 주기적 종교의 상징과 반대되는 것이다. 그리하여 예수는 사회적 이념이나 대중의 신경증으로 환원될 수 없다고 한다. 이런 말은 타당한 목표처럼 보인다.

그러나 여러 면에 관찰해 보자.

첫째, 현재의 기독교에서 그 정도의 역사성 확보는 매우 쉽다. 기독교가 로마 권력 하에 법에 따라 처형된 한 유대인과 관련되는 것은 성경 증거에서 쉽게 내릴 수 있는 결론이며, 단지 비정상적인 자가 다른 결론을 내릴 것이다.[46] 그 정도의 역사성 확보는 반 시간이면 된다. 그러므로 그런 주장은 연구가들의 비상한 노력에 대한 적절한 설명이 못 된다.

둘째, 역사 대 신화라는 구분을 '실재' 대 '비실재'라는 구분과 같은 의미로 간주한다면, 그 자체가 매우 불안정하다.[47] 더욱 지적인 의

---

[46] 그런 정신의 뛰어난 본보기로 J. M. Allegro, *The Sacred Mushroom and the Cross: A Study of the Nature and Origins of Christianity within the Fertility Cults of the Near East* (London: Hodder and Stoughton, 1970)을 보라. 제목이 모든 것을 잘 말해 준다.

[47] 이처럼 쉽게 미혹되는 동일시 때문에 아이러니하게 필자의 저서 제목을 *The Real*

미에서 신화는 분석의 범주를 초월하는 심오한 의미를 표현하려는 언어다. 이 의미에서 "하나님이 역사 속에 활동하신다"라는 진술은 "하나님이 예수 안에서 활동하신다"라는 것처럼 신화적이다. 역사에서 전적으로 인식 범주로 제한된 연구 주제만을 다루어야 한다면, 모든 종교적 언어는 부적절한 것이 된다.[48]

역사적 예수를 추구하는 다른 동기는 기독교를 가현설(docetism)에서 구하려는 것이라고 한다. 가현설은 초기 기독교인 중에 어떤 자들이 지녔던 확신, 특히 영지주의를 언급한다. 이들은 예수의 인간성이 실재가 아니요 단지 가현(appearance)에 불과한데 신적 말씀(divine logos)이 지상에 체류하는 동안 인간 육체에 잠시 거주했다고 주장한다.[49]

이런 주장은 사실 이전 동기의 변형인데 확실히 신학적 관심사와 연결된다. 예수의 인간성이 실재였든 아니었든, 세속 역사 속에 신의 계획은 있을 수 없다. 그러므로 그들은 기독교를 환영(illusion)에 근거

---

*Jesus*로 칭했다. 존 마이어는 과거 어느 인물의 '실재'(reality)와 어느 역사적 재구성의 제한성 사이에 중요한 구분을 했다. *Marginal Jew* 1:21-40; 2:340, 682, 778을 보라.

[48] 이 전제들에 대한 반응(완전히 만족스럽지 않으나)에 대해 C. S. Evans, *The Historical Christ and the Jesus of Faith: The Incarnational Narrative as History* (Oxford: Clarendon Press, 1996)을 보라.

[49] 역사적 예수 연구가 가현설을 막는 데 필요하다고 크로산은 "2000년도 예수" 인터넷 공개 토론에서 명백히 주장했다("2000년도 예수" e_메일 공개 토론의 부분이 <누가 예수를 부인하는가?>의 부록에 실려 있다-역주). 이 토론은 하퍼샌프란시스코출판사의 지원으로 열렸는데 나와 크로산과 복 교수가 참석했다. 예수의 부활을 기독교 신앙의 근거로 강력하게 주장하는 내 입장을 사실상 영지주의의 변형이라고 크로산은 주장했다. 그러나 그의 주장은 역사적 환원주의의 전형적인 본보기인데, 예수의 인간성(내가 강력히 확언하는)에 대한 신학적인 확신이 역사적 재구성의 과정(예수의 인간성에 이르는 적절한 방식임을 내가 강력히 거절하는)과 동일시된다.

한 것으로 본다. 세속 역사가는 기독교에서 선포하는 예수에 관한 내용이 예수 자신이 선포한 내용에 관련되는지에 대해 별로 관심이 없다.[50] 신앙인이라 자처하는 어떤 자들이 역사적 인간 예수를 기독교 고백의 척도로 만들려고 하는 데서 그런 관계가 문제로 제기되었다.

이에 관해 다시 몇 가지를 주목할 수 있다.

우선 예수의 인간성이 가현이었다면, 역사라는 학문이 그것을 탐색할 입장에 있는지에 대한 질문이다. 역사는 다른 모든 경험적 분야처럼 나타나는 현상의 관찰과 분석에 전적으로 의존하기 때문이다. 오직 외형에 근거해 사물의 존재적 위치를 선언할 수 없다. 그러므로 역사를 통해 사물 자체(the noumenal)에 접근할 수 없다.

역사는 단지 복음서에 기록된 예수의 '출현' 내용을 다루기 때문에, 그런 출현이 '실재 인간'이었는지, 단지 '가현 인간'이었는지 선언할 수 없다. 그러므로 역사적 예수 연구에서 말하는 이런 동기는 다소 이상한데, 연구가들이 자주 '신학적 횡포'와 역사적 예수 탄압이라고 비난하는 그런 동일한 부류의 신조적 전제에 기초하기 때문이다. 여기에 새로운 신조가 나타나 보인다.

---

50 이는 특별히 두 번째 연구(the Second Quest)의 관심사로 케제만(E. Kaesemann)에 관계되는데, 그는 솔직하게 "역사적 예수에 대한 불일치가 그 자체로 진정한 신학적 문제다"라고 진술했다("The Problems of the Historical Jesus," 34). 그는 이를 '열광주의' 혹은 부활 신앙 경향이라 밝히는데, 이는 "종말론적 자기 인식의 투사에서 설교된 그리스도를 와해시키고 종교적 이념의 대상이 되게 하는" 신앙이다("Blind Alleys," 63). 그러므로 케제만에게 역사적 예수 연구는 '영들을 분별하는,' '기준'을 연구하는 것이었다("Blind Alleys," 48). 다시 말해 '지상의 예수가 케리그마의 기준이 될 수 있는지, 만일 될 수 있다면 어느 정도 될 수 있는지' 발견하는 것이다("Blind Alleys," 47). 케제만의 연구의 이런 양상에 대해, B. Ehler, *Die Herrschaft des Gekreuzigten*, BZNW 46 (Berlin: DeGruyter, 1986), 161-269을 보라.

그러나 우선 그런 비난이 정확한가?

기독교 신경이 실제로 예수의 인간성을 감소했는가?

확실히 그렇지 않다. 예를 들어 니케아 신경(신조)에 예수가 "성령으로 잉태되어, 동정녀 마리아에게 나시고, 본디오 빌라도에게 고난을 받으사 십자가에 못 박혀 돌아가시고 장사되었다"라고 선언된다. 이 요약에서 초월적 요소는 성령으로 잉태되었다는 부분뿐이다.

예수는 잉태되었으며 특정한 여인에게서 나셨다. 또한, 고난받으시고 구체적으로 역사 속에 추적될 수 있는 로마 총독의 명령에 따라 잔인한 유형의 처형당했으며, 결국 장사되셨다. 이들은 예수의 인간성을 감소하지 않고 강조하는 것처럼 보인다.[51]

그러나 너무 문자적일 것이다. 신경이나 '기독교 신경'에 대한 그들의 진정한 불만은 아마 대립되는 주장에도 불구하고, 예수의 신성에 대한 명백한 확신 또는 부활한 예수가 생명을 주는 영(life-giving Spirit)으로 살아 계시다는 확신에 대한 것이다. 그리하여 **결과적으로** 예수의 인간성이 충분히 고려되지 않았고, 그로 인해 인간성이 구체성 없는 추상적 명제(proposition)의 부류임을 뜻한다는 데 대한 불만이다.

이런 주장이 사실인가?

기독교 신경이 예수의 인간성을 단지 암호(cipher)로 만들었을까?

이에 관해 혼합적인 증거가 제시된다. 현대의 많은 기독교 설교에서 예수의 인간성에 거의 주시하지 않는다는 증거가 있다.

---

51 성경 경전 자체에서 유래된 신앙의 기준으로서 신경은 신약성경의 복음서와 서신의 이런 확신들에 관해 더욱 온전하게 설화적으로 표현하기 때문이다. 예수의 인간성에 대한 이 기록들에서 궁극적인 신적 기원이나 미래 심판자의 역할에 관해 철저히 신화적인 주장들이 선행되고 따랐음은 분명한 사실이다. 그러나 이들은 예수의 인간성을 정황화시킨 것이지 억누른 것이 아니다.

특히, 기독교인의 존재를 십자가의 길을 따르는 제자직의 길로 묘사하지 않고, 순전히 정신적 문제에서 구원받고 세상적인 성공의 길로 간주하는 유형에서 그렇다. 교회에서 진정 예수의 인간성에 충분히 주목하지 않음이 현대 역사적 예수 연구가 인기를 얻게 되는 요소처럼 보인다. 사람들은 인간 나사렛 예수에 대해 매우 듣고 싶어 하지만, 신앙 공동체에서 충분히 듣지 못한다.

그렇지만 그런 예수의 인간성 결핍이 신경 신앙의 당연한 귀결이 아님을 역시 강조해야 한다. 여기서 신경의 기독교(creedal Christianity)를 '근본주의'나 '문자주의'와 쉽게 동등시하는 것은 명백히 왜곡이다. 본성(Nature)과 인격(Person)에 미세한 구분을 하지 않은 교부 신학자들이 복음서를 명상함으로 많은 구체적인 설교를 했다.

단지 한 예를 들어, 대 레오(Leo the Great)의 크리스마스 설교를 들어보라.

예수의 겸손과 인간을 섬긴 이야기를 한 후에 결론짓는다.

> 지극히 사랑하는 우리 주님의 이 업적은 은혜의 교통을 위함뿐 아니라 우리가 닮아야 하는 본보기로서 유용한데, 이는 오직 이 치유들이 교훈으로 바뀌고, 신비롭게 받은 것들이 사람들이 살아가는 방식에 유익을 줄 수 있을 때이다.
> 우리 구주의 '겸손과 온유'로 살아야 할 것을 기억하자.
> 사도 바울의 말대로 '만일 그와 함께 고난받으면 그와 함께 또한 다스릴 것'이기 때문이다. 그리스도를 닮지 않는다면 그리스도인이라 불리는 것은 공허하다. 이런 이유로 예수는 자신을 길이라 언급했다. 스승의 삶의 방식은 제자에게 본보기가 되며, 좋은 주

인이 보인 겸손을 택할 것이다. 주님은 영원히 살아서 다스리신다. 아멘.[52]

고도의 중세 시대가 추상과 명제 신학의 절정이라면, 또한 기도와 명상과 음악과 미술에서 견줄 수 없을 만큼 예수의 인간성에 바쳐진 시기로 타당성 있게 불릴 수 있다.[53] 기오토의 프레스코는 예수의 인간성을 인식하지 않은 누군가의 작품이 아니다.

그러나 전통 내에서의 예수의 인간성에 대한 주목은 시공간 내의 역사적 특수성이라기보다 보편적 인간 특성에 초점을 둔 것이다. 가장 세부적으로 신경의 기독교가 탄압하는 것은 예수의 유대적 모습이라 한다.[54] 이 이슈를 취하기 전에 반대 근거가 재차 바뀐 것을 인식해야 한다.

단순히 예수의 인간성이 아니라, 이제 인간성의 **어떤 모습**이 문제된다. 고대 교회는 미덕의 본보기로서 예수의 인격에 초점을 두었다. 현대 예수 탐구가들은 한 유대인으로서 처했던 고대의 사회적, 이념

---

[52] Leo the Great, *Sermon* 25:5-6 (25 December 444), citation from St. Leo the Great, *Sermons*, tarns. J. P. Freeland. 또한, J. Conway, *The Fathers of the Church* 93 (Washington D. C.: Catholic University of America Press, 1996), 103-4를 보라. 또한, *Sermon* 37:3-4; 46:2-3; 59:4-5; 66:4-5; 70:4-5 을 보라. 마찬가지로 Caesarius of Arles, *Sermon* 11; Jerom, *Homily* 88; Origen, *Homilies on Luke*, 20:5-7; 34; 38:1-3 을 보라.

[53] 수많은 본보기들 가운데 Thomas A Kempis, *Imitation of Christ*, 4:7-12; Bernard of Clairvaux, *On the Song of Songs*, Sermon 20; Francis of Assisi, *Rule of 1221*, chaps.1-2, 9을 보라. 또한 Caroline Walker Bynum, *Jesus as Mother: Studies in the Spirituality of the High Middle Ages* (Berkeley: University of California Press, 1982)를 보라.

[54] 특별히 G. Vermes, *Jesus and the Jew*, 15-17, 그리고 *Jesus and the World of Judaism*, 49-51을 보라.

적 위치에 초점을 둔다. 그런데 예수의 인간성의 어떤 하나에 초점을 두는 것이 다른 것에 두는 것보다 왜 더욱 심오한지 분명하지 않다.

이스라엘에 내린 특별한 계시의 구체적, 신학적 확신을 제외하고, 예수의 유대적인 것들이 상징적으로 왜 그리 중요해야 할까?

명백한 대답은 유대인 대학살 이후(post-Holocaust) 세계에서 예수의 유대적 특성을 무시하는 것이 기독교에서 오랜 기간 지속된 비극적인 반-셈족 이야기의 근본으로 간주되기 때문이다.[55] 그리고 예수의 인간성이 하나님의 아들의 지위에 흡수되거나, 예수의 유대인 정체성의 추출 정도에서 기독교인이 유대교에 적대감이나 거리감이 있기 쉬운 것은 사실이다.

이런 이유로 지난 40년 동안 1세기 유대교에 대한 모든 역사적 자료들이 예수와 초창기 기독교, 신약성경의 언어들을 그런 정황에서 해석하도록 가장 적극적 영향을 미쳤다. 다른 모든 비판적인 학자들처럼 이 논문 역시 신약성경의 주장과 상징 구조를 이해하기 위해 신약성경의 역사적 정황을 많이 아는 것이 필요함을 확언한다.[56] 그런 역사적 연구의 가치들 중 가장 중요한 것은 유대인에 관한 신약성경의 수사학적 상대화이다.[57]

---

[55] 예를 들어 R. Ruether, *Faith and Fratricide: The Theological Roots of Anti-Semitism* (New York: Seabury, 1974); A. R. Eckhardt, *Jews and Christians: The Comtemporary Meeting* (Bloomington: Indiana University Press, 1986)을 보라. 그런 우려가 J. D. Crossan, *Who Killed Jesus*에 표출되어있다.

[56] L. T. Johnson, *The Writings of the New Testament: An Interpretation* (Philadelphia: Fortress Press, 1986), 특별히 서론과 끝맺음 말을 보라.

[57] 이런 확신은 나의 여러 글에 표현되었다: L. T. Johnson, "The New Testament's Anti-Jewish Slander and the Conventions of Ancient Polemic," *Journal of Biblical Literature* 108 (1989), 419-41, 또한 "Religious Rights and Christian Texts," *Religious Human Rights in Global Perspectives*, ed. J. Witte and J. Da.van de Vyver, vol 2 (The

그렇지만 역사적 정황에 신약성경을 위치시키기 위해 역사적 지식을 추구하는 것은 인물 예수에 관해 역사적으로 재구성하는 것과 동일하지 않다. 이미 언급한 대로 1세기 유대교에 대한 새로운 지식(혹은 재검토한 옛 지식)의 어느 것도 예수 그 자신에게 직접 관련이 없어 보인다. 이런 지식의 일차적인 결과는 팔레스타인과 디아스포라 유대인들의 삶이 복합적이라는 것과 또한 당시에 유대인이라는 의미가 단순하지 않음에 유의하라는 인식을 높여 준다.[58] 1세기 팔레스타인의 유대교에 대해 단일한 설화나 묘사 구성은 역사적 증거를 왜곡하는 것이다.[59]

복합적인 유대교 세계에서 하나의 경향을 분리하고, 그 안에 분해한 복음서 내러티브에서 추려낸 예수 전승들을 설정하는 일관된 구도를 제공하기 위해 이 단일한 경향을 확정시킬 때(혹은 구상화시킬 때), 더욱 역사적으로 왜곡된다.

최근에 발행된 역사적 예수의 여러 저술에서 사실 이런 방식의 왜곡이 보인다. 유대교가 예수를 측정하는 데 규준으로 사용된다.[60] 그

Hague: Martinus Nijhoff, 1996), 1:65-95.

[58] L. T. Johnson, "New Testament's Anti-Jewish Slander," 423-30을 보라.

[59] N. T, Wright, *Christian Origins and the Questions of God*, vol.1, *The New Testament and the People of God* (London: SPCK, 1992)는 다른 면에서는 인상적이나 이런 면에 주로 결점을 보인다. 단일한 내러티브 구도를 구성하려는 노력으로 '주류 유대인'의 관점에서 말하는 경향이 생겼는데(286을 보라), 이는 G. F. Moore가 말한 '규범적인 유대교'와 유사한 방식이다. G. F. Moore, *Judaism in the first Centuries of the Christian Era*, vol.2 (New York: Schocken Books, 1971)을 보라.

[60] 1987년 인디애나폴리스의 기독교 신학 세미나에서 "유대교 내에서의 예수"라는 강연을 했을 때, 저서들의 이런 경향을 논증했다: H. Falk, *Jesus the Pharisee: A New Look at the Jewishness of Jesus* (New York: Paulist Press, 1985); G. Vermes, J*esus the Jew*; and E. P. Sanders, *Jesus and Judaism*을 보라.

런 연구들은 예수가 유대교에 근거한다고 주장하나, 실상 그런 복합적인 삶의 전승 중에 다른 유형, 혹은 하나의 유형이 선발되어 하나의 범주로 구상화되고 그 범주 안에 예수가 위치시켜진다. 그리하여 예수는 카리스마적 유대인이나 종말론적 유대인 혹은 유대인 농부로 주장된다.

그런 범주들이 차례로 인간 예수가 무엇을 할 수 있었고 무엇을 할 수 없었는가의 경계로 사용된다. 카리스마적 유대인은 율법 준수에 관심이 없었을 것이고, 종말론적 유대인은 성전 복구에 전념하였을 것이며, 소작인 유대인은 글을 읽거나 쓰지 못했을 것이다.

그렇지만 역사란 과거에 실제로 살아 있는 인간이 자신이 처한 배경이나 조건을 혼란스럽게 한 이상하고 경이로운 방식으로 주목하게 만든 것과 정확히 관계된다. 율리우스 시저는 모든 로마인이 아니다. 소크라테스가 모든 아테네인은 아니다. 예수의 가능성을 가설적인 유대인 구성물에 적용되는 것으로 축소하는 것은 역사를 연구하는 것이 아니고, 사회학적 주조물(sociological typecasting)에 맞추는 것이다.

최근에 역사적 재구성의 많은 것들이 세부적이고 납득되는 예수를 '발견하기' 위해, 실상은 유동적이고 복합적인 전승들을 확정적이고 구상화시키는 경향을 보이고 있다.

이에 관해 역사적 예수 탐구가들이 습관적으로 전승에 반대하던 비난에 역비판을 제기한다.

즉, 그들은 기독교의 신경이 그래 왔다고 자신들이 주장하는 만큼이나, 바로 그런 추상적인 것으로 끝나지 않았는가?

예수 연구의 마지막 동기는 예수의 인간성이 기독교의 정체성에 어떤 방식 혹은 다른 규준이 된다는 확신이다. 여기에는 세 가지 방식으로 분류되는 다른 확신이 있다. 그들 중 둘은 어떤 부류의 역사적 재구성을 끌어냈으나 다른 하나는 그렇지 않다.

첫 번째 방식으로 분류되는 확신은 라이마루스(Reimarus)에서 펑크(R. Funk)에 이르기까지의 역사적 예수 연구에 일관되어 온 것이다.[61] 그것은 삼중의 확신으로 시작된다.

① 기독교는 독특하거나 신적으로 계시된 진리가 아니고, 오히려 모든 종교처럼 그 자신을 재발견하는 수용성을 지닌 문화적 구성물이다.
② 신적인 계시로 시작하는 현재 상태의 기독교는 여러 유형의 미신으로 중요한 인간 가치를 왜곡시킨다.
③ 초자연적으로 왜곡되지 않은 예수가 기독교의 중심적 상징으로서 긍정적 인간 가치의 보고가 되어야 한다.[62]

그렇다면 인간 예수를 탐구하는 것은 순전히 인간적인 기독교를 추구하는 것이다. 교리(dogma)가 없는 예수를 바라는 것은 교리가 없는 기독교를 원하는 것이다. 즉, 예수가 단순한 도덕 교사였으리라는 확신, 그러므로 기독교도 성례전이나 제도적 초월 구조 없는 단순한 도덕성의 문제로 간주해야 한다는 확신을 반영한다.[63]

---

[61] Allen, *The Human Christ*, 92-119를 보라.
[62] Funk, *Honest to Jesus*, 300-314; Crossan, *The Historical Jesus*, "만일 당신이 역사적으로 재구성한 어떤 것을 믿을 수 없다면, 아무것도 믿을 수 없을 것이다"(426)를 보라.
[63] Crossan, *The Historical Jesus*, 417-26을 보라.

이런 부류의 탐구자들은 인정받지 못하는 개혁가들과 예언자들의 고뇌를 겪는다. 그들은 교회에서 시행되는 기독교에 참을 수 없다. 하지만 그러한 기독교를 떠날 수도 없다. 그리고 복음서에 묘사된 예수를 설교를 통해 전해지는 예수처럼 잘못 와전된 것으로 간주한다.

무엇보다 그들은 왜 다른 기독교인들이 자신들이 제안하는 자유를 수용하지 않으려 하는지 이해하지 못한다.[64] 그들의 해결책은 기독교가 어떠해야 하는지에 대한 자신들의 느낌에 맞도록 예수를 조형한 것이다. 그리고 그들이 생각하는 이상적 기독교 이미지가 개인의 전망에 따라 다르므로, 앞의 요약처럼 현란하게 다른 '역사적 예수' 모습들을 남겨 놓았다.

가장 최근의 해석들은 오늘날 기독교의 개인주의와 초세속적임에 명백히 반대 입장에서 표현되었다. 그러므로 어떤 방식으로든 예수와 그의 사역은 종교적이고 영적인 용어보다 사회적이고 정치적인 용어로 정의된다.[65]

---

[64] Funk, *Honest to Jesus*, 11-14.
[65] 복(Borg)과 크로산(Crossan)이 제공한 예수에 대한 사회 정치적인 해석의 부류는 역사적/사회적 정황에 대한 묘사의 적절성 여부의 관점에서 역사 기록적으로 도전받아야 할 필요가 있다. 또한, 복음서에서 온 증거 선정의 관점에서 도전받아야 할 것이다. 그러나 그들의 신학적 예정 안의 관점에서도 마찬가지로 그런 재구성은 두 가지 면에서 도전받을 수 있다. (1) 유대교를 구체화시키는 경향과-그들의 좋은 의도와는 대조적으로- 악한 유대교(성결의 정책을 지니거나 중개적인 왕국에 참여하는 유대교)에 대항하는 선한 예수(동정의 정책/중개인 없는 왕국을 위한 예수)의 모습이 영속된다. 이것은 오랫동안 기독교의 유형들에 관련해 기독교/예수에 대하여 무엇이 독특한 것인가를 무엇이 예수/기독교에 본질적인 것인가로 초점을 두는 것으로 감염시켰던 마르시온 주의의 유화된 유형이다. (2) 종교적인 감수성을 정치적 입지의 수준으로 환원시킨 것은 낙후된 실재관을 표현한다. 이는 전통적인 기독교를 언급하는 것이 아닌데 전통적인 기독교는 예수가 사회 구조의 재정렬이 아니라, 바로 존재 구조의 변형에 관련된다는 확신에 근거하

두 번째 방식으로 구분되는 확신은 예수의 인간성이 기독교인에게 규준이 되고 예수가 죽음 이전에 하신 말씀과 행동, 즉 정말로 그의 실제적 비전이 기독교인에게 규준이 된다는 것이다. 왜냐하면 그런 말씀과 행동과 통찰 속에 하나님이 인간 삶의 규준을 표시하셨기 때문이다.

예수의 부활은 사실 성육신 교리를 표현하는 방식이다. 예수의 부활은 오직 처음부터 있던 것 그러나 볼 수 없던 것을 확인시켜 주었다. 즉, 예수는 하나님의 유일한 계시였다는 것이다.[66]

전통적인 여러 방식의 충분한 이해가 있는데, 왜 역사적인 재구성이 요구되어야 하는가?

만일 복음서를 신앙의 빛에서 예수에 관해 증언하고 해석한 것으로 보지 않고, '실재의 예수'와 관련해 역사적으로 부적절한 자료들로 간주한다면, 그렇게 된다. 만일 하나님이 예수 안에 표현하신 것을 파악하기 위한 방식으로 복음서 '배후에 이르기'가 요청된다면, 그 존재

고 있다.

[66] 케제만은 이런 결과에 대해 예레미야스의 글을 인용한다, "성육신은 예수가 역사적 탐색, 연구, 비평을 위해 가능한 주제임을 암시할 뿐 아니라 또한 이 모두 중에… 신약성경에 따르면 성육신한 말씀 외에는 하나님의 다른 계시가 없다… 는 것을 요구한다. 역사적 예수와 그의 메시지가 케리그마의 많은 전제 중의 하나가 아니고 케리그마의 유일한 전제이다." 그러므로 역사적 예수 탐구는 계시를 획득하는 것이다: "우리는 확신을 지니고 이 길로 과감히 나갈 수 있으며, 위험하고 열매 없는 모험에 이른다는 것을 두려워할 필요도 없다"(E. Kaesemann, "Blind Alleys," 27, 29, 31에서 J. Jeremias, "The Present Position in the Controversy Concerning the Problems of the Historical Jesus," *Expository Times* 69 (1985), 333-39 인용). 라이트의 다음 말과 비교하라. "참으로 1세기 유대교의 신학적 전망으로 역사, 특별히 1세기 유대교의 역사 안에서 우리가 세상을 만드신 하나님을 발견하고 판단력을 발휘하며 구조해야 할 범주임을 인식하게 되었다." N. T. Wright, *Jesus and the Victory of God*, 662.

내에 구현된 계시를 선명하게 알기 어려운 인간 예수에게 도달하기 위해, 복음서 자료 중에 어떤 부류를 걸러내고 재정렬하는 것이 요청되는 듯이 보인다.

그런데 이런 동기의 신학적 성격이 즉시 명백해진다. 즉, 역사라는 학문이 순수한 계시를 탐색하는 데 사용된다. 그러나 사실 순수한 계시는 더욱 신화적인데, 왜냐하면 그것은 자료의 우연적(부수적) 전망을 초월하는 어딘가에 적용된 것으로 전제되기 때문이다.

그러나 여기서 가장 역설적인 것은 우연적인 것(the contingent)과 필연적인 것(the necessary)의 융합이다. 역사는 우연적인 것, 일회적인 것, 반복할 수 없는 사건에 관계된다.

어떤 의미에서 예수의 '역사'가, 즉 그가 처했던 시간과 공간, 말씀과 행동의 특정한 것들이 규준이 될 수 있는가?

즉, 어떻게 이것들이, 전혀 다른 시간과 장소에 사는 사람들, 그리하여 전혀 다른 정황에 상호 작용해야 하고 상이한 언어로 말해야 하며 상이한 제스처로 행동해야 하는, 이처럼 상이한 모든 '역사'에 놓인 자들에게, 필연적인 구도로 사용될 수 있는가?

이것은 근본에서 성육신의 신비이며 키르케고르가 필연적인 것(영원한)과 우연적인 것(일시적인)의 결합을 여전히 강요한 모순으로 인식한 것이다.[67] 기독교인은 예수 생애의 우연적인 사건 속에 하나님의 '영원성'이 계시되었다고 주장한다. 그렇지만 정의하건대 어느 인간 존재의 반복할 수 없는 특성을 다른 사람에게 규준으로 적용하기는

---

67 S. Kierkegaard, *Concluding Unscientific Postscript*, trans. D. F. Swenson and W. Lowrie (Princeton: Princeton University Press, 1944), 498-515. 이글에서 '영원한'이란 의미는 키르케고르와 동일한 것이 아니다.

불가능하다.

만일 역사적인 것이 규준성을 지닌다면 사실 다른 모든 사람에게 적용될 수 있는 과거 인간에게서 발견되는 어떤 유형(pattern)을 통한 것이라야 하지 않는가?

여기에 또한 탐구자요 그들 믿는 자의 선의적인 노력에 깃든 논리상의 실수가 있다.[68]

마커스 복은 "예수를 따르는 것은 어떤 의미에서 '그와 같이' 되는 것, 그가 심각하게 취한 것을 심각하게 취하는 것을 의미한다"라고 말한다. 이것은 예수가 제자들에게 '삶의 대체비전'을 주는 것으로 복이 제안하는 것이다.[69] 그의 말은 부분적으로 옳다. 제자가 되는 것은 어떤 방식에서 예수와 같이 되는 것이요, 그리고 다른 비전을 지님을 뜻한다.

하지만 '그가 심각하게 취한 것을 심각하게 취하는 것'이라고 해석한 것은 잘못이다. 왜냐하면, 유형과 비전을 반복할 수 없는 예수의 생애의 특수한 역사적 정황의 관점에서 정의하기 때문이다. 그것은 회복할 수 없는 것일 뿐 아니라 또한 대체로 부적절한 것이다.[70]

마커스 복이 예수의 역사적 사역을 당시 유대교를 지배하던 '성결

---

[68] 물론 그것은 예수와 제자들이 남성이었다는 근거로 성직 임명에서 여성을 제외하는 그것과 같은 그러한 논리상의 실수다. 동일한 논리가 모든 제사장은 유대적이고 수염을 기르며 팔레스타인에 살아야한다는 요구에도 연장될 수 있다.

[69] Borg, *Jesus, a New Vision*, 17.

[70] 펑크가 이것을 인식했는데 예수의 실제적인 독특한 비전을 회복하려고 노력한 후에, "순수하게 예수의 실재적인 의미를 수용하는 것 역시 잠재적으로 잘못이다…. 우리는 그의 실재적인 통찰력을 우리 세계에서 우리 자신의 확장되고 조정된 관찰력으로 시험해야 한다. 우리는 예수가 믿었던 것에 대해 맹목적인 믿음을 두어야 하거나 둘 필요가 없다." *Honest To Jesus*, 305.

정책'에 대해 '동정 정책'으로 반대한 것으로 특징지을 때, 어떤 정황들에서 단지 어떤 인간들에게만 적용될 수 있는 요약된 유형으로 드러나므로 끝난다. 그는 단지 일반적인 가교의 유용성에 대해 우리를 설득하고서는, 단지 한 뼘 사이즈의 강에만 다리를 건축할 수 있는 엔지니어와 같다.

세 번째 방식으로 예수의 인간성에 대한 분류되는 확신은 모든 기독교인에게 규준이 되는 사고이다.

이 방식은 신약성경 문헌의 시기부터 역사적 예수 탐구가 유럽에서 시작된 때, 즉 계몽주의 시대까지를 특징짓는 방식이다. 이 고전적인 유형의 기독교는 부활 신앙을 기초로 한다. 여기서 신앙의 응답은 과거에 죽은 인물에 관한 일련의 사실을 향하지 않고, 하나님의 생명으로 온전히 들어가 생명을 주는 영(life-giving spirit)으로서 계속 현재하는 인격을 향한 것이다.[71]

교회에서 예수의 말씀과 행위의 기억은 이런 부활 체험으로 형성되었다. 이런 부활 체험을 통해 예수 인간성의 더욱 심오한 차원을 이해하게 되었다. 그리하여 비록 그가 죽음을 통해 영광으로 들어가기 이전에도 인간 예수가 신의 존재의 비중을 지니며 성육신한 하나님의

---

[71] L. T. Johnson, *The Real Jesus*, 133-40, 또한 *Writings of the New Testament*, 1-20, 87-40을 보라. 또한, 최근의 내 저서, *Living Jesus: Learning the Heart of the Gospel* (San Francisco: Harper SanFrancisco, 1999)을 보라. *The Real Jesus*에서 전개한 입장은 캘러의 고전적인 주장과 유사성을 지닌다. M. Kahler, *The So-called Historical Jesus and the Historic, Biblical Christ*, trans. C. E. Braaten (1892: Philadelphia: Fortress Press, 1964)을 보라. 다우드는 이런 유사성을 효과적으로 지적했다. C. Dowd "A Review of *The Real Jesus*," *Lexington Theological Quarterly* 31, no.2 (1996), 179-83 참조.

계시였음을 알게 되었다.

정말로 신약성경 문헌에는 이런 부활 신앙이 예수의 인간성 무시나 부인으로 해석되지 않는다. 바로 그 반대다. 반복하는데 그레코-로마 자료나 유대 자료에서 발견되는 예수에 대한 약간의 정보를 제하고, 인간 예수에 관해 우리가 아는 모든 것은, 소위 역사적 예수 재구성에서 사용된 모든 조각 자료들을 포함해, 살아 계신 주님의 이름으로 모여 예배드리며 예수를 통해 하나님께 '아멘'을 말한 신앙인들에게서 온 것이다.

이런 정보는 복음서뿐 아니라 예수의 죽음 이후 20년 후부터 기록이 시작된 최초 기독교 서신에도 포함되어 있다. 즉, 바울 서신, 베드로 서신, 히브리서 모두 예수에 대한 특유한 역사적 정보를 지닌다.[72]

물론 무엇보다 예수의 행위와 말씀을 보도하는 복음서가 지난 백년 동안 팔레스타인에 관해 배운 모든 세부적인 내용과 함께 복음서 내러티브와 예수의 비유와 관련된 장소에서 예수의 생애를 뒷받침하는 데 사용된다.[73] 예수를 부활하신 주님으로 고백하는 자들이 그분의 인간성을 무시했다고 비난받을 수 없는데, 예수의 인간성에 대해 우리가 아는 모든 것이 그렇게 고백하는 자들에게서 왔기 때문이다.

동시에 신약성경 문헌과 무엇보다 복음서는 예수의 말씀과 행위를 방대히 기록하는 데 사로잡히지 않았다. 또한, 그분의 행위나 말씀을

---

[72] 신약성경 서신들에서 발견되는 인간 예수에 관한 정보에 대해, L. T Johnson, *The Real Jesus*, 117-22, 또한, 더욱 충분히 *Living Jesus*를 보라.
[73] 이 주목할 만한 수렴과 확언으로 예수 그 자신에게 더욱 밀접히 갈 수 있는 전망을 부추기게 되었는데, 사실 그것은 오직 우리가 복음서에서(그들의 다양성에도 불구하고) 예수에 대해 문학적으로 표현된 그것을 더욱 잘 파악할 수 있도록 해주는 것이다. 즉, 모든 역사적인 조사에서 그런 세계에 철저히 익숙한 것을 보여 준다는 의미에서 그러하다.

순서대로 정확히 기록하는 데 우선성을 두지도 않았다. 으뜸 자료인 성경 문헌의 이런 관점 때문에 역사적 예수의 전체 탐구에서 혼란을 겪는다.

그러나 신약성경에서 놀라울 정도로 일치되게 증언하는 예수의 인간성의 한 모습이 있다. 이것은 예수의 인격, 혹은 생애의 기본 유형으로 불릴 수 있다. 신약성경의 일치된 증언에 따르면, 이 유형 또는 인격은 예수를 따르는 자에게 또한 규준이 되는 것이다.[74]

신약성경 내의 이런 강조를 인식하는 데서 개념적인 전이(the conceptual shift)가 연관됨을 주시하라.

인격에 대해 말하는 것은 역사적 인간을 포함하여 인간에 대해 하는 것인데, 역사적 예수 연구에서 하는 것과 다른 방식으로 말하는 것이다. 이념적 스펙트럼의 종단에 있는 학자들에 따르면, 인간 예수는 그의 확증할 수 있는 행위와 협력하든 혹은 무관하든, 그의 진정한 언어를 발견하는 데서 찾을 수 있다. 예수가 하신 각각의 말씀은 '세계 이해' 혹은 '진정한 비전'을 지닌 것으로 가정된다.

마찬가지로 각각의 행동은 그런 비전이나 이해에 대한 '시행'이다. 지금 사람이 말하는 것과 행동하는 것의 중요성이 명백해야 하며 결코 간단히 무시될 수 없다. 그러므로 그런 관심을 가지고 복음서 자료에 접근하는 것이 타당성 있다.

그러나 예수의 말씀과 행위에 대한 목록이 단순히 작성되지 않는다는 데 근본 문제가 있다. 비록 우리가 지닌 자료를 모두 검토해서 진

---

[74] 여기서 주장하는 관점은 여러 방식에서 F. Frei의 것과 유사하다. F. Frei, *The Identity of Jesus Christ: The Hermeneutical Bases of Dogmatic Theology* (Philadelphia: Fortress Press, 1975) 참조.

정한 것을 발견했다 단정해도, 예수의 말씀과 행동의 작은 부분만을 표현할 것이다. 더욱 문제인 것은 사람을 이해하는 데 마치 모든 사실을, 즉 모든 말과 행동을 소유한 것처럼, 그런 방식으로 할 수 있다는 전제이다.

사람에 대해 생각할 때, 인격의 관점, 즉 특정한 행동과 언어를 근거로 하여, 그런 행동과 언어를 유발시키고 표시하게 하는 기질, 성향, 태도, 습관의 관점에서 판단되어야 하는 것이 더욱 적절하다. 인간은 사건의 문제라기보다 존재의 문제다. 사람의 인격은 상당 부분이 역사적으로 가장 중요한 것과 가장 잡히지 않는 것 양편에 관계된다.

'하나의 이야기'가 왜 특별히 자기(self)의 드러냄으로 생각되는지는 그 보도가 필히 정확하거나 포괄적 사실이기 때문이 아니라, 내러티브 속에 사실에 대한 해석이 필히 포함되기 때문이다. 토마스 제퍼슨, 존 F. 케네디 같은 인물의 전기 기록은 새 사실의 획득보다 인격 평가에 더욱 관계된다. 인격에 대한 각자의 새로운 해석은 '사실'에 대한 해석을 상이한 이야기 속에 설정함으로 완성된다.

복음서는 부활한 하나님의 아들 예수에 관해 신앙의 전망에서 기록했으므로 예수가 지속해서 승리하는 영광의 인물로 묘사되리라 기대할 수 있다.

하지만 그 반대다. 복음서 내러티브에서 예수는 다른 사람을 섬기기 위해 생애를 바친 순종하는 자로, 그리고 다른 이들을 동일한 순종의 섬김의 길로 부르시는 분으로 묘사된다.[75]

이런 묘사는 다른 면에는 대단히 상이한 사복음서 모두에, 즉 부활

---

[75] 이런 주장을 발전시킨 것으로 L. T. Johnson, *The Real Jesus*, 141-66, 또한 *Living Jesus*를 보라.

의 전망으로 가득한 요한복음서에도 매우 공통되어, 문학 비평가들은 멜빌레(Melville)의 『빌리 버드』(*Billy Budd*)와 도스토예프스키의 『백치』(*The Idiot*)와 같은 작품 속에 나오는 '인물 그리스도'를 쉽게 구분할 수 있다. 물론 이 인물은 다른 사람을 구속하기 위해 고난당하는 무죄한 자다.

예수에 대한 이런 묘사는 복음서에서 반복적으로 발견되는데, 개별적인 말씀이나 이야기에서가 아니라, 내러티브 구성에서 발견된다. 그것은 역사적 분석을 통해서가 아니고, 문학적, 신앙적(종교적) 이해를 통해 접근할 수 있는 예수 이미지다.[76] 경전 복음서의 페이지를 통해 움직이는 예수는 1세기 팔레스타인의 역사적 인간으로 발견될 수 있다. 하지만 인간으로서 그의 정체성, 즉 인격은 오직 이들 설화에 문학적으로 표현된 모습을 파악함으로써 알 수 있다.

보다 주목할 만하게 이것이 우리가 지닌 최초 기독교 저술인 바울 서신에서 역시 발견되는 예수의 인격이다. 바울의 예수 이해는 전적으로 부활 전망에서 온 것이다. 이는 놀랍지 않은데, 바울은 인간 예수에 대해 몰랐으며 처음 만난 예수는 그가 박해한 교회와 자신을 신비롭게 동일시한 능력의 주님이었기 때문이다. 바울에게 예수는 무엇보다 '주님'으로서 모든 인간이 그 앞에 무릎을 꿇어야 하는 분이다.

---

[76] '본문의 예수'(Jesus of the text), '본문 배후의 예수'(Jesus behind the text), '본문 앞의 예수'(Jesus before the text) 구분에 대한 도움을 위해, S. M. Schneiders, *The Revelatory Text: Interpreting the New Testament as Sacred Scripture* (San Francisco: HarperSanFrancisco, 1991), 97-179를 보라. 나는 "본문의 예수"에 대해 말하고 있는데 문학적으로 접근할 수 있는 것이다. "본문 앞의" 예수, 즉 부활하신 분으로 고백되는 예수는 신앙적 응답을 통해 접근할 수 있다. 살아 계신 인격으로서 예수의 구성은 믿는 자들 가운데 신앙적인 체험과 문학적인 본문에 포함된 대화를 통해 이루어진 것이다. 이런 주장에 대해 L. T. Johnson, *Living Jesus*를 보라.

그러나 바울은 결코 예수의 심오한 인간성을 거절하지 않았다.⁷⁷

바울은 서신에서 예수의 말씀을 적게 보도해도, 매우 권위 있는 말씀으로 간주한다(고전 7:10; 9:14; 11:23-25을 보라). 그리고 예수의 이적들에 관해 이야기하지 않는다.⁷⁸

바울은 과거 인물의 이야기로 예수를 이야기하는 데 주된 관심이 없어 보인다.⁷⁹ 그의 열정적 관심은 성령이 현재 믿는 자의 생활 가운데 예수 이야기를 닮아가게 하는 과정에 있다. 성령으로 사는 자는 또한 성령으로 행해야 한다고 말한다(갈 5:25). 성령의 역사는 인간을 예수 이미지를 따라 새 인간성으로 변화시키는 것이다. 바울은 독자에게 '그리스도의 마음'(고전 2:16) 또는 그가 다른 곳에서 '그리스도의 법'(아마 '메시아의 유형'이 더 좋은 표현일 것임)이라 언급한 것을 새기도록 권고하는데, 이는 '다른 사람의 짐을 서로 지는 것'이다(갈 6:2).⁸⁰

빌립보서에서 바울은 '그리스도의 마음'을 독자들이 '자기의 관심

---

77 복음서에서 유래한 예수 이미지에 가능한 대조표로서 바울이 기록한 증거를 제외하는 것이 가장 최근의 역사적 예수 연구들에 나타난 현저한 방식 중 하나인데, 이 연구들은 역사적 관심만큼이나 이념적 관심에서 추진된 것이다. 예수에 대해 우리가 지닌 최초 증언에서 얻을 수 있는 것보다 **도마복음**(기껏해야 2세기 중기로 추정)에서 온 증거를 선호하는 것은 건전한 역사 기록의 모든 법칙에 혼란을 일으킨다.
78 이것은 때때로 가정되는 대로 바울이 기적적인 것을 혐오하기 때문이 아니다. 바로 그 반대다: 바울은 반복해서 선교와 관련해 기적을 행한다(살전 1:5; 갈 3:5; 고전 2:2; 4:20; 고후 12:12; 롬 15:18-19).
79 비록 갈 3:1 같은 암시에서 바울이 설교에 예수 이야기를 했을지 모른다는 것이 상기되더라도 말이다.
80 바울의 신학에서 예수에 관해 암시된 설화의 중요성에 대해, R. B. Hays, *The Faith of Jesus Christ: An Investigation of the Narrative Substructure of Galatians 3:1-4:11*, SBLDS 56 (Chico, Calif.: Scholars Press, 1983), L. T. Johnson, *Reading Romans: A Literary and Theological Commentary* (New York: Crossroad Press, 1997)을 보라.

사 뿐 아니라 타인의 관심사를 돌볼 때' 따라야 하는 모델로 제시한다. 이것은 예수가 하나님과 동등 됨을 받을 것으로 여기지 않으시고 비록 십자가 위에서 죽기까지 하나님께 전적으로 복종한 겸손한 태도이다.[81]

그리고 바울은 반복해서 독자들에게 '나를 사랑하시고 그 자신을 나를 위해 주신' 분의 행동에 호소하면서(갈 2:20), 다른 사람을 격려하기 위해 자기-수여의 삶을 살도록 권고한다. 바울이 적게 인용한 예수의 직접적인 말씀 중 하나가 이 유형을 완전히 표현한다.

> 내가 너희에게 전한 것은 주께 받은 것이니 곧 주 예수께서 잡히시던 밤에 떡을 가지사 축사하시고 떼어 이르시되 이것은 너희를 위하는 내 몸이니 이것을 행하여 나를 기념하라 하시고 식후에 또한 그와 같이 잔을 가지시고 이르시되 이 잔은 내 피로 세운 새 언약이니 이것을 행하여 마실 때마다 나를 기념하라 하시니라 (고전 11:23-25).[82]

복음서와 바울은 또한 베드로서와 히브리서 역시 가장 중요한 예수의 인격, 즉 하나님과 동료 인간을 위해 자신의 자유를 처리하신 방식을 기억한다.[83] 그리고 이런 메시아의 유형, 예수의 인격은 지금 하나

---

[81] S. E. Fowl, *The Story of Christ in the Ethics of Paul: An analysis of the Function of the Hymnic Material in the Pauline Corpus* (Sheffield: JSOT Press, 1990)을 보라.

[82] 논의를 위해, L. T. Johnson, *Religious Experience*를 보라.

[83] 신약성경의 다른 문헌들에서 이런 유형의 구분을 위해, L .T. Johnson, *Living Jesus*, 예수의 자유에 대한 이해를 위해, L. T. Johnson, *Faith's Freedom: A Classic Spirituality for Contemporary Christians* (Minneapolis: Fortress Press, 1991)를 보라.

님 자신의 생명을 나눈 분의 영으로 살려고 하는 모든 자에게 규준으로 제시된다.

그러나 바울 서신과 베드로 서신과 히브리서에서 이런 예수의 인격, 다른 사람을 위한 모델이 되는 그런 특정한 인간됨의 방식은 역사(내러티브 분해를 통한 역사적 재구성)의 영역에서 접근할 수 있는 것이 아니고, 저술 그대로의 온전한 성경 문헌을 통해 문학적, 신앙적으로 파악되어야 한다.

이것이 처음 기독교인을 형성시키고 능력을 주었던 예수의 인간성 이해다. 그리고 이 이미지는 제자들에게 계속 기준으로 제공된다. 복음서와 신약성경의 서신에서 예수의 인격은 생생하고 명백하다. 주의 깊은 독자라면 교육이 낮아도 알 수 있다. 이 인격은 포레스의 마틴(Martin de Porres)에서 성 프란시스(Franis of Assisi), 도로시 데이(Dorthy Day), 테레사 수녀(Mother Teresa)에 이르기까지 성인의 생애 속에 반복적으로 구현되었다. 그들 모두 하나님께 성실히 복종하며 세상의 작은 자를 섬기는 사랑의 길을 따랐다.

역사적 예수 탐구는 모든 변경에도 특수성이나 생애에서 이런 유형에 맞는 이미지를 제시하지 못했다. 초기나 후기 탐구의 주된 업적은 막대한 희생을 치르면서 복음서의 예수 이미지를 불신해 온 것이다. 역사적 재구성을 통해 제안된 대체물들은 학자들의 기지로 이룬 환상곡들과 추출물들인데, 정밀한 조사에도 유지될 수 없으며, 더욱이 인간의 삶을 새롭게 할 수는 없다. 그들이 표현한 예수는 과거에 죽은 인간이다. 그 반대로 살아계신 분의 영으로 변화된 삶을 사는 자들에게 신약성경 문헌에 묘사된 예수는 그분의 생애와 자신들의 생애에 실제로 인식된다.

제3장

역사적 예수 탐구

중세, 근대, 계몽주의 이후 해석의 관점으로부터,
또한 고대 구전 미학의 관점으로부터

베르너 H. 켈버(Werner H. Kelber)

그러나 계몽주의 변증법이 전개될 때 진리로 간주될 수 있는 것에 관해 언제나 더욱 협소한 모델로 덫이 되었다.

데이비드 트레이시(David Tracy)

현대적인 방식의 사실 강요는 논박될 수 없는 것이 아니라고 이해되어 왔다.

에디스 위쇼그로드(Edith Wyschogrod)

고대와 현대에 최고의 윤리적 비평주의에서는 환원주의 이론들에 회의를 던지는 그런 복합성에 호소하면서, 문학이 우리에게 보여 주는 복합성과 다양성을 주장하였다.

마사 누스바움(Martha Nussbaum)

세계를 창조적 기원에 관련지어 발견함으로 현상학적으로 접근할 수 있는 세계의 복합성과 불투명성을 무시하였다.

조셉 스티븐 오 레리(Joseph Stephen O'Leary)

역사적 연구의 비과학적 또는 원시 과학적 성격은 특정한 담화 방식에 대해 17세기 자연 과학자들이 할 수 있었던 대로, 역사가들이 일치를 보이지 못하는 무능력에서 그 신호를 보인다.

헤이든 화이트(Hayden White)

초기 기독교는 많은 독자에게 여전히 학문적 관심사를 넘어가는 기간으로 남아 있다. 온화하고 극적인 판에 박힌 문구가 번갈아 가며 매우 쉽게 유입되었다.

피터 브라운(Peter Brown)

성경은 서양의 전통에서 중추적인 책이요, 우리에게 성경은 여전히 선과 악을 이해하는 중심이 된다. 성경의 영향을 순전히 성경 본문이 제작된 관점에서 평가한다면, 지난 수 세기 동안에 손으로 쓰거나 활판 인쇄된 막대한 양의 여러 사본이 있는데, 이중에는 고유어의 여러 음이 나오는 번역들도 포함된다.

1998년 12월 31일까지, 히브리 성경(구약)에 신약성경을 합친 온전한 성경이 2,212 개의 언어와 지방어(방언)로 번역되어 출간되었다.[1] 그 외에도 여전히 끊임없이 확장된 성경의 문헌들, 주제, 성격에 대한

---

[1] 이 정보는 1999년 3월에 미국성서공회에서 얻은 것이다.

주석서와 사전, 신학적, 문학적, 주석적, 역사적인 논문들이 나오고 있다. 성경에 대한 너무 많은 주석서가 나왔다. 그러므로 성경의 창조력을 상상하건대 서구 전통에서 한 권 책의 본문에 가장 막대한 노력을 기울이는 열기가 여전히 식지 않고 진행 중임을 의식한다.

성경의 영향을 배타적으로 본문과 문서의 용어에서만 생각하지 않게 하려고, 구전 이행(oral implementation)에 대해서도 기억해야 하는데, 거룩한 성경이 사람들에게 접촉하고 가르치고 회심시키고 사람들을 겸손하게 하고 능력을 부어 주며, 또한 그들의 영적이고 사회적인 요구를 돌보아 준 것은 대부분이 구두 암송(oral recitation)이나 설교적 해설의 방식을 통해서다.

음악을 또한 들어 보라.

음악 속에 전이된 성경의 주제, 감각적인 신비로운 단순성에서부터 놀랄 만한 기교에 이르기까지 전개되는 찬송가와 오라토리오, 의식과 송가를 들어 보라.

그리고 창조와 심판, 출애굽과 최후 만찬, 이삭의 제사(혹은 묶임)와 성 수태고지, 고귀한 탄생과 십자가 위에 죽음 등의 대 주제들과 아담과 이브, 다윗과 모세, 어린 예수와 성모 마리아, 아브라함과 예수, 룻(Ruth)과 예수에게 향유를 부은 여인, 그리고 수 세대에 걸쳐서 상상력을 풍부하게 해 주는 수많은 다른 인물들을 표현하는 시각적인 미술이 있다.

우리가 역사적 감각(sense)을 이어받은 것, 즉 자연 신화론의 항구적 유형에 필사적으로 대항하여, 인간 사건을 중심 무대에 분명히 설정한 것은 다른 책들과 함께 히브리 성경으로부터 온 것이다. 그리고 역사에서 우리와 우리의 공간을 규정하는 의미는 히브리 성경과 기독교

성경의 번역들로부터 유래하였다.

하나님의 형상을 따라 지음 받아 신의 현현(epiphany)을 파악하려고 열망하면서도, 그럼에도 불구하고 인간성은 에덴의 동쪽에 위치되고 문명화된 고된 노동 안으로 끌려든다. 이런 이중 유산이 상실의 두려움을 잊지 못하는 개인에게 엄습해 오지만, 구속의 가능성을 부여한다.

역사는 인과 관계들과 좌절된 기대들로 짜인다. 그리고 현실적인 것과 놀라운 것의 이런 병합 속에서 역사는 항상 눈에 띄게 즉각적이고 직접적인 방식으로, 또한 마찬가지로 그분이 하신 약속을 기억하면서 넘치는 자비로, 또는 사정없는 보응으로 행하시며, 신비롭게 이해 불가한 방식으로, 그분 자신을 보여 주시는 하나님의 뜻에 관련지어진다.

신성한 왕권(kingship)과 땅의 약속, 서구 역사에 깊숙이 영향을 파급한 성경의 주제들을 생각해 보라.

히브리 왕권은 유대교와 기독교에서 정치적이고 신화적인 명시, 즉 기름부음 받은 구세주 인물(Saviour figure)의 개념인 메시아주의를 태동하였다. 서구에서 신에 의해 인정받은 왕권은 19세기와 20세기에 왕조의 통치자들에게 정치적 권력을 더욱 합법화시켜 주는 수단으로 표현되었다.

성경에서 선택받은 백성과 연결되는 땅의 약속은 유대교를 구성하는 이념들인데, 종교적 신앙에서 영토화 개념을 인정하였기 때문에, 서구(또한, 비서구) 국가 건설의 유형들이 양성되는 데 영향을 끼쳤다.[2] 습관적으로 성경을 떠올리지 않는 사람들이라도 항상 인용하는 성경 본문이 있는데 바로 욥기이다.

---

2 Benedict R. Anderson, *Imagined Communities: Reflections on the Origin and Spread of nationalism*, 2nd ed. (New York: Verso, 1991).

욥의 고뇌에 찬 애가는 인간이 고통에 직면하여 하나님의 기획이라는 이슈를 끌어냈다. 세계로부터 금욕주의 철회와 같은 반명제 사회적 행위와 사회적 충돌은 상이한 성경 본문에서 영감을 발견한 것이다. 성경의 주제들과 이야기들이 미국의 노예 제도와 남아프리카의 인종 차별을 정당화시키는 데 기용되었다.

그러나 마찬가지로 성경의 이야기들과 말씀들이 도덕적 용기를 주면서 시민의 권리 향상, 노예 해방에 이론적 근거를 제공하였다. 더욱 최근에 기독교인들은 일부 복음서 구절들에서 학살의 성격을 인식했는데, 즉 원시적인 반유대적 경향에 막대한 기여를 한 것이다. 하지만 예언자적 음성과 복음 선포가 우리의 자아 비평적 감각과 도덕적 감응을 정화시켰다.

현재 성경은 세계적 시장의 상품이 되었는데, 멀티미디어 형식(format)으로 또한 기념비적이고 석화된 문화적 모습(icon)으로 접근할 수 있고, 또한 라틴 아메리카, 아프리카, 대한민국, 구소련의 지역들, 그리고 서방 국가들에서 성경은 여전히 영적이고 사회적인 갱신의 자료로서 마르지않는 보고이다.

1. 역사의 트라우마와 전승의 올바름

성경에 다양하고 상이한 해석을 허용한다는 묘사는 현대적 의미의 문자주의와 객관주의에 역행하는 것으로, 무모하고 무질서하다는 인상을 줄 수 있다. 하지만 성경이 여러 의미를 지닌다는 개념은 기독교 전통 속에 깊이 뿌리 내리고 있는 것임을 기억해야 한다.

중세 기독교는 여러 해석을 허용했는데, 물론 통제하지 않는 무질서한 의미에서가 아닌, 거룩한 성경에 내재한 여러 가지 가능성에 대한 깊은 성찰로 길들여진 것이다. 더욱 언어학적 용어로 표현한다면, 교회는 주의 깊게 구성된 해석학에서 여러 해석을 허용하였다.

성경의 방대한 복합성을 단일 의미라는 감옥에 가둘 수 없다는 것이 교부 시대와 중세 시대 주석가의 심오한 확신이었다. 그 반대로 성경은 독자에게 영감을 주고 청중에게 새 의미를 추구하게 하며 문자적 의미의 배후와 그 너머에 감추어진 고차원적인 심오한 의미를 추구하도록 했다.

중세의 전체 시기 동안에 육신(body)과 영혼(soul), 문자(letter)와 영(Spirit)과 같은 은유들이 성경 본문의 다양한 해석을 구성하고 여러 의미를 지적하는 데 사용되었다. 적어도 문자적 의미와 영적 또는 알레고리적 의미가 있으며, 이 둘이 서로 꼭 상반적 관계는 아닐지라도 계층 구조 내에 있다. 대부분의 문자적 의미는 그 자체의 용어에 타당한 이유가 없으며, 영적 의미 또는 하나님의 비전, 즉 성경 해석의 진정한 목표를 향하는 가교 역할을 한다.

중세의 성경 해석에는 사중 의미론(theory of the fourfold sense)이 지배적으로 적용되었다. 앙리 드 루박(Henry de Lubac)이 장려하게 재구성한 그 이론은[3] 모든 성경 본문이 동시에 네 가지의 다른 해석을 지닌다는 것이다. 모든 성경 본문에는 네 가지 다른 해석, 즉 문자적 의미, 문자적 의미를 초월해 더욱 깊은 의미를 제시하는 알레고리적 의미, 도덕적이고 윤리적 의미, 하늘의 실재를 가르치는 영적 의미가 포함되어

---

[3] Henri de Lubac, *Exegese Medievale: Les Quatres Sens de l'Ecriture*, 4 vols. (Paris: Aubier, 1959-64).

있다. 이 사중 의미를 인정하든 혹은 이중 의미를 인정하든 아니면 삼중 의미를 인정하든, 모든 경우에 영적 의미가 으뜸이었다.

중세의 해석학에서는 다양하고 서로 다른 성경 해석들을 연합의 모델(model of unity) 내에 조정할 수 있는 능력이 돋보였다. 개별적 성경 본문의 문자적, 문법적 특수성이 자유롭게 검토되었다. 그리고 알레고리적 뉘앙스와 의미의 변형을 향한 넓은 범위를 고찰하고, 도덕적 감수성에 대해 판단력 있는 주시를 했는데, 영적 해설이 영원한 실재의 궁극적 중재자 역할을 하였다.

다양성에 통일성을 준 것은 성경이 하나님의 말씀이라는 전제였다. 그것은 성경이 단일 통신문이며 일치된 의도로 묶여 있음을 깨닫는 것이다. 설교와 저술에서 중세의 신학자들은 구분 없는 방식으로 바울과 시편, 창세기와 요한계시록을 인용하면서, 성경 전체를 통해 움직일 수 있었는데, 왜냐하면 성경이 상이한 종류의 책들을 수집한 것이라기보다, 분리할 수 없는 메시지를 구현한 것으로 확신하였기 때문이다.[4]

중세 고도기와 후기의 신학으로 이동할 때, 성경 주석에서 많은 부분이 문자적 의미를 탐구하는 데 치중된 면을 볼 수 있다. 예를 들어 12세기에 파리의 성 빅토르 수도원에서 휴(Hugh)와 앤드루(Andrew)는 문자로 표현된 그대로에서 저자가 의도하는 의미를 연구하는 것을 성경 학문의 으뜸 주제로 삼았다. 휴는 신비에 도달하려는 열심에서 글자로 표현한 의미를 성급히 넘어가는 사람들을 놀렸다. 스몰리(B. Smalley)는

---

[4] 어거스틴에 관련되는 한 예를 들어 Peter Brown, *Augustine of Hippo* (Berkeley: Universtiy of California Press, 1965), 254를 보라: "고전적인 본문에 길들여진 그의 기억은 명백히 행동적이다. 하나의 설교 안에 바울에서 창세기까지 다시 시편을 거쳐 구절을 연결하며 이동할 수 있었다."

"앤드루 이전에 서양의 어떤(기독교) 주석가도 구약성경에 관해 순전히 문자로 표현된 그대로 해석하지 못하였다"라고 기록하였다.

이어서 12세기에 기독교 신학자들이 구약성경을 전적으로 비기독론적 방식으로 해석하므로, 그와 멀어지는 것을 관찰한 스몰리는 "사람은 때때로 그 자신의 눈을 마멸시킨다"라고 말했다.[5] 중요하게도 휴와 앤드루 두 사람 모두 영적 의미의 우선성에 도전하지 않았다. 문자로 표현된 의미에 전념하는 것을 영적 의미의 기초를 강화하려는 노력으로 정당화하였다.

14세기와 15세기에 유명론(nominalism) 학파는 정신과 언어의 문제를 새날의 전조로 보는 방식으로 재고하였다. 오캄(Ockham, 1285?-1349?)은 성경 언어에 포함된 언어들이 인간의 인식 외부에 존재하는 영적 실재를 상징한다는 중세의 지배적 개념을 의문시하였다. 영적인 보편적 실재에 대한 회의주의 결과로, 우연적인 것(contingent), 체험적인 것, 역사적인 것을 탐구의 중심으로 삼았다.

오캄의 유명론은 성경과 성경 주석에서 본문들의 특수하고 독특한 위치를 주목하였다. 성경, 정말로 모든 성경 본문은 고유한 언어 관리에 따라 작용하고 있는 것으로 간주하였다. 그리고 정신과 모든 육체의 정신적 작용으로, 본문의 의미에 접근할 수 있다. 이런 지성적인 발견에서 유명론은 문자적 의미의 위신을 향상시켰다.[6]

16세기에 루터(Luther)가 성경의 문자적 의미를 드높였을 때, 그는 빅토린스(Victorines)와 오캄의 유명론 전통에서 진행하였던 것이다. 하

---

[5] Beryl Smalley, *The Study of the Bible in the Middle Ages* (Oxford: Basil Blackwell, 1952), 83-195.

[6] J. Klein, "Ockham, Wilhelm von"(ca. 1285-1349), *RGG* 4, 3판 (1960): 1556-62.

지만 루터가 오직 문자적 의미만을 선호해서, 성경의 사중 의미를 비난하고 모든 알레고리적 해석을 비판했을 때, 그것은 1000년 기독교의 성경 해석 절반에 대항해 등을 돌리는 것이었다.

성경은 자기-해설적(self-explanatory)이라고 루터는 주장하였다. 성경은 성경 자체에 대해 말해 주며, 또한 성경은 성경 자체에 대한 해석자이다. 성경은 문자적 의미에서 명확하고 분명하게 말하고 있다. 그러므로 성경은 알기 쉬운 의미로 이해할 수 있고, 모든 다른 의미로 방해받음 없이 모든 사람에게 열려 있다. 더 이상 신학자들에 의해 또는 신학자들을 위해 보호된 도달하지 못할 신비는 없으며, 이제 성경은 읽고 듣는 모든 사람에게 공개된 본문이다.[7]

그렇지만 실제적인 실행에서 성경은 자기-통제적 집성은 아니었고, 루터는 그 자신의 번역, 행간적인 난외 주해(marginal glosses), 고전 주석(단문 혹은 장문의 논문들), 개론, 예시, 인쇄된 본문에 신학적 동기에 따라 배열하는 방법 등으로 자신이 선호하는 저술들을 홍보하는 데 최선을 다하였다.[8]

프로테스탄트에게 루터의 혁신은 중세 시대의 성경 신비화에 종국을 표시하면서 성경 해석의 민주화를 이루는 것이었다. 하지만 가톨

---

[7] 중세의 성경 주석으로부터 루터가 절연한 것은 긴 과정의 결과다. W. P. Luther, *Lectures on Romans* (Philadelphia: Westminster Press, 1961), 특별히 그곳에서 xvii-lxvi 의 "총괄 서론"을 보라. 루터의 로마서 강의(1515년 부활절에 시작하여 1516년에 완성했음)는 여러 방식에서 여전히 중세의 주석 방법에 젖어 있다. 후기에 루터는 Lyra의 F. Nicholas를 선호하게 되었으며 그의 영향을 받았다. 회심한 유대인이 F. Nicholas의 히브리어 지식과 히브리 성경 주석이(다른 이유 가운데) 루터가 모든 알레고리적 주석을 늦추고 거절하도록 만들었다.

[8] Mark U. Edwards Jr., *Printing, Propaganda, and Martin Luther* (Berkeley: University of California Press, 1994), 109-30.

릭에게 성경 해석의 새 접근법은 다르게 비추어졌다. 중세 시대 주석의 전통에 젖어 있는 그들은 현대화를 통한 승리에서 성경의 신비로운 성격이 합리적으로 격하되는 것과 단일 의미의 횡포가 등장하는 것을 보았다.

반면에 중세 시대 초기에는 성경 본문이 고갈될 수 없는 풍부한 의미를 전달해 주는 무한한 원천으로 간주되었다. 그 시기의 말기에 본문의 의미는 본문의 증거에 엄격히 묶여 있었다.[9] 성경에 관해 현대적, 역사적 해석을 위한 모델이 된 것은 본문이 뜻하는 준엄한 단일성이었다.

17세기, 18세기, 그리고 19세기에는 과학적, 예술적, 인문주의적 문화에서 단 하나의 의미가 점차 사실의 표현 방식으로 해석되었다. 생명과 자연의 구조를 가능한 대로 밀접하게 또한 사실적으로 해석하는 것은 바람직하고 문제없는 과제로 간주하였다. 표현적 의미를 높이는 데 이바지한 정황 중에, 자연 세계는 이해할 만하고 정신적인 관찰로 접근할 수 있다는 확신이 증가함에 따라 추진된 자연에 대한 과학적 전환이 있었다.

자연 서적을 이해하는 하나의 방식과 관찰된 자료에 어울리는 하나의 언어가 있었다. 예를 들어, 미술의 역사에서 17세기 네덜란드 그림에서는 실물 그대로의 사실주의(realism)가 나타났다.[10] 베르미어(Vermeer), 샌드레담(Saendredam) 같은 화가들에게 동기를 부여한 것은 주제의 기억이나 수사학적 설득력, 종교적 숭배, 이야기 해설이 아니라 오히려 가시적이고 구체적인 세계를 상세히 탐색하려는 열망이었다.

---

[9] David R. Olson, *The World on Paper: The Conceptual and Cognitive Implication of Writing and Reading* (Cambridge: Cambridge University press, 1994), 143-44.
[10] S. Alpers, *The Art of Describing: Dutch Art in the Seventeenth Century* (Chicago: University of Chicago Press, 1983).

그들의 야망은 표시(representation)에 관심을 두고 해석을 피하는 것이었다. 오노레 드 발자크, 토마스 하디(Thomas Hardy), 안토니 트롤로페(Anthony Trollope), 샬롯 브론테와 에밀리 브론테, 페도르 M. 도스토예프스키(Fedor M. Dostoevski), 레오 니콜라예비치 톨스토이(Leo Nikolaevitch Tolstoy), 구스타브 플라우베르트(Gustave Flaubert) 등과 같은 훌륭한 이야기 작가들이 예시해 주듯이, 산문 이야기에서 사실주의 이야기의 정점에 이르렀을 때, 19세기는 "소설의 황금 시기"(the golden age of the novel)였다.[11]

삶의 실재인 것과 극도의 사실주의로 사회를 묘사한 체험에 밀접히 기초한 것이나, 심오한 분석적 통찰로 인간 본성을 묘사한 것이 이상적인 소설로 기대되었다.

19세기는 역시 과학의 영역에서도 선례 없는 역사 기록의 번창을 이루었다. 율레스 마이클레트(Jules Michelet), 레오폴트 폰 랑케(Leopold von Ranke), 테오도르 몸젠, 알렉시스 드 토크빌(Alexis de Tocqueville), 야콥 부르크하르트(Jakob Burckhard) 등과 같은 고매한 역사가들이 일차적 자료를 어떻게 수집하고 분류하며 평가하는지를 가르치는 정확한 연구 방법을 발전시켰다.

일어난 바로 그대로의 과거를 아는 것이 가능하고 바람직하다는 확신에 가득 차서, 그들은 북아메리카와 유럽의 역사를 저술했는데, 이 저술들은 서구의 고전 역사기록 가운데 속한다. 17세기, 18세기, 그리고 19세기에 과학적, 예술적, 인문주의적 문화의 발전에서, 단일한 의미와 그 의미가 표현하는 내용이 전례 없이 결정적인 것으로 강요

---

[11] P. Ricoeur, *Time and Narrative*, vol. 1, trans. Kathleen McLaughlin and David Pellauer (Chicago: University Press of Chicago, 1985), 9.

되었다.

성경 본문에 표현된 사고를 검증하는 것을 피할 수 없었다. 종교개혁가들이 단일 의미의 *via moderna*를 향해 몰아간 힘이 되었음을 보았다. 하지만 역사적 방법이 성경 해석에 부과시킨 도전을 평가하기 위해, 루터와 프로테스탄트 정교에서 문자 그대로 의미는 현대 역사기록에서 여전히 더욱 넓은 범위의 의미를 포함했음을 기억해야 한다.

예를 들어 복음서는 복음서 기자가 설명한 이야기(story)로, 주제가 되는 문제의 역사를 표현한 것으로 알려졌다. 내러티브의 묘사와 내러티브가 가리키는 실재 사이에 일관성이 있었다. 내러티브의 구성(plot)과 내러티브가 가정하는 역사성이 믿는 자들에게 하나님의 말씀으로서 문자 그대로의 의미에 여전히 연합되어 있었다.[12] 현대적인 사고 표현의 영향으로 문자 그대로의 의미가 분리되었는데, 한편에서 내러티브적, 신학적, 케리그마적으로 해석되고, 다른 한편에서 문자적, 역사적으로 해석되었다.

루터의 문자 그대로의 의미가 이미 중세 시대의 해석학을 심각하게 감소시킨 결과였는데, 이제는 역사적, 사실적인 것으로 더욱 축소되었다. 만일 내러티브의 신학적 예수가 더 이상 역사적 예수와 일치되는 것으로 가정될 수 없다면, 표현의 단일한 의미를 지향하는 현대적 탐구에서 역사적 예수가 중심 초점이 되었다. 그런 것이 역사적 예수 탐구를 정말로 필요하게 만든 지적인 풍조였다.

정말로 무엇이 발생했는지를 알고 싶어서 하였던 현대적 심오함으

---

[12] Hans W. Frei, *The Eclipse of Biblical Narrative: A Study in Eighteenth and Nineteenth Century Hermeneutics* (New Haven: Yale University Press, 1974), 18-41.

로 '도덕적 지식에 혁명'이 일어났는데,[13] 기독교인들이 이제까지 지녔던 성경과의 관계에 깊은 상처를 주었다. 성경이 방법론적으로 거리낌 없이 사실 발견, 문자적 검색에 일단 종속되자, 하나님의 말씀인 성경이 비신성시 되는 것은 피할 수 없는 결과였다.

역사적 방법에 가장 심오하게 영향을 받은 성경 분문은 아마 복음서이다. 예를 들어, 복음서가 어떻게 역사적으로 존재하게 되었는지에 대한 질문이 맹렬히 추적되었으며, 작문의 역사에 제작과 인간 책략이 불가피하게 결부된 것으로 나타났다. 출처(source)의 발견, 자료(material)의 전달과 개정, 최종적으로 인쇄된 편집에의 서명이 복음서 발생의 선행 역사에 대한 합리적인 개념을 일으켰는데, 신적인 영감을 받아 저술한 복음서 기자에 대한 여지가 거의 없었다.

내용에 관련되는 한 충분히 예견할 만하게, 역사적 사실주의 기준과 병행할 수 없다고 판단되는 예수의 기적, 변화 산상, 부활 이야기에 대해 알고 싶어 하는 충동에 사로잡혔다. 이러한 소위 초자연적 이야기들에 대한 검토와는 별도로, 역사적 방법에서는 비판적인 범주를 복음서 이야기들 전체에 확장했으며, 그럴듯한 자연스러운 실물 그대로의 인물을 문제시하였다.

그들은 명확한 역사적 예수의 생애를 발견하려는 바램으로, 표현의 단일 의미를 추구하는 고투로 인해 따라오는 새로운 심각성을 측량하지 못하였다. 복음서가 어떤 다른 것이었든지, 신학적, 신화론적, 케리그마적 이야기들이었든지, 전반적으로 과거의 역사적 예수를 다시 제시하려는 의미에서 표현되지 않았다.

---

[13] V. A.. Harvey, *The Historian and the Believer: the Morality of Historical Knowledge and Christian Belief* (New York: Macmillan, 1966), 103.

표현에 대한 오직 하나의 의미를 추구함으로 인해 점차 감소하는 복음서의 역사적 신빙성의 빛에서, 역사적 예수에 대한 탐색이 그 자체의 프로젝트에서 지성적인 것이 되었다.

만일 복음서가 시간이 흐른 후에 기록되어 사실과 완전히 일치하지 않는다면, 사실은 무엇인가?

그리고 만일 복음서가 역사적으로 또는 온전히 역사적으로 표현한 이야기가 아니라면, '실재의' 역사적 예수를 파악하기 위해 본문 배후에 도달하는 방식이 있는가?

하나의 역사적 기원의 기초에 접근할 방법이 사복음서 해석의 관점에서 있는 것일까?

이런 종류의 질문과 관심 때문에 역사적 예수 탐구는 더욱 추진되었다. 17세기 후기에 시작해서 우리의 현시대에 이르기까지 약 3세기의 기간에, 예수의 생애와 죽음에 대한 역사적 재구성의 과업이 지속되었다. 유사하게 기독교인과 유대인, 학자와 소설가, 신앙인과 불가지론자가 끊임없이 저술해 온 예수의 생애들은 기독교 전승에서 단일한 역사적 진리를 열정적으로 추구해 왔음을 증언해 주고 있다.

이런 탐구는 심각한 아이러니로 가득 찬 것이다. 왜냐하면, 단일한 역사적 기원에 대한 갈망에도 불구하고, 결과적으로 수많은 상이한 해석들을 남겼기 때문이다.

18세기와 19세기에 예수는 세계를 새롭게 하려는 확고한 믿음으로 최고의 도덕과 영적 이상을 결합한 위대한 이상주의자(Utopian)로, 아니면 세계를 변형시키려고 했을 때 역사의 수레바퀴에 짓눌린 묵시적 인자(Son of man)로, 또는 모든 묵시적 환상곡을 부인하고 천국을 현재에 내면화시킨 설교가로, 또는 지상 왕국을 수립하고 유대인을 로마의 정복에서 해방하려 했던 정치적 혁명가로, 아니면 율법과 예언자의 대원칙을 상기시킨 유대인 개혁가로 묘사되었다.

예수의 생애에 관해 단일한 표현에 도달할 수 없는 것은 과거의 연구에만 제한된 것이 아니다. 그러므로 역사적 방법이 여전히 방법론적으로 정확성이 부족하다고 합리적으로 주장할 수 있겠다. 하지만 여러 해석은 또한 현대의 탐색에서 모든 방법론의 복합성을 예시해 주는 것이기도 하다.

모턴 스미스(Morton Smith)에게 예수는 사회적 유형에서 마술사로 표현되는데 하나님의 아들이라는 그의 주장은 기적에 근거를 두며, 주로 치유와 기적을 통해 모든 추종자를 따르도록 하신 분이다.[14] 에드워드 쉴레벡(Edward Schillebeeckx)에게 예수는 모든 이스라엘에 예외 없이 구속(redemption)을 선포하고 제정하신 분이며, 이례적인 종교 체험 가운데 아바 아버지라 부르시고 하나님께 기도하셨다.[15]

E. P. 샌더스(E. P. Sanders)에게 예수는 유대인 예언자이며 성전 파괴와 재건축에 관련해 자신을 하나님 왕국으로 인도하기 위해 임명받은 종말론적 대리인으로 간주한 자이다.[16] 마커스 복(Marcus Borg)에게 예수는 유대교의 카리스마적 전통에 서 있으며 성결 행위와 강력한 성령 체험으로 도야되었다.[17]

엘리자베스 쉬슬러 피오렌자(Elisabeth Schussler Fiorenza)에 따르면, 예수는 자신을 지혜의 자녀로 간주한 자이며, 여성이 지도력의 위치에

---

[14] Morton Smith, *Jesus the Magician* (San Francisco: Harper and Row, 1878).
[15] Edward Schillebeeckx, *Jesus: An Experiment in Christology*, Hubert Hoskins (New York: Seabury Press, 1979).
[16] E. P. Sanders, *Jesus and Judaism* (Philadelphia: Fortress Press, 1985).
[17] Marcus J. Borg, *Jesus and Judaism* (Philadelphia: Fortress Press, 1987).

있는 평등주의 유형의 공동체에서 왕국의 임재를 소개하였다.[18] 버튼 맥크(Burton Mack)에게 예수는 주로 헬라 문명이 지배적인 갈릴리에 자리했으며, 순회(itinerancy)하면서 활동하였으며, 특별히 유대적 이슈가 아닌 헬라 대중철학 견유학파(cynicism)와 유사한 유형의 사회 비평가로 종사한 자이다.[19]

최근에 제시된 역사적 예수의 생애가 상호 양립할 수 없는 것이 아니라면 괄목할 정도로 다양하다는 루크 티모디 존슨(Luke T. Johnson)의 관찰에 동의하지 않을 수 없다.[20] 크로산도 같은 표현을 한다.

"다양성은 학문적 혼란을 보여준다. 그리하여 주석가들이 있는 수만큼이나 여러 모습이 나타나는 것 같다."[21]

다양하고 상호 대립되는 예수의 생애에 대한 많은 해석(versions)을 어떻게 설명해야 할 것인가?

각 저자가 연구의 중심에 설정한 자료에 따른 것이라고 부분적으로 대답할 수 있다. 저자가 예수의 행위 또는 담화를 강조하느냐, 아니면 기적, 소위 성전 정화, 또는 윤리적 말씀이나 묵시적 말씀을 강조하느냐 강조하지 않느냐에 따라 차이가 생긴다. 어떤 저자들은 하나의 복음서나 둘의 복음서에 특권을 두고, 다른 이들은 사복음서 모두에서 조화를 이루려고 한다.

---

[18] Elisabeth Schussler Fiorenza, *In Memory of Her: A Feminist Theological Reconstruction of Christian Origins* (New York: Crossroad, 1983).

[19] Burton L. Mack, *A Myth of Innocence: Mark and Christian Origins* (Philadelphia: Fortress Press, 1988).

[20] Luke Timothy Johnson, T*he Real Jesus: The Misguided Quest for the Historicla Jesus and the Truth of the Traditional Gospels* (San Francisco: Harper/Collins, 1966), 85.

[21] John Dominic Crossan, *The Historical Jesus: The Life of a Mediterranean Jewish Peasant* (San Francisco: Harper/Collins, 1991), xxviii.

반면에 어떤 이들은 모든 복음서 이야기의 신빙성을 부인하고, 그리스-로마, 유대의 역사적 정황에서 예수를 재형성시킨다. 최근에 Q어록 자료(복음서)와 외경 도마복음이 예수의 본래 메시지를 복구하는 데 선호하는 자료가 되었다. 예수의 본래 메시지를 재구성하려는 노력이 경전 복음서에 기초를 둔 것인지, 아니면 복음서 이전 Q자료를 근거로 한 것인지, 혹은 Q자료에서 하나의 문헌 층에 기초한 것인지에 따라 해석의 차이가 난다.

그러므로 사용하는 자료의 선정에 따라서 여러 상이한 해석들이 나오는 것이라고 부분적인 설명을 할 수 있겠다. 하지만 출처 선정에서 역시 상이한 자료(material)를 이용하는 근거 기준과 원칙에 대하여 더욱 심층의 문제를 제기할 수 있다.

라이마루스가 정치적 시나리오, 슈바이처가 묵시적 시나리오를, 르낭이 목양적 배경에서 무대를 설정하고, 피오렌자가 성 평등주의 원칙을 이끌어내며, 샌더스가 유대적 환경을, 맥크가 헬라적 환경에 특권을 준 것을 주목할 때,[22] 여기서 자료 선정과 평가에 차례로 영향을 끼친 이념적, 역사적 주제들이 예시되어있음을 분별할 수 있지 않은가?

이론적 장치와 역사적 지식과 선비평적 위임으로 얼마나 예수를 독

---

[22] H. S. Reimarus, *Concerning the Intention of Jesus and His Teaching*, ed. Charles H. Talber, trans. Ralph S. Fraser (Philadelphia: Fortress Press, 1970), 59-269 (Gotthold Ephraim Lessing에 의해 *Vom Zwecke Jesus und Seiner Juenger*라는 제목으로 1778년에 처음 발간되었다), 또한 A. Schweitzer, *The Quest of the Historical Jesus*, intro. James M. Robinson (New York: Macmillan, 1968), 330-97 (*Von Reimarus zu Wrede: Eine Geschichteder Leben-Jesu-Forschung*라는 제목으로 1906년에 처음 발간됨). E. Renan, *The Life of Jesus* (New York: Random House, 1972, *La Vie de Jesus*로 1863년에 처음 발간되었음). Fiorenza, *In Memory of Her*, Sanders, *Jesus and Judaism*, Mack, *Myth of Innocence*.

특하게 적절히 구성했든지, 아니면 의도적으로 부적절하게 구성했든지, 자신이 속한 시대를 표현하는 예수의 생애를 기록한 주인공들을 알아챌 수 있지 않은가?

여기서 기원에 대하여 현재에 어울리는 의사소통을 하게 하려고 현대적 요구들이 차지한 것을 관찰할 수 있지 않은가?

어느 경우이든 단일한 예수의 본래 생애를 발견하려고 착수한 탐구에서, 광범위하게 상이한 다양성을 확산시키고, 자주 상호 대립하는 연구를 증폭시킨 현상은 심각한 아이러니가 아닐 수 없다.

전통적인 기독교의 성경 해석에 부과한 정신적 충격과 현대적인 사고의 표현 방식이 도전받지 않은 것은 아니다. 복음서 내러티브의 생명력을 불신하는 역사적 연구 결과에 경종이 울리자, 캘러(M. Kahler)는 19세기 말기를 향해 저술하면서, 연구 그 자체만큼 영향력 있는 대안 연구법을 소개하였다.[23]

'예수 운동의 전 기간'이 잘못된 통찰에 근거하고 있으며 '막다른 골목'에서 끝나게 되어 있었다고 그는 주장하였다. 견고한 신앙의 핵심적인 내용에 도달하지 못한, 역사적 탐색의 비신빙성에 대해 문제가 있었다. 왜냐하면, 예수의 생애에 대한 윤곽이나 실제 모습이 변화하는 성경 연구의 결과들과 함께 계속해서 변화하기 때문이다.[24]

다시 말해 캘러는 그처럼 변화하는 역사 기록의 사고처럼 보인 것

---

[23] Martin Kahler, *So-Called Historical Jesus and the Historic*, *Biblical Christ*, trans., ed with intro. Carl E. Braaten (Philadelphia: Fortress Press, 1964); 이 책의 제목이 유래하게 된 주요 논문은 *Der sogenannte historische Jesus und der geschtliche*, *biblische Christus*라는 제목으로 1892년에 처음 발간되었다. 캘러에 대한 여러 연구서들 특히 그의 신학 연구에 관해, H. Leipold, *Offenbarung und Geschichte als Problem des Verstehens* (Gutersloh: Guterslohe Verlangshaus, 1962)을 보라.

[24] Kahler, *So-Called Historical Jesus*, 46, 103.

들을 확정적인 진리와 구속에 관련되는 한에 있어서, 어떻게 심오하게 고려할 수 있겠느냐고 질문하고 있었다. 하지만 역사가들의 유동적인 견해들보다 그가 더욱 심각히 문제로 보았던 것은 성경 역사 기록(biblical historiography) 그 자체, 즉 과학적 방법의 시행으로 근본적인 신앙 지식에 이를 수 있다고 주장하던 기획이었다.

역사적 방법으로 타당성 있게 성경 본문의 진리를 입증하고 조명하며 접근할 수 있는가?

이 이슈에 대하여, 켈러는 심각하게 의혹을 표시하였다. 과거 사건의 재구성은 현재에 처한 인간에게 연설할 수 없는데, 왜냐하면 '과학으로 처음 확보되어야 했던 역사적 사실은 신앙 체험같은 그런 것이 될 수 없기 때문이다.'

캘러의 주장은 신학적 부류의 것이며 믿음으로 의롭게 되는 종교 개혁의 원칙에 가깝다. 이 원칙을 성경의 역사적 연구에 적용한다면, 믿음은 역사적 연구물에 기초할 수 없는데, 만일 그렇다면 이는 순수한 신앙이 되지 못하기 때문이다. "그러므로 기독교 신앙과 역사적 예수는 물과 기름처럼 서로 격퇴한다."[25] 역사적 사실과 신앙적 체험은 양립될 수 없는 범주들이다.

캘러와 함께 현대신학에서 역사적 예수와 성경적 그리스도 사이에 구분이 확립되었다. 역사적 예수는 과거에 불분명한 인물로 격하되었으며, 복음서 배후로 숨겨졌고, 기독교 신앙에 조금도 어떤 설명을 하지 못한다. 한편 복음서는 부활 이후의 '증언'으로써 신자의 그리스도에 대한 고백으로 간주한다.[26] 이런 복음서는 사도적인 설교 방식을 통

---

[25] Ibid., 74.
[26] Ibid., 92.

해 신실한 사람들의 생애 속에 살아계신 그리스도를 전달하는 것이다.

부활은 사건이면서 동시에 믿는 자의 현재적 체험인데, 그러므로 캘러의 복음서 이해와 청중들에게 끼친 복음서의 영향을 이해하는데 핵심적 요소이다.[27] 이런 전망에서 복음서 배후의 역사적 예수 탐색은 복음서의 신앙적 어법(nomenclature)을 잘못 해석하는 것과 동등하였다. 본질에서 살아 계신 또는 부활하신 그리스도를 선포하기 위해 기획된 고백의 본문이 가정된 문서의 증거를 위해 조사당하게 되었다.

그 외에 구약성경에서 온 구절들 역시 신약성경과 일치되는 그리스도의 이미지를 기획하기 위해 고려되었다. 그러므로 캘러의 성경적 그리스도는 구약성경과 신약성경에 나타난 통일된 이미지나 인격을 표현하는데, 인간에게 죄와 범죄에서 구해 주는 구속자의 역할을 한다.

캘러의 모델은 현대의 사실 발견 정서(ethos)와 그로 인해 기독교 복음서 해석에 부과된 위협에 대항해서 옹호하는 전략을 의미하는 것이라고 누군가 그럴듯하게 주장할지 모른다. 역사적 예수 대 성경적 그리스도의 이분법의 등장은 역사적 예수 탐구를 비정당화시키면서, 역사적 호기심이라는 붕괴적인 영향에서 보호하고, 복음서와 소위 성경적 그리스도의 무오한 영역을 확보하려 했던 의도로 볼 수 있다.

역사적 예수 탐구에서 캘러의 인상 깊은 양자택일은 기독교 신학에서 심각한 비중을 지닌다. 20세기 전반에 소위 신정통파(neo-orthodox)나 변증법적 신학(dialectical theology)은 캘러에게서 지배적인 영향을 받았는데, 오늘날 우리 시대에도 영향을 미치고 있다. 칼 바르트(Karl Barth), 루돌프 불트만(Rudolf Bultmann), 폴 틸리히(Paul Tillich)의 신학적

---

[27] Ibid., 65: "부활하신 주님은 복음서 배후의 역사적 예수가 아니라, 사도적인 설교와 전 신약성경의 그리스도다."

프로젝트는 캘러의 영향을 받아 각기 다르게 나타난 것인데, 그들 모두가 역사에서 재구성한 예수가 아닌, 복음서에 선포된 그리스도가 신앙의 유효한 대상이라는 확신으로 연합되었다.

바르트에게 성경의 그리스도에 대한 신앙은 기독교 신앙의 역사적 기원의 재구성을 포함한 모든 인간적인 자기 주장을 부인하라고 요구한다. 불트만은 신약성경 역사가 중에 상이하게도 기독교의 기원을 고대 후기의 유대적, 헬라적, 영지주의적 환경에 분명히 설정시켰다. 하지만 그는 또한 성경적 그리스도와 그에 대한 선포는 역사학으로 확증되거나 부인될 수 없다고 주장하면서, 자신의 연구 결과로 신앙을 보호해야 할 필요를 느꼈다. 틸리히는 만일 신앙의 의미를 성경 이야기의 역사적 유효성에 대한 믿음과 동일시한다면, 신앙의 의미를 왜곡시키는 것으로 보았다.[28]

우리 시대에 루크 티모디 존슨의 『누가 예수를 부인하는가?』(*The Real Jesus*)는 역사적 탐구에서 캘러의 양자택일 모델을 예시한 것이다.[29] 존슨은 일반적으로 역사적 탐구, 특히 예수 세미나에 대한 부정적인 관점을 예리하게 포착하였다. 그 연구가들은 역사라는 학문이 교회 개혁을 위한 신학적 규범을 제공할 수 있다는 의미에서, 역사가 신학의 척도라는 전제 위에 연구를 진행한다.

그것은 전형적으로 프로테스탄트, 구체적으로 루터의 전제를 표현

---

[28] 캘러의 *So-Called Historical Jesus*, 32-38, 특히 35에서 브라아텐의 서론을 보라: "만일 이것이 역사적 방법으로 신앙이 근거하고 있는 계시를 객관적으로 논증할 수 없다는 것을 의미한다면 어느 정도 정당한 이유에서 캘러와 변증법적 신학의 방법론적 그리스도 단일 신성론(Monophysite)을 발견할 수 있다."

[29] 존슨과 캘러의 연관성을 통찰하여 인정한 것에 관해, S. Dowd, "Review of Johnson's *The Real Jesus*," Lexington Theological Quarterly 31, no.2 (1996), 179-83을 보라.

한 것이다. 루터가 중세교회의 부적절성을 통찰하고 이를 드러내는 기준(criteria)으로서 신약성경의 본래 언어와 신학 원칙을 복구하려고 했듯이, 그 연구가들은 이어지는 기독교 발전의 쇠퇴를 자신들이 깨닫고 이에 직면해, 그를 유지하기 위해 역사적 예수를 복구하려 한다는 것이다. 기독교 교리와 신학을 교정하는 것으로서 역사는 과거와 현재의 탐구의 주된 의제가 되어왔다.

존슨은 예수 세미나에서 주장하는 예수 말씀의 역사적 정확성과 이것의 속박을 '예수 세미나의 가장 슬픈 역설(paradox)' 중에 하나로 보았다. 왜냐하면, 그로 인해 예수 세미나가 그들의 주요 표적이었던 근본주의 특징인 역사적 실증주의와 문자주의를 똑같이 지녔기 때문이다. 세미나의 역사성에 대한 지나친 집착과 그로 인한 극단적인 문자주의는 단지 근본주의의 또 다른 한 면을 표현하는 것이다. 하지만 존슨은 질문한다.

"'기원이 본질을 규정한다'는 가정을 정당화한 기독교의 기원에 관해서는 어떠한가?"[30]

우리가 존슨에게 왜 역사와 역사적 실재로부터 재구성한 예수가 신앙을 지탱해 줄 수 없다고 하는지에 대해 질문할 때, 그는 주로 캘러를 상기시키는 일련의 대답을 해 준다.

첫째, 역사적 근거 자료들에 대한 이슈가 제기된다.

고대 지중해 세계에 대한 고고학적, 사회학적 지식과 성경 본문에 대한 지식이 실제로 금세기에 전례 없이 발전했지만, 이것들은 '그 당

---

[30] L. T. Johnson, *The Real Jesus*, 68, 26, 27, 15.

시의 세계에 살았던 예수의 생애에 관한 실질적인 어떤 지식도 더해주지 않는다'고 존슨은 주장한다. 존슨에 따르면 쿰란과 나그-함마디 가까이서 발견된 문서들도 역사적 예수에 대한 새 정보와 관련되는 한, 대부분이 기대를 충족시키지 못하였다.[31]

둘째, 이전에 진술한 것처럼, 존슨은 많은 다른 사람들과 함께, 현대의 역사적 예수의 생애에서 현저한 다양성과 복수성이라는 불안정성을 주시한다.[32]

학자들이 재구성한 이 현란한 부류의 예수 생애들은 각기 진정성을 지녔으며 본래의 것이라고 주장하기 때문에, 역사적 탐구를 무의미한 것으로 만들면서 '환상곡들과 추출물들'[33]의 영역으로 이끌고 있다.

셋째, 역사적 탐구의 실패에서 가장 중요한 이유는 재구성의 이질성과 자료보다도 신약성경과 기독교 신앙에서 이해되는 예수 그 자신과 더 관련이 있다.

> 기독교는 고전적인 유형에서 예수의 사역이 아니라, 십자가에 못 박힌 후에 예수가 더욱 능력 있는 하나님의 생명 세계로 들어갔다는 주장, 즉 예수의 부활에 근거를 두고 있다."

---

[31] L. T. Johnson, "The Humanity of Jesus: What's at Stake in the Quest for the Historical Jesus" (2장을 보라).
[32] L. T. Johnson, *The Real Jesus*, 85-86.
[33] L. T. Johnson, "The Humanity of Jesus."

경전 복음서와 관련되는 한 그들은 '신앙의 내러티브'이다. 즉, 그들은 예수의 부활 전망에서 기록되었으며, 예수를 부활하신 하나님의 아들로 믿는 신앙의 관점에서 바라본 내용이다.[34]

예수가 지속적이고도 강력하게 현존하신다는 기억이 교회에서 보존되고 배양되었으며, 결과적으로 '기독교의 신앙고백'에서 여전히 능력있게 살아 계시는 부활하신 주님이 '진정한 예수'이다. 신앙인은 자신의 신앙이 역사적 예수를 향하지 않고, 살아 계신 주님을 향한다. 이런 이유 때문에, 신약성경 문헌들은 기원의 정체성 복구 프로젝트를 위해서는 부적절한 것이다. 신앙을 근거시키려는 목적으로 진행하는 과거의 역사적 예수 재구성은 정말로 '우상 숭배의 한 유형일 것이다.'[35]

넷째, 존슨은 켈버와 다르지 않게 신약성경에서 그리스도라는 인물의 통일된 이미지(unified image)를 발전시킨다.

초기 기독교에서 그리스도에 대한 상이한 표현들을 알고 있음에도 불구하고, 존슨은 '예수의 생애 기본 유형이라 칭할 수 있는 것'[36]과 관련된 '신약성경 문서들 전체에서 예수에 관한 이해의 심오한 통일성'을 강조한다.[37] 사복음서와 바울, 베드로, 히브리서 모두에서 '메시아직과 제자직의 기본 유형'과 '하나님을 향해 철저히 복종하고 타인을 향해 자기를 주는 자'로서의 예수의 존재와 인격에서 심오한 일치성을

---

[34] L. T. Johnson, *The Real Jesus*, 134, 110, 143, 151. 또한, 존슨의 "The Humanity of Jesus"를 보라.
[35] L. T. Johnson, *The Real Jesus*, 57, 143.
[36] L. T. Jonson, "The Humanity of Jesus."
[37] Ibid., 152.

보인다.38 역사적 예수와 상이하게, 존슨의 성경적 그리스도는 신약성경 본문에서 접근할 수 있으며 선포되는 말씀을 통해 공동체 속에 현존하여 계시는 분이다.

요약하면 존슨의 입장은 현대주의 충격에서 나온 고도로 영향력 있는 사고의 방법을 대표하는데, 최소한 1세기 이전의 캘러에게까지 소급된다. 복음서가 부활 이후의 내러티브로 기능한다는 의미에서, 부활하신 주님을 복음서의 영감(inspiration)으로 보는 것이 이런 해석의 전통에 나타나는 표식이다.

교회에서 포용하고 신앙인의 생활 속에 강력히 표현된 것은 부활하신 주님에 대한 기억이다. 더욱이 역사적, 신학적 부적절성의 근거에서, 또한 복음서 본문의 고백적 성격이라는 이유로, 역사적 예수 탐색을 비정당화시킨다. 역사적 예수의 자리에 신약성경에서 또는 성경(캘러)에서 하나로 일치된 예수 이미지를 타당성 있게 제시한다. 그리하여 성경적 그리스도와 역사적 예수 사이에 가교할 수 없는 이분법(dichotomy)을 강화했는데, 기독교 신앙에 전자는 유효하고 후자는 무효하다고 하였다. 캘러-존슨 전승에서 발전시킨 인물 그리스도는 역사적 연구의 모든 담화를 단절시킨다. 그리고 단지 이런 이유만으로도 검증해야 할 것이다.

정확한 사실에 도달하려는 우리의 역사적 충동을 부인하는 이런 그리스도의 인격이 얼마나 가치 있을까?

예를 들어 '고전적인 유형에서' 기독교는 부활에 초점을 두었고 예수의 사역에 두지 않았다는 전제는 질문을 제기할 수 있으며, 라틴 기

---

38 L. T. Johnson, *The Real Jesus*, 158, 149.

제3장 역사적 예수 탐구   175

독교에 관련되는 한 역사적으로 틀린 것이다.

대략 11세기부터 15세기까지 서구 전통에서는 종교적 헌신의 실재 부분에서 그리스도의 수난과 죽음에 강하게 초점을 두었다.[39] 대중의 경건성에서, 신학 논문에서, 설교에서, 예술에서, 연극에서, 상처를 지닌 인물로서 그리스도의 육체성이 무대의 중심에 설정되었다. 그리스도의 몸과 피가 강력한 매혹과 기도와 명상의 대상이었다.

상처를 입은 그리스도의 이런 구성은 보는 자들과 듣는 자들 가운데 다양한 반응을 일으켰다. 고난 당한 육체에 대한 동정, 재난을 당한 인간 조건에 대한 슬픈 기억, 인간성 자체의 죄 된 복합성을 인정하고 회개하는 것, 영적인 변화, 또는 적어도 그리스도의 보혈로 정결케 하는 능력을 힘입어 구속을 바라는 것 등이다.

그러나 강조해서 중세에 그리스도의 고난 당하는 육체의 흠모에서 미묘하게 반유대적인 명시가 따랐음을 주시하게 된다. 중세 후기에 종교성의 중심에 성만찬, 빵을 살로 변화시킨 의식이 자리했다. 12세기 이후로 교회는 성만찬을 으뜸가는 성례전으로 간주했으며, 14세기에 코퍼스 크리스티(*Corpus Christi*)축제의 위임식이라는 호혜로 단일하게 인정받는 의식이 되었다.

중세의 예배에서 그리스도의 몸이 임재하고 그와 교통하며 성별되

---

[39] G. S. Sloyan, *The Crucifixion of Jesus: History, Myth, Faith* (Minneapolis: Fortress Press, 1995); Ellen M. Ross, T*he Grief of God: Images of the Suffering Jesus in Later Medieval England* (Oxford: Oxford University Press, 1997); Miri Rubin, *Corpus Chrsit: The Eucharist in Late medieval Culture* (Cambridge: Cambridge University Press, 1991); Sarah Beckwith, *Christ's Body: Identity, Culture and Society in Late Medieval Writings* (New York: Routledge, 1993); James H. Marrow, *Passion Iconography in Northern European Art of the Late Middle Ages and Early Renaissance* (Kortrijk, Belgium: Van Ghemmert Publishing, 1970).

고 고양되는 순간보다 더욱 성스러운 체험은 없었다. 그리스도의 몸과 상처에 초점을 두면서 중세의 경건성과 성례전에서는 단순히 예수의 인간성을 숭배하지 않았다. 고난을 당하는 육신의 살은 신이 임재한 거주지로 널리 통찰되었다. 인간의 육신 안에 신성의 살(flesh, 육체)을 입고 나타났다. 이것이 그리스도의 몸의 성만찬 축제의 중심에 놓인 체험이었을 것이다. 그리고 어느 경우나 그러했다.

> 이 문화에서 매우 주목할 만하게 발견된 것은 죽은 자로부터 부활하신 예수 그리스도가 아니었다. 그것은 하나님이 인간성을 대표하여 고난을 겪으시려고 인간이 되신 기적이었으며, 중세 기독교인의 상상력을 사로잡았다. 인간을 하나님 자신에게 이끌기 위해, 하나님이 십자가 위에서 피를 흘리시고 우시며 고난을 겪으셨다. 신의 무한하신 동정심과 자비를 보여 주시려고 하나님이 십자가 위에서 피를 흘리고 우시며 고난을 겪으셨다.[40]

그러므로 역사적 예수 연구에 대한 어떤 반대를 제기한다고 하여도, 기독교가 '고전 유형에서' 부활한 그리스도에 관한 관심 때문에, 육체적 인간 예수를 고려하지 않았다는 전제에 근거한 것일 수 없다. 그와 반대로, 언어에서, 그림에서, 또한 명시된 성례전에서, 중세의 라틴 기독교는 그리스도를 신앙생활의 중심으로 삼으면서, 부서지고 상처 입은 그리스도의 몸을 확고히 수립하였다.[41]

---

[40] Ross, *Grief of God*, 137.
[41] "고전적인 유형에서 기독교가 예수의 사역이 아니라 예수의 부활에 근거했다"(*The Real Jesus*, 134)는 존슨의 주장에 대응하여, 중세의 서구에서 그리스도의 수난과 죽음에 강조를 둔 것을 주시했다. 위의 상처 입은 그리스도의 외형에 대한

경전 복음서가 예수의 부활 전망에서 기록되었다는 존슨의 다른 주장 역시 동일하게 문제가 있다. 그것은 캘러-존슨의 전통에 중요한 명제이며 구체적 증거가 없음에도 불구하고 여러 번 재진술되었다. 아마 이 명제가 증명할 수 없고 더욱이 논증할 수 없는 것이라고 누군가 말할지 모른다.

하지만 오늘날 우리는 약 1세기 이전에 캘러가 존재하였던 시대보다 경전 복음서의 작문적 성격과 기원적 정체성의 이슈에 관해 더욱 잘 말할 수 있는 입장에 있다. 이집트 상부의 나그-함마디(Nag Hammadi) 근처에서 최근에 발견된 기독교 복음서들 때문에, 복음서 문학에 대한 비교 전망이 실질적으로 넓어지고 개선되었다.[42]

나그-함마디 사본에서 발견되는 다양한 문학 장르들 가운데 전적으로 예수의 말씀과 담화(discourse)로 구성된 유형의 복음서가 있다. 이 복음서, 또는 계시 담화(revelation discourse)는 경전 복음서의 방식처럼 이 말씀들을 하나의 내러티브 구성 내에 연결할 수 있는 내러티브 구도가 없이 주로 작용하며, 그들을 시간성 속에 근거 내리게 하였다.

이에 적절하게도 이런 지혜의 말씀을 말하는 예수는 지상의 인물이 아니라, 오히려 현재에 살아계신 주님이다. 야고보묵시(*Apocryphon of James*), 요한묵시(*Apocryphon of John*), 도마복음(*Gospel of Thomas*), 논쟁자 도마서(부분)(*Book of Thomas the Contender*), 마리아복음(부분)(*Gospel of Mary*), 구세주의 대화(*Dialogue of the savior*), 예수 그리스도의 지혜(*Sophia of Jesus*

강조가 반복하여 예수의 말씀과 행위를 도야하는 (의식, 설교, 헌신, 초상)을 통해 이루어졌음을 말해야 한다. 산상 설교, 동방 박사 찬양, 수태 고지, 예수의 시험, 귀신축출, 치유, 먹이신 사건, 변화한 이야기 등등.

[42] J. M. Robinson, ed. T*he Nag Hammadi Library in English*, 4th rev. ed. (Leiden: E. J. 1996).

Christ), 야고보 제1묵시(*The First Apocalypse of James*)와 야고보 제2묵시(*The Second Apocalypse of James*), 베드로와 열두 제자 행전(부분)(*Acts of Peter and the Twelve*), 베드로의 빌립보서(*Letter of Peter to Philip*) 같은 본문에서 선택받은 남성 제자와 여성 제자 또는 형제 중 하나에게 연설하는 분은 광채를 발하시는 그리스도이다.

살아 계신 그리스도가, 그의 지상 존재에 대한 어떤 설명 없이, 계시하는 지혜의 말씀에 출발점을 구성하는 것을 말씀(sayings)의 장르나 담화 복음서(discourse gospel)에서 만난다. 여기서 정통적인 전승이 부활절이라 부르는 관점에서 구성된 복음서 장르를 만나게 된다. 이것이 캘러, 존슨, 그리고 다른 많은 사람이 부활 이후 전승과 고백을 전달할 목적으로 부활하신 또는 살아 계신 그리스도에게 권위 있는 입지를 돌릴 때, 복음서가 그와 같았으리라 감안한 것이다.

그렇지만 이런 캘러-존슨 모델은 외경인 도마복음에 이상적으로 예시되었으며, 경전인 마가복음에는 그렇지 않다. 마가복음에는 예수의 지상 생애에 초점을 두는데, 그의 생애는 십자가에서 절정에 도달한다. 또한, 마가는 종결부에서 부활하신 그리스도가 제자들에게 나타난 장면을 보류하였다.

그러므로 역사적 예수 탐구에 대해 어떤 반대가 있더라도, 경전 복음서가 부활의 전망에서 기록되었으며 또한 이런 이유로 역사적 호기심의 정신과 상충된다는 전제에 근거할 수는 없다.[43]

---

43 "부활-복음"의 전체적 이슈는 캘러-존슨의 학문적인 전통에서 받은 것보다 더욱 뉘앙스 있게 처리할 가치가 있다. 최소한 세 가지 양상을 구분해 다루어야 한다. 1) 공시적으로, 경전 복음서 설화들이-비록 주제에 상당한 변형이 있더라도- 예수의 죽음/부활/승천에서 절정에 도달한다. 동시에 복음서의 설화 구성(plots)으로 많은 종교적, 윤리적 주제들이 형성되며 시간과 공간의 유형이 배열되고 특징

마지막으로 존슨이 신약성경 본문에서 설명하는 이 단일한 통일된 인격이 얼마나 가치 있을까?

그의 성경적 그리스도의 모델은 역사적 예수를 대체하고 정말로 비정당화시키면서 권위를 주장하기 때문에, 사려 깊게 조사해야 할 것이다. 여기에서 성찰은 경전 사복음서에 나타난 인물 예수에 제한될 것이다.

1960년도에 점점 더욱 많은 성경학자가 복음서 이야기에 새로운 주목을 하면서, 성경의 그리스도에게 초점을 두기 시작하였다. 역사의 예수를 성경의 그리스도와 분리시킨 현대주의 충격에 반응해서 어떤 이는 복음서 배후의 사건으로부터 복음서 내부의 세계로 재초점을 두었다.

그러나 사복음서 모두가 강조하는 단일한 인격을 갈망하는 대신, 구분되는 문학 구도와 복음서 각각의 특이한 표현을 심각하게 고려하였다. 현대 역사 기록의 경각심이 있는 법정 앞에서, 복음서가 신빙성을 상실하고 있었기 때문에, 이제 복음서에 나타난 그대로의 것, 즉 분리된 사복음서 내러티브의 빛에서 검토하게 되었다.

존슨은 복음서의 내러티브 인식을 중시하는 이 운동을 환영할 뿐 아니라 그의 연구 초기에 누가-행전의 문학적 해석에 상당한 기여를 하였다.[44]

을 발전시키면서 여러 플롯과 종속 플롯이 결합한다. 이들 설화의 복합성의 관점에서 복음서를 "확장된 서론을 지닌 부활 설화"라고 부르는 것은 "확장된 서론을 지닌 수난 설화"라 칭하는 만큼이나 수락될 수 없다. 2) 통시적으로, 복음서는 전승에 깊이 관련되어 있으며 다양한 종류의 전승 요소에 응답한 것이다. 또한, 그들을 변형시키고 재흡수한 것이다. 복음서의 복합적인 작문 형성의 관점에서 볼 때 오직 예수의 부활 전망으로부터 기록되었다는 주장은 용납될 수 없다.

[44] Luke Timothy Johnson, *The Literary Function of Possessions in Luke-Acts*, SBA. Dissertation Series 39 (Missoula, Mont.: Scholars Press, 1977).

무엇이 정말로 문제였는가?

다시 말하면, 역사에 도달하기 위해 복음서를 극복해야 할 장애물로 보는 대신에, 이제 복음서 자체의 이야기 세계에 시선을 집중시켰다. 그러므로 내러티브로 읽을 때 복음서는 문학 담화(literary discourse)에 깊이 뿌리를 두는 문장의 속성을 지닌 것으로 보인다. 즉, 각각의 이야기들과 대화들의 배열, 삼중의 반복과 이중성, 다른 이야기에 구도를 제공하기 위해 한 이야기의 중간부터 결합하기 등을 볼 수 있다.

고대적인 주제의 이야기 선정, 주의 깊은 기독론 칭호 사용, 히브리 성경의 인물과 주제를 연결하는 플래시 백, 그리고 그것의 실현이 내러티브 세계 외부에 놓인 예고(prolepses), 역동적인 갈등으로 자주 성취되는 풀롯 구축, 인물의 가장 내면적 느낌에 대한 내러티브 통찰력, 대화, 예를 들어 제자들과 복음서 독자들에게 접근할 수 있는 예수와 제자들의 대화, 복음서에 등장한 인물보다 더욱 잘 아는 독자에게 배타적으로 접근하는 것과 별도로, 마주쳐 오는 이야기 전개 등이 있다.

간단히 말해 리쾨르(Ricoeur)가 '제2의 순수성'(second naivete)[45]이라 칭한 것으로 복음서를 해석하는 것을 알게 되었는데, 여기서는 전제된 역사성에 대해 더 이상 비판적 관점을 지니지 않지만, 복음서의 이야기 세계를 인정하는 안목에서 해석한다.

복음서의 문학적 특성에 이렇게 새로운 초점을 둠으로써, 각 복음서를 형성한 상이한 구조의 방법을 식별하게 되었다. 복음서는 그런 상이성으로 인해, 예수의 생애, 죽음, 부활에 대하여 오히려 각기 특

---

[45] Paul Ricoeur, *The Symbolism of Evil*, trans. Emerson Buchanan (Boston: Beacon Press, 1967), 352. 리쾨르가 비록 "제2의 순수성"이라는 개념을 상징에 적용시킬지라도, 후기 비평적 감수성에서 "오직 해석함으로 믿을 수 있다"라는 의미를 지니므로 마찬가지로 설화에도 적용될 수 있다.

징 있는 이야기가 되었다. 하지만 일단 각각의 복음서에서 이야기 각자의 온전함이 적절히 유지되는 것이라면, 하나의 복음서를 다른 복음서의 전경을 통해 해석하거나, 사복음서 모두를 단일한 합성 모델로 통일시키는 것은 더 이상 불가능하다. 각각의 이야기 형태는 그 자체의 용어와 권리에서 해석되어야 한다. 기독론에 관련되는 한 마가복음, 마태복음, 누가복음, 요한복음에 각기 표현된 예수의 내러티브는 각기 주목을 받아야 하며, 주제의 발전과 각자의 플롯 구조가 상호 짜여진 것에 관련되는 한, 제각기 주목받을 가치가 있다.

그러므로 내러티브 비평(설화 비평)에서 이 문제를 바라보는 관점처럼, 복음서 기독론의 복합성에 직면하게 되는데, 이런 복합성을 단일한 기독론의 제안으로 축소하는 것은 각 이야기의 온전성을 무시하는 막대한 대가를 치르는 일이다.

복음서 구조의 복합성에 대한 이런 새로운 인식에서 볼 때, 신약성경에서 하나의 통일된 예수 이미지를 추적한 존슨의 기획은 문제가 된다. 존슨이 구성한 하나의 예수 이미지는 신약성경에서 더욱 주목할 특징 중에 하나, 즉 그리스도에 대한 복합적인 표현을 피하면서 정말로 부인하는 것이다.

그러므로 역사적 예수 탐구에 대해 어떤 반대가 있다 해도, 신약성경에 근거를 둔 것으로 가정된 하나의 통일된 예수의 인격(single unified character of Jesus)에 기초한 것일 수 없다. 요약하면 존슨의 역사적 예수 탐구 부인은 비평적 검토를 하지 않아도 될 만한 것이 아니다.

2. 역사의 올바름과 전승의 트라우마

캘러-존슨 전승에서 예수를 하나의 통일된 인간성으로 보는 성경적 그리스도가 포착된다면, 크로산이 표현한 탐구에서는 이어진 전승과 기독교 신앙에 논박의 여지 없이 규준이 되는 역사적 예수를 재주장한다.

존슨과 크로산 두 사람 모두 네 경전 복음서 각각의 독특한 내러티브의 구성 형식을 예리하게 인식한다. 하지만 존슨은 복음서가 "그들의 설명에서 다양하다"[46]라고 시인하는 반면, 그들의 상이성에도 불구하고, 기독론적 정체성의 근본 유형에 수렴된다고 주장한다.

한편 크로산은 복음서의 상이한 내러티브 형태에서 거의 선택의 여지 없이 역사의 예수(Jesus of History)를 구조해야 할 것으로 본다. 존슨에게 기독교 신앙이 '결코 역사적으로 재구성한 예수에게 근거한 적이 없고,' '그러나 예수의 부활'에 근거한 것이라면,[47] 크로산에게는 '언제나 항상 유일한 하나의 예수가 있다.' 즉, '하늘로부터가 아닌 역사에서 온' 상처를 지닌 부활한 위치에 있는 예수가 있다.[48]

이것들은 근본적으로 차이가 나서 본질에서 조화시킬 수 없는 두 가지 입장인데, 역사적 정확성과 사실적 검증을 요구하는 현대주의 정서의 충격적인 도전에 응하여 자신들의 입장을 주장한 것이다.

존슨의 관점에서 신앙의 근거를 위한 목적으로 역사적 예수를 재구성하는 것은 신학적으로 타당하지 못하기 때문에, 우리는 크로산이

---

[46] L. T. Johnson, *The Real Jesus*, 108
[47] Ibid., 133, 134.
[48] J. D. Crossan, "Historical Jesus as Risen Lord" (제1장을 보라).

대기획 **"역사적 예수"**[49]에 착수하면서 제시한 예시들에 관련해 합리적, 신학적 또는 다른 방식으로 질문할 필요가 있다.

하나의 역사적 사실로서 예수를 회복하려는 이례적인 그의 학술 투자가 왜 어느 하나의 본문이나 근거에서 우리에게 적용될 수 없는 것으로 남아야 하는가?

크로산은 이 책의 글에서 역사적 예수에 관한 자신의 연구 입지를 발전시키면서 신학의 영역에서 비전을 전개한다. 그는 두 가지 유형의 기독교를 구분하는데, 하나는 싸르코필릭(sarcophilic)과(또는) 성육신적 부류요, 다른 하나는 싸르코포빅(sarcophobic)과(또는) 가현적인 부류의 기독교다.

헬라어 어근 '육체'(sarx)와 '사랑'(philia), 또한 '공포'(phobos)에서 유래한 것으로 싸르코필릭 유형은 육체와 영(spirit, 정신)이 연합된 단일론 인간학(monistic anthropology)을 암시하고, 반면에 싸르코포빅 유형은 영과 육체라는 이원론에 전제하고 있다. 단일론 유형의 기독교는 인간성 속에 구현된 영을 전제로 하며, 영과 육체의 분리에 도전한다.

그리고 인류학적으로 성별적인 특권에 기초하는 것을 금하고 영-육체의 온전성에서 인간을 존중한다. 이원론 또는 가현 유형(docetic type)에서는 영(정신)을 물체로부터 분리시키려는 열망으로 철저히 비인간화시키면서, 물질 위에 정신을 높이고, 남성을 정신과, 여성을 물질과 동등시 한다. 또한 성적인 것을 격하시키면서 그런 과정에서 우리의 인간성 역시 격하된다고 크로산은 주장하였다.

기독론적으로 싸르코필릭 기독교는 역사적으로 처형된 상처를 지

---

[49] Ibid.

닌 부활하신 주님으로서 육체와 몸을 지닌 지상의 예수를 선포한다. 오직 하나의 예수가 있다. 육체로 성육신하셨으며 부활하신 분의 존재와 물리적이고 물체적인 연속성을 지닌 예수이다. 반면에 싸르코포빅 기독교에서 지상의 예수는 오직 외형상 실재이며, 부활하신 주님과 지상의 예수는 기껏해야 영적 연속성이 있을 뿐이다. 또한, 지상의 역사적 예수와 구별되는 영적이고 가현적인 그리스도가 실제로 나타난다.

크로산은 싸르코필릭 유형의 기독교를 지지하는데, 비이원론적 인간성과 인간화시킨 기독론에서, 역사적 예수를 복원하려는 현대적인 열망에 대한 신학적 이유와 정당성을 제공한다.

크로산은 포괄주의, 교회 일치, 세계적인 시대에서 놀랍고도 충격적일 정도에서 판단하는 방식으로, 기독교 전승의 스펙트럼을 가로질러 예리한 투쟁 라인(battle line)을 긋는다. 아마 더욱 중요한 것은 그 논문이 지난 100여 년에 걸쳐 제시된 기독교 기원의 묘사에 잘 맞지 않는다는 점이다.

초기 기독교 연구에서 실질적으로 공통된 입지에 이르게 된 세 가지 명제들(propositions)로 시작해보자.

하지만 크로산 논문의 관점에서 여기서 필요에 따라 재진술할 필요가 있다.

첫째, 다양성한 기독교인 소리들을 진정한 파노라마요 역사적으로 대표하는 기독교 기원의 관점으로 통합하여 접근하고 파악하려는 목적을 위해, 학자들은 경전의 경계를 의도적으로 넘어섰다.

그래서 우리들은 상당한 의욕을 가지고 과거 기독교의 모든 흔적을 쌓아 왔다. 우리에게 적용되는 성경 본문, 고고학적, 회화적인 증거의 모든 단편을 마지막까지 포착하였다. 우리는 균형을 추구하는데, 예를 들어, 누가-행전에 보도된 예루살렘으로부터 로마까지의 기독교 운동에서 제시된 라틴 기독교에 배타적으로 초점을 둔 것이, 이제는 시리아와 이집트 기독교에도 역시 새로운 초점을 두게 된다.

금욕적이고 수도원적인 운동들에 대해 진행 중인 연구들에서, 기독교가 전반적으로 그레코-로마의 가정 구조에 입지했다고 생각한 경향, 즉 경전의 목회 서신에서 선택된 해석적 제안을 정정하게 되었다. 마지막으로 주변적인 사람들, 무엇보다 여인들 하지만 또한 노예와 동성애 생활을 했던 사람들의 소리를 복구하고자 한다.

그 결과로 가장 일반적인 의미에서 초기 기독교 전승들의 풍부하고 다양한 성격을 점점 더 인식하게 되었다. 헤아릴 수 없는 기독교 예언자들과 교사들이 개인과 공동체의 다양한 생활 방식에서 유사하거나 상이한 메시지, 또는 자주 상호 대립하는 메시지를 선포하였다.

또한, 그들은 각 복음서의 참된 진리를 해석한 것이라고 주장하였다. 그것은 여러 유형의 기독교에서 생긴 구현과 체험을 가리킨 것인데, 그러므로 초기 기독교에 대한 모든 단일 선상의 접근법이나 방법들이 문제화된다.

둘째, 우리가 기독교의 기원들에 관해 발전시키고 있는 모습은 단순히 다양한 관점이나 생활방식이 아니며, 마찬가지로 투쟁적이고 논쟁적인 것이다.

시초부터 예수의 유산(legacy)은 그분에게 충성을 맹세한 사람들에게 강렬한 논쟁을 일으켰다. 어떤 경우에 내부-기독교인 논쟁은 발전되는 기독교-유대교 논쟁보다 덜 강렬하거나 덜 맹렬한 것이 아니었다.

이들 내부-기독교인의 논쟁은 2세기와 3세기에 강화되었으며, 기독교 신학자들이 순교의 가치, 사도의 전승, 예수의 본성, 수난과 부활, 교회의 권위, 개인적 환상 체험의 신학적 건실성 등과 같은 역동적 이슈에 관한 논쟁을 벌이면서 이단론의 수사학을 유입하기 시작하였을 때, 맹렬해졌다.

예리하게 나누어진 범주로 담화를 구성함으로써 이레니우스(Irenaeus), 이그나티우스(Ignatius), 히폴리투스(Hippolytus), 터툴리안(Tertullian)의 입지에 있는 신학자들과 다른 사람들은 이제 이단으로 분류해서 이름을 붙인 그런 기독교인들과 대결하면서 자신들의 입장을 공고히 하는 데 성공하였다.

셋째, 출현한 정통파가 각 경우 양자택일을 해야 하는 여러 정황에 직면해 정통파의 입지를 수립하였듯이, 2세기와 3세기에 중요한 타깃 중의 하나는 영지주의(Gnosis)[50]로 알려진 유형의 기독교였다.

소위 영지주의 이단으로부터 구별하여 정통주의(orthodoxy) 정체성을 순화하고 강화시키는 데 제기된 방대한 이슈 중에, 예수의 생애, 죽음, 부활, 기독교의 구속 비전에서 예수의 역할에 대한 이슈들이 있었다.

정통주의는 경전 복음서에 상설된 그대로 분리할 수 없는 예수의 성육신적 의미와 죽음의 대속적 중요성을 주장하였다. 이외에 가장 중요하게 정통주의는 예수의 부활에 대하여 문자 그대로의 해석을 선

---

[50] E. Pagers, *The Gnostic Gospels* (New York: Penguin Books, 1982). 1979년에 Random House에서 처음으로 발행되었다. 또한, E. Pagers "The Orthodox against the Gnostic: Confrontation and Interiority in Early Christianity," in *The Other Side of God: A Polarity in World Religions*, ed. Peter L. Berger (Garden City, N.Y.: anchor Press/Doubleday, 1981), 61-73.

택하였다. 예수는 육체(flesh)로 부활하였으며, 이 사실을 부인하는 사람은 누구든지 이단으로 선언되었고, 기독교인이라 불리는 것이 거절되었다.

소위 영지주의 기독교인들은 지상의 예수와 그분의 죽음을 덜 중요한 것으로 간주하였는데, 그들에게 더욱 중요한 것은 영적인 살아 계신 주님이었다. 그러므로 예수의 부활을 글자대로 의미가 아닌, 영적 의미에서 이해하였다. 또한 진정한 관심사는 체험적이고 내면적으로 접근할 수 있는 그리스도에 관한 것이며, 살아계신 그리스도를 향한 것이었다.

이것은 정통주의에서 이단으로 판정하면서 기독교인이라 칭할 가치가 없다고 결정했던 일종의 기독론(부분적으로)이다. 이 글에서 이상의 세 가지 입장을 현대 기독교 기원의 연구에서 널리 확언된 것으로 제시하는데, 크로산도 그것들에 대해 주된 반대를 하지 않으리라고 본다.

기독교의 기원들에 대하여 일치하지 않지만 널리 수용되는 학문적인 입장에 대한 이런 개요에 근거해서, 크로산이 구분하는 싸르코필릭 대 싸르코포빅, 또한 단일론 대 이원론적 그리스도의 존재 방식은 하나의 예외를 제외하면, 고대 이단 논쟁의 연속이거나 재현으로 자리한다.

크로산은 전통적인 이런 이단론적 범주들의 방법이 가톨릭 정통주의 대 영지주의 이단으로 분류하는 데 더 이상 의미 없는 것으로 인식한다. 왜냐하면 그가 옳게 진술하듯이 정통주의와 소위 이단이라는 것 역시 각기 단일론과 이원론적 유형의 요소를 모두 포함하기 때문이다.

가톨릭 기독교와 영지주의 기독교에 대한 논의는 '단일론과 이원론에서 논의하는 것과 거의 일치하지 않는다.'[51] 이것은 전통적인 경계의 선을 단절하는 결과를 지닌 중대한 동의이다. 하지만 고대 이단론적인 용어 체계를 포기하는 대신, 크로산은 정통과 이단의 구성을 재규정하는 새로운 구분의 선을 그으면서, 그 용어법을 모든 기독교 전통과 또한 사실상 모든 서구 전통에 다시 적용한다.

그는 '서구의 감수성과 의식에서 심오한 과실의 방향을'[52] 보는데, 단순히 육신과 영 또는 영혼의 분리를 믿는 사람들과 이 둘의 분리할 수 없는 연합을 믿는 사람들로 나누는 것이다. 크로산의 논문에 반응해서 네 가지 질문을 제기하겠다.

첫째, 만일 단일론 대 이원론 기독교 유형의 옛 용어 체계가 애초에 고안된 것처럼 가톨릭 기독교를 영지주의 기독교와 구분하려는 목적에 부적절한 것으로 인정한다면, 그는 왜 기독교의 여러 정체성을 다시금 그런 부적절하다고 입증된 구도 안에서 분류하는 데 관심을 쏟는가?

상당히 다양한 기독교 영성의 유형들과 개인적 체험의 방식들을 감안하면서, 우리는 과거의 오류로 빗나가려는 유혹을 물리치고 가볍게 그 전철을 밟지 말아야 할 것이 아니겠는가?

크로산의 주장은 아이러니가 없는 것이 아니다. 왜냐하면, 영혼 대 육체라는 인류학적 이원 관계(binary)를 비난하면서, 단지 싸르코포빅 대 싸르코필릭의 유형으로 나눈 역사적 이원 관계를 재실현하였기 때문이다.

---

[51] J. D. Crossan, "Historical Jesus as Risen Lord."
[52] Ibid.

왜 진리 대 허위라는 전통적 은유법에서 기독교를 다시금 상상해야 할까?

구체적으로 구분된 여러 가지 것들에 더욱 세밀하게 다루는 반응들이 나와야 할 것이다.

둘째, 영 또는 영혼 대 육체라는 숙명적 이분법을 수용한 것이 서구 문명에서 주요 결점을 지닌 해설 방식이라면, 이를 요약한 것으로 다시금 재현할 수 있겠는가?

크로산이 인용한 것 중에 성 불평등(gender inequality)의 예를 들어보자.

싸르코포빅(육체 회피) 기독교에서 육신에 대한 혐오가 가부장적 탄압의 양상에 주로 책임 있다는 그의 논문이 얼마나 많은 역사적 비중을 지니는가?

그로 인해 싸르코필릭(육체 친화) 기독교는 해로운 성 이데올로기에 해가 없다는 인상을 주는 것은 문제가 있다. 예를 들어, 기독교 역사의 초기에 예수의 육체적 부활에 대한 증언을 사도성의 자격 기준으로 만든 것은 누가이다(행 1:21-22; 10:39-41; 13:30-31).

"육체적 부활 교리를 적용하는 것은 본질적으로 정치적 기능을 발휘하는 것이었다."[53]

왜냐하면 미래의 모든 세대 기독교인들에게 여인을 지도력의 위치에서 배제시킨 일련의 명령을 실행하였기 때문이다. 정말로 남성 지도력 역할의 발전, 성별 경계선의 설정, 또한 입문 의식과 출교 의식이 주로 사회적 구조물이었다는 것이 여성주의(feminist) 연구에서 설

---

[53] E. Pagels, *Gnostic Gospels*, 3. 특히 1장 "The Controversy over Christ's Resurrection: Historical Event or Symbol?" 3-32을 보라.

득력 있는 주장이었다.⁵⁴

고대 시기에 유대, 그레코-로마, 기독교 여인들은 권력 구조에 짓눌려있었는데, 그 구조에서 권위를 생각하지 않고 동등성의 입장에 동의하면서, 저항 전략을 고안하는 데 실제로 연합하였다. 유대 가부장적 가치들, 그레코-로마의 후원망 조직, 또한 기독교의 사도성이 모두 성적 불평등성을 받쳐주는데 작용했다. 그것은 우리의 고대 유산에 퍼져있는 결점인데, 단일론 대 이원론 인간학이라는 구분의 고려 범주를 넘는 것이요, 제도적 정치 권력 구조에 깊이 뿌리를 둔 것이다.

셋째, 이원론이 모든 예증 중에 기독교 신앙의 고행과 수도원 방식의 본보기로 보여 준 싸르코포빅 금욕주의에 대한 가장 가능한 설명이라는 것을 더 이상 확신할 수는 없다.

여기서 소위 금욕주의(asceticism)에 대한 일반 정의, 즉 그 용어의 어원, 대상, 시행 등에 관한 규정이 다소 넓게 수정되었음을 인정하는 것이 중요하다. 기독교 금욕주의에 대해 기록한 최근 두 걸작은 브라운(P. Brown)의 『육신과 사회』(*The Body and Society*)⁵⁵와 바이 남(C. W. Bynum)의 『거룩한 축제와 거룩한 금식』(*Holy Feast and Holy Fast*)⁵⁶이다.

---

54 여성주의 전망의 철학적 암시에 대하여, Nancy Tuana and Rosemarie Tong. eds. *Feminism and Philosophy: Essential Reading in Theory, Reinterpretation, and Application* (Boulder, Colo.: Westview Press, 1995)을 보라. 성경 연구를 위한 여성주의 암시에 대해, A. Y. Collins, ed., *Feminist Perspectives on Biblical Scholarship* (Chico, Calif.: Scholars Press, 1985)을 보라.

55 Peter Brown, *The Body and Society: Men, Women, and Sexual Renunciation in Early Christianity* (New York: Columbia University Press, 1988).

56 C. Walker Bynum, *Holy Feast and Holy Fast: The Religious Significance of Food to Medieval* (Berkeley: University of California Press, 1987).

이것들은 크로산의 기독교 형태에 비평적으로 적용된다. 브라운은 처음 5세기 동안에 서구와 동방교회에서 육체를 부인하고 성적 특질(sexuality)을 비난한 역사를 연대기적으로 기록하였다. 초기의 많은 기독교인이 육신을 향해 느꼈으며, 기독교적 위임에서 상당한 성적 포기(sexual renunciation)를 나타냈다는 강한 의문에 의심의 여지가 없다.

그 현상을 파악하기 위해 처녀성(virginity), 순결성(chastity), 영성(spirituality), 다양한 역사적, 인류학적 모임에 잠재된 현상인 신체에 대한 혼합된 불안감에 관련된 개념들의 복합체를 다루어야 한다고 브라운은 제시한다. 예를 들어, 저명한 동정녀-순교자 테클라(Thecla)는 이코니움(Iconium)에서 정치적 제도적으로 미래가 촉망되는 청년 약혼자와 결혼을 완강히 거부하는데, 이것은 그녀를 둘러싼 사회적 복합성의 본보기를 보여 준다.[57]

결혼에 대한 그녀의 도전은 '가족 가치'에 대한 공격으로 인식되었으며, 헬라 세계에서 두 가지 가장 소중한 제도인 도시(*polis*)와 가족(*oikia*)을 확실히 위협하는 것이었다. 테클라는 여인들에게 모델이 되었는데, 육체에 갇혀있는 영적 자아를 구속했기 때문이 아니고, 여인에게 아이의 출산을 강요하면서 위협하는 정치적 제도의 압력으로부터, 육신의 자율성을 지켰기 때문이었다.

다른 기독교인들은 금욕주의 실천을 아담과 이브의 타락에 관련지어 해석했는데, 그 이야기가 인간을 성적 욕구와 도덕성의 운명적 사이클에 매이도록 한 사건이라고 보았다. 오직 성욕의 절제로 타락의 영향을 중지시킬 수 있으며, 자유 의지와 진정성의 본래적 상태를 회

---

[57] P. Brown, *Body and Society*, 156-59. E. R. MacDonald, *The Legend and the Apostle: The Battle for Paul in Story and Canon* (Philadelphia: Westminster Press, 1983).

복할 수 있다고 믿었다.[58]

터툴리안(160-220)은 본능적 충동과 섹스적 환영에 심각한 판결을 선언하였다. 그럼에도 불구하고 그는 어떤 방식이든 '이원론주의'는 아니었다. 그것은 정확히 그가 육체의 고행(mortification of the flesh)이 영혼의 위치에 심오하게 영향을 줄 수 있다는 실제적으로 영혼의 구체적 유형을 믿었기 때문이었다.

플라톤주의 오리겐(185?-254?)의 이해에서 육체적 감각을 만족하게 하는 것은 하나님의 지혜를 맛보고 냄새 맡으면서 마시는 영적 즐거움의 참된 수용력을 무디게 하는 영향을 미친다. 만일 기독교의 목적이 지속적인 성적 훈련(sexual discipline)과 육체의 금욕을 도야하는 것이라면, 그 목표는 그 자체로 쾌락을 실격시키는 것이 아니었으며, 오히려 육체가 일으킬 수 있는 것보다 훨씬 월등한 부류의 예민한 즐거움에 정확하게 도달해 느끼려는 것이었다.

4세기에 기독교 수도사들은 거주하기 불가능한 환경 속에서 생활하고 존속함으로써, 새로운 인간성의 떠오르는 표상이 되었는데, 그들은 '기아(starving)와 노동의 근동(Near East) 사회로 특징지어진 판매 시장에 쓰리게 의존하면서 굶주림의 상태에 영구적 도전을 한 것'으로 알려졌다.

다른 플라톤주의자인 니사의 그레고리(Gregory of Nysa, 335?-394)는 순결에서 문제되는 것은 성적 충동의 억압이 아닌 일시성이며, 죽음에 대한 공포라고 느꼈다. 종족 번식의 목적을 위하여 결혼은 죽음의 광경을 차단하고 개인의 멸종이라는 공포를 억누르는 가장 명백한 도

---

[58] P. Brown, Body and Society, 92-96. 특히 E. Pagels, *Adam, Eve, and the Serpent* (New York: Random House, 1988)을 보라.

구였다. 순결은 적절한 것이며 증가하고 번식하는 감상적인 본능을 극복하는 유일한 방식이요, 불가항력적인 시간의 표시를 단축하는 충동이라고 그는 느꼈다. '결혼을 포기하는 것은 죽음에 직면하는 것이었다. 그것은 더 이상 죽음에 대해 자녀라는 유형으로 대적하지 않는 것이었다.'[59] 이것들은 브라운(Brown)이 제시한 관점을 전달하면서 매우 설득력 있는 것으로 만드는 충분한 본보기들이다.

초기 기독교 금욕주의는 단일한 인류학적 유형으로 설명하거나 축소할 수 없다. 오직 다양하고 변화하는 운동들, 사회적 정황들, 인류학적 확신들의 역동적인 상호 작용으로 그것을 적절히 이해할 수 있다. 담화와 절제의 실천 양쪽 다 일반적으로 현대 서구 체험에 생소한 것들이기 때문에, 그 현상을 이해하려면 상상력을 심오하게 요구하면서, "모든 종교 해석자들이 방법과 접근법과 질문을 다시 생각해 보도록 도전한다."[60]

중세의 여인들 가운데 실시한 금식과 자기 징벌(self inflicted punishment)의 가장 흔한 실태에 관해, 바이넘(Bynum)의 연구서는 종교 역사가들이 이 현상들에 관해 전통적으로 내린 해석, 즉 그것이 자명하게 이원론적이고 그러므로 병리학적이라는 면을 강력히 부인하였다.

비록 남성 신학자들이 여성의 금욕적인 경건을 내면화된 이원론, 또는 여성 증오(misogyny)로 드물지 않게 해석하지만, 일상적으로 여성 자신들이나 그들의 육체적 체험에 대해 말하는 것이 아니라고 바

---

[59] P. Brown, *Body and Society*, 76-78, 160-77, 221, 292-304.
[60] Vincent L. Wimbush, "Rhetorics of Restraint: Discursive Strategies, Ascetic Piety and the Interpretation of Religious Literature," *Semeia* 57 (1992): 3-4. 유대, 그레코-로마, 고대와 고대 후기에 기독교 금욕주의의 현대적인 재개념화에 대해, *Semia* 57과 58(1992)을 보라.

이넘은 제시한다. 그리스도의 인간성이 중세 여인들에게 중심이 되는 신앙 체험이었다는 인식의 근거에서, 여인들의 금식과 굶주림, 순결과 절제를 설명했으며, 또한 마찬가지로 신체적 고통의 단련을 '그리스도의 육체성에 몰두하는' 방식으로 간주하였다.

여인들은 신체를 제거하려 한 것이 아니라, 고통스러운 감각을 주는 육신을 통해 구속의 중요성으로 통찰한 그리스도의 고뇌와 육체에 병합을 이루려는 것이었다. 그러므로 중세의 금욕주의는 "육신에 갇힌 또는 대립되는 영적 의미에서, 급진적 이원론에 뿌리를 둔 것으로 해석하지 말아야 한다." 하지만 '육체와 육체의 연합이라는 의미에서 그리스도를 닮는 것'으로 해석해야 한다.[61] 인류학적 이원론은 중세의 기독교 여성들이 실천한 육신의 싸르코포빅 금욕을 분석하는데 가장 적절한 범주로 사용되지 못한다.

넷째, 싸르코포빅 기독교인은 크로산이 묘사한 대로 모든 경우에 체험을 비인간화한 것이었는지에 대해서, 육신 대 영혼(soul) 또는 영(spirit)이라는 원초적 이원론의 뿌리를 언급할 정도로 질문할 수 있을 것이다.

멸망할 육신 안에 심겨 있는 침범할 수 없는 내면의 자아가 자아성, 존귀함, 그리고 가치의 강력한 의미들을 신자들에게 혹시 주었는지 상상할 수 없을까?

예수께서 하신 말씀에서 격하된 것은 무엇일까?

> 온 천하를 얻고도 그의 영혼을 잃으면 사람에게 무엇이 유익하리오?(막 8:36)

---

[61] Bynum, *Holy Feast and Holy Fast*, 246, 294, 257.

고대에 광대하게 대다수 백성을 구성하고 있던 지위가 낮은 사람들은 어디에서나 예수의 메시지를 듣고, 자신이 사회적 신분이 아닌, 영혼의 자격이 큰 것이 척도로서 기능하는 새로운 차원의 왕국에서 고귀한 회원이 된 것을 발견하였다.[62]

싸르코포빅 대 싸르코필릭 전승의 관점에서, 기독교인이 된다는 것의 유형론적 암시를 진단하면서, 상당히 길게 살펴보았다. 왜냐하면, 크로산의 역사적 예수 탐구를 위치시키고 설명하는데 중요하기 때문이다. 크로산에게 역사적 예수 탐구는 성육신한 예수와 부활이라는 위치에서 육신의 연속성을 지닌 예수의 비이원론에 초점을 두면서 요청되고 정당화된다.

하지만 만일 이 범주들이 역사적 체험에 부적절하게 근거한 것이고, 그로 인해 풍부하고 가변적인 기독교 전승들을 왜곡시키는 것이요, 문화적으로 신학적으로 기독교의 중요한 단면을 비방함으로써, 윤리적으로 결점을 지닌 것이라면, 어찌해야 하는가?

확실히 크로산의 신학적 타당성은 그대로 문제 있지만, 역사적 탐구가로서 그의 연구서를 무가치하게 하지 않는다. 하지만 그가 연구를 위해 끌어낸 이유로 인해 그가 수행한 역사적 예수 재구성이 왜 전승에 대한 심각한 오판에 관계되는지에 대한 의심이 일어나게 된다. 앞부분에서 존슨이 역사적 탐구를 부인하면서 중세 기독교의 본질적 모습에 대한 이해가 결여된 표시를 보았다.

왜 역사적 탐구의 옹호자나 부정자 양편 모두가 기독교 전승의 더

---

[62] Riley, *One Jesus, Many Christ*, 30.

욱 넓은 전경에 대해 그런 통탄할 만한 판단을 하기에 이르렀는가?

이것이 본 장의 결론부에서 다시 다루려는 질문이다. 역사적 탐구에서 크로산의 논리적 근거는 고대 이단론적 분열의 재현일뿐 아니라, 단지 널리 유지되는 관점의 한 종속 유형일 뿐이다. 경전적인 기독교가 예수에 대한 표현을 육체적 인간성에 근거지음으로써, 성육신적 이해력을 함양시켰다고 연구에서 주장한다. 복음서가 바로 이런 관점을 수립했다는 것은 피할 수 없이 명백해 보인다.

중세의 라틴 기독교에 관련되는 한, 예수의 몸의 육체성에 적지 않게 의존하고 위임했음을 관찰하였다. 그러므로 이런 고대와 중세의 기준에서 측정하면, 역사적 예수와 관련해 현대적으로 재구조하는 노력은 확증된 기독론의 강세(emphases)와 교감(sympathies)을 유효하게 확장한 것으로, 그 이상도 그 이하도 아닌 그것으로 나타난다.

이것은 현대주의 역사적 탐구를 대신하는 고전적인 성육신의 주장이다. 그럴듯하게 보일지 몰라도, 그 주장은 그럼에도 불구하고 현대 연구로부터 중세와 고대 기독론적 고전 사이에 벌어진 간격에 대한 인식을 극소화시킨 결과를 보이고 있다. 그것은 역사적 감수성과 하나의 대표적 의미를 열렬히 추구함에서 그것 자체를 드러낸, 현대주의 충격이라고 우리가 용어 지은 것에 대한 적절한 설명이 되지 못한다.

역사적 인물 예수는 복음서에 잘해야 간접적으로 표현되었고 복음서 배후에서 대부분 존재하는데, 이 예수가 근본적으로 단 하나의 유효한 의미를 구성한다고 주장하는 것은 고대, 교부 시대, 중세 기독교의 대부분의 단면(segments)과 양립될 수 없는 개념이다.[63]

---

[63] 안디옥신학 학파조차 전통적으로 '문자적' 의미에 관련되지만, 복음서 배후의 예수 같은 멀리 떨어진 어떤 것을 추적하고 있었다. 맙스에스티아(Mopsuestia)의 테

16세기 이전에 대부분 관점에서, 복음서 내러티브를 하나의 의도된 산물로 경화시키는 데 무관심이나 저항이 있었다.

하지만 더 나아가 경전 복음서가 지상의 예수를 강조함으로써, 현대 역사적 예수 탐구의 합리적 근거를 제공한 것은 피할 수 없이 분명한 사실이 아닌가?

우리 중 얼마에게 명백해 보이는 것은 기독교 역사에서 가장 오랜 기간 신앙을 지닌 자들에게는 명백하지 못한 것인데, 그들은 복음서가 믿는 자들에게 구속에 참여하도록 영향을 주고 초청하는 수사학적 담화(discourse)나 수행(performance)이고(또는) 실질적으로 고갈할 수 없는 중요한 진수를 지닌 보고로 이해하였다. 경전을 책정한 사람들이 하나의 복음서가 아닌 네 권의 복음서를 특권시한 것을 역시 진지하게 생각해 볼 수 있을 것이다.

네 가지의 표현이 다시금 단일성을 지향하는 환원주의자의 충동보다도 여러 의미를 가르치는 것이 아니겠는가?

예를 들어 복음서 가운데 대조-해석, 즉 하나의 복음서를 다른 복음서의 요소로 보완하는 것이 일반적으로 행해지고 전적으로 수용할 만한 것이었는데, 왜냐하면 성경은 통일된 의도를 지닌 저술이라고 이해하였기 때문이다. 확실히 2세기에 타티안(Tatian)이 지은 『디아테사론』(*Diatessaron*)처럼 사복음서를 하나로 편집하여 조화시킨 것은 넷이라는 다양성을 희생시키면서 통일성을 지니려는 욕구를 반영한다. 하지만 복음서 조화들(gospel harmonies)마저 본문 배후의 사실에 도달

오도레(Theodore)와 크리소스톰(Chrysostom)의 요한은 특별한 언어적 문맥성을 강조했으며, 성스러운 본문과 분리되고 구별된 가설적으로 재구성된 의미를 강조하지 않았다.

하는 것이 아닌, 있는 본문들을 하나로 합치는 것이었다.

그 후에 복음서 주석서들이 나오게 되었다. 기독교인들이 초기의 관점에서 각 복음서의 주석서를 집필하였으며, 구별된 각 복음서의 특징을 인정한 것을 기억해야 하겠다. 예수의 생애에 대한 네 가지 묘사의 수용은, 역사적 단일성을 향해 숙명적인 행보를 취하기 오래전에, 고대와 교부 시대 또한 중세 기독교에서 여러 표현을 지향하도록 촉구하였음을 뜻한다.

그러므로 탐구의 타당성은 단순히 소위 성육신 기독교로부터 유래한 것이 아니다. 탐구의 지적 뿌리들은 하나의 원인이 아니다. 유명론 학파와 그 학파에서 지적인 관심을 보편적인 것(universals)에서 특수적인 것(particular)으로 재초점을 둔 것을 언급하였다. 그것이 복수적 의미의 쇠퇴를 가져오고 단일한 의미를 등장시키는데 기여한 요소이다.

인쇄 매체의 중심에 놓인 유동 글자 유형의 발견을 간과할 수 없을 것이다. 활판 인쇄술로 깔끔하고 정말로 엄격하게, 문자와 단어와 선을 각기 같은 간격으로, 전례 없이 동일한 것을 복사하고, 경험하지 못한 심미학적 균형을 이룬 대작을 생산하면서 대량의 언어를 조직적으로 처리할 수 있었다.

루터의 알레고리 포기와 문자적 의미의 사용, 그리고 성경은 스스로 해석한다는 주장은 인쇄 매체의 새로운 등장과 그로 인해 조성된 언어 그대로 해석하는 분위기가 아니고서는 생각할 수 없었던 특징들이다.

이것들과 또한 다른 문화적 현상들이 현대주의에 합치되었는데, 억제할 수 없는 욕구의 대리인으로 계속되었으며 사실에 도달하기 위해 지속해서 집착하였다. 어느 무엇보다 역사적 탐구의 뿌리에 놓인 것은 현대적인 이런 특질인데, 표현되어 있는 대로 지식을 갈구하는 것,

규칙성들에 대한 증거를 재포착하려는 염원, 병리학의 유형들, 또한 구체적 사건들의 연결, 다시 말해 에디스 와이쇼그로드(Edith Wyschogrod)가 '사실의 올바름'(rectitude of fact)[64]이라고 용어 지은 것을 알고자 하는 열망이다.

그러므로 예수의 생애와 죽음에 대해 하나의 사실을 추구하려는 열망은 본질에서 기독교의 발전이나 필요에서가 아닌, 현대주의적 호기심의 산물, 즉 사실의 정확성에 도달하려는 억제할 수 없는 갈구이다.[65] 그것은 본질적으로 소위 성육신의 싸르코필릭 기독론에 원래적으로 관련된 결과가 아닌, 현대의 사실적 전망의 압력에 동의하는 것이다. 사실의 힘에 굴복해서 고대, 교부 시대, 중세에 여러 소리의 이해력들을 희생시키는 대가를 치르면서, 하나의 의미라는 내핍을 향한 합리적 환원주의를 만들어 내었다.

사실성(facticity)에 대한 현대적인 탐구는 기독교의 기원을 포함해 생애의 어느 영역에도 현대주의의 사실성 탐구가 적용되지 않을 수 없었다. 우리는 더 이상 슬픈 계몽주의 청사진에 여유가 있을 수 없다는 인식이 있는데, 즉 감각 기관의 역동적 요소들에 대한 탄압, 단일 의미의 신격화, 이성 그 자체 내에서 허위 노선을 구분하지 못하는 무능력, 진리(truth)와 사실(fact)을 상호 교환 용어로 사용하는 경향, 또한 해석되지 않은 정보와 스크린에 수집되고 단지 다운로드 되기 위해 놓인 자

---

[64] Edith Wyschogrod, *An Ethics of Remembering: History, Heterology, and the Nameless Others* (Chicago: University of Chicago, 1998), 63.
[65] 현대주의 징후로서의 호기심에 대한 뛰어난 철학적 처리에 대하여, Hans Blumenberg, *The Legitimacy of the Modern Age*, trans. Robert M. Wallace (Cambridge, Mass.: MIT Press, 1983)을 보라. 그리고 독일어 원서로 *Die Legitimitaet der Neuzeit* 2nd rev.ed. (Frankfurt/ Man: Suhrkamp, 1988)를 보라.

료들에 대한 믿음 등을 더 이상 유지할 수 없다는 의식이 있다.

참으로 안타까운 이런 모든 이슈만큼, 사실에 도달하려는 우리의 노력을 더 이상 불신할 수 없다. 금세기 말에 아직도 다량으로 피 흘리는 역사, 사실적 진리(factual truth) 탐구를 윤리적 의무(mandatory)로 만든 체험을 뒤돌아본다.

우리 시대에 역사의 트라우마(trauma)는 사실이 믿음에 역행한다거나, 우리의 픽션을 드러낸다는 것이 아니라, 사실 그 자체들이 믿을 수 없는 것이 되고, 생각할 수 없는 것, 표현할 수 없는 것이 된 것이다. 하지만 아직도 다시 기억하는 것은 절실하게 필요하다. 그것은 금세기에 발생한 격변의 대량 학살이다.

"그것의 순전히 중대하고 표현할 수 없는 윤리적 힘은… 언어와 이미지로 나타낼 수 없다."[66]

그럼에도 불구하고 우리가 할 수 있는 한 시들어가는 망각 속으로부터 사실을 구조하여, 사실들에 직면하도록 강요하고 있다. 금세기 말에 사실(facts)이 윤리적 힘을 지니게 되었고, 사실성의 기억은 도덕적 명령이 되었다.

캘러에서 존슨에 이르는 신학 전통에서는 역사가 신학의 척도로 기여할 수 없으며 역사에서 재구성한 예수가 신앙을 유지해 줄 수 없다는 전제 위에서 역사적 예수 탐구를 부인한다. 이런 탐구의 부인은 사실 대 신앙이라는 양극성에서 유발된 것이며, 신앙을 구조하려는 열망으로 활발해진 것이다.

크로산에게 역사적 탐구는 소위 싸르코포빅 기독교를 배제하면서,

---

[66] E. Wyschogrod, *Ethics of Remembering*, 66.

싸르코필릭 기독교를 어필하는 것으로 유효성을 지녔다. 그것들과 대조적으로 우리는 역사적 간격의 상처로 추진되고 사실의 도덕적 힘을 기초로 한 '기억의 윤리'(ethics of remembering)로서 탐구의 유효성을 제시한다. 우리는 자신의 신앙보다 예수에 대한 사실(fact)을 특권시하는데, 왜냐하면 기억의 윤리에서 중요한 것은 우리 자신이나 자신의 신앙을 방어하는 것이 아닌, 예수를 향하여 책임성을 발휘하는 것이기 때문이다.

크로산이 재구성한 예수의 생애에서 가장 인상 깊은 특징 중의 하나는 방법론적 기획이다. 그처럼 논리적이고 타당한 방법론적 기초 위에서 구성되고 일관성을 지닌 것처럼 보이는 예수의 생애는 드물 것이다. 크로산 이전에 그 누구도 말씀(sayings)에 관한 한 또한 어느 정도 이야기에 관한 한, 가능한 예수 자료를 수집하고 평가 분류하는 데 공식적 원칙이라는 장치를 그렇게 분석해 사용하지 않았다. 그는 분류학적, 방법론적 역량으로 예수 연구에 기준들을 부과한다.[67]

현대 역사가는 예수의 생애를 기록하려 할 때, 전승의 다양한 정황들에 깊숙이 박혀 있는 예수 자료들(Jesus materials)에 직면하게 된다. 이런 상황을 주시하면서, 크로산은 예수가 실제로 말하고 행한 것을 발견하기 위하여 '그런 침적된 층들을 통관하여 되돌아가 탐색하는' 역사적 학문(historical scholarship)을 요청한다.[68]

이 목적을 달성하기 위해, 크로산은 예수 자료들을 단일, 이중, 삼중 또한 복수 증언들의 관점에서 분류하였다. 다음에 경전 내와 경전 외에서 기독교 문학 문서들의 포괄적인 목록을 편찬했다. 그는 연대

---

[67] 크로산이 사용한 방법론의 검토에 대해 필자의 논문 "Jesus and Tradition: Words in Time, Words in Space," *Semia* 65(1994):139-67을 보라.
[68] J. D. Crossan, *The Historical Jesus*, xxxi.

순의 우선성에 기초해, 초기 전승을 네 층으로 나누었는데, 30년에서 60년, 60년에서 80년, 80년에서 120년, 120년에서 150년의 층으로 구분하였다.

마지막으로 전승에서 단일, 이중, 삼중, 복수 증언의 자료들을 각기 시기적으로 구분한 층에 할당시켜 자료집을 구성하였다. 지면상의 이유로 크로산의 평가는 대부분 첫 번째 층에 의존하였다. 또한, 최대한 객관성을 지니려고, 첫 번째 전승 층에서도 단일 증언은 무시하였다. 그러므로 각각의 복수 증언과 각층의 연대순의 우선성이 자료의 역사적 신뢰성을 결정한다.

"첫 번째 층에 속한 복합체(complex)에서 각기 일곱 번의 독립적인 증언을 지닌 것을 아주 매우 심각하게 고려해야 한다."[69]

원칙상 크로산의 방법론적 장치는 예수의 본래 말씀을 복구하기 위해 고안된 것이 아니다. 반면에 주어진 말씀에 대한 모든 다양한 해석의 근거에 놓인 공통분모를 찾으려고 하는 것이다. 말씀에 덧붙여진 정황적, 작문적 변형들을 모두 제거함으로써, 본질적인 구조의 확실성에 도달하고자 하는데, 그는 이것을 '경구 핵심'(the aphoristic core), 또는 **본래 구조**(*ipsissima structura*),[70] '복합체의 핵심'(core of the complex), 또는 '공통 구조 플롯'(common structure plot)이라고 용어지었다.[71] 예를 들어, '천국과 어린이'에 대한 말씀의 네 가지 독립된 증언은 그 근저에 예수에게 소급되는 '중심적이고 충격적인' 은유를 포함한다. 한 번 더 크로산은 '천국과 어린이'의 핵심 복합체에 도달하려고, 여러 전승

---

[69] Ibid. xxxii.
[70] J. D. Crossan, *In Fragments: The Aphorisms of Jesus* (San Francisco: Harper and Row, 1983), 37-66.
[71] J. D. Crossan, *The Historical Jesus*, xxxiii, 261.

에 관여된 것에서 탈정황화시켰다.

그리고 광범위하게 기획된 교차 문화적 모체와 더욱 협소한 헬라와 유대 역사 내에 다시금 정황을 설정지어 놓는다. 그러므로 재위치가 설정되고 회복되었을 때, 어린이는 겸손한 자(마가복음)나 물과 성령으로 새롭게 세례받은 자(요한복음), 또는 성별 이전이나 무성별(non-sexual) 독신주의(도마복음), 즉 어린이에 대한 전승의 모든 변화적인 해석들에 대한 은유법이 아니다. 하지만 매우 현실적으로 권리 없는 사람, 다시 말해 아무것도 아닌 사람(nobodies)이다.

이것이 1세기 갈릴리에서 어린이에 대해 생각했던 개념이라고 크로산은 주장하였다. 또한, 이것이 '천국과 어린이'의 핵심 복합체가 진정한 역사성 속에 다시 심어졌을 때, 왜 그처럼 충격적인 이념이 되는지의 이유이다.[72] 어떤 이는 어린이를 보거나 어린이에 대해 말할 때, 고대 후기의 유대 문화에서 처음으로 떠오르는 것이 과연 '아무것도 아닌 자'(nobody)인지의 여부에 대하여 의문을 지니게 될 것이다.

그러나 여기서 우리의 관심은 방법론에 대한 것이다. '천국과 어린이'에 대한 말씀은 크로산이 사용한 방법론의 중대한 요소를 전형적으로 보여 주는 본보기이다. 즉, 하나의 말씀에 대한 여러 변형된 증언들에 비교 집중함으로써, 그 말씀의 본질적 핵이 드러나게 되며, 이 핵심 추출(core abstraction)에 다시 들어감으로, 역사적 인과 관계의 구체적 연결 속에서 그 말씀의 상세한 의미가 연이어 규정된다.

'방법(method), 방법, 그리고 다시 한 번 방법'[73]이라고 크로산은 외친다. 이런 외침은 방법론의 신성화와 유사한 무엇마저 떠오르게 한

---

[72] Ibid., 266-69.

[73] J. D. Crossan, "Historical Jesus as Risen Lord."

다. 정말로 관찰의 조건을 규제하는 그의 방식이 조직화, 범주화, 계층화, 수량화, 도표화, 특권화(우선순위)에서 화려하게 시행된다. 그의 방법을 촉진시킨 논리에는 효과적 순서성, 조직적 기민성, 애매하지 않은 사고의 명석함이 포함된다.

말씀들이 구체적 유사성과 시간적 연결성에 따라 분리되고, 다시 그룹으로 형성된다. 또한, 전승이 연대기적 등급에 따라 측정되어 층별로 나누어진다. 수량화의 논리에 따라 수적으로 강세인 자료에 높은 가치를 주고 있다. 논리에 의해 비본질적인 이차적 첨언들이나 개정들은 일차적 핵심 복합체로부터 구별된다. 그리고 하나의 역사적 의미를 확정하는 주된 원칙은 베이컨의 귀납적 추론의 방법, 즉 여러 개체로부터 불가분의 단일성(indivisible singularity)을 추론하는 논리의 부문이다.

예수가 말씀과 비유로 모든 설명을 했다면, 방법론적 법칙 아래서 그의 말씀이 어떻게 다루어지고, 논리의 잣대 앞에서 어떻게 공정성 있게 처리되는가?

예수는 연설가이고 서기관이 아니었으며, 더욱이 글을 쓰는 방식에서 수사학적 문장가가 아니었다. 예수의 선포에 대한 우리의 모든 사고는 이런 사실로부터 추진되어야 한다. 그러므로 역사가는 예수의 메시지를 복구하려는 의도에서 다룰 수 없이 난해한 연설의 이슈에 직면해야 한다. 처음에 그녀 또는 그는 기록과 구별되는 연설에서, 외부적인 확증을 추적할 수 없음을 알아야 할 것이다. 연설은 자체가 말하는 행위에 속한다.

말씀과 비유의 음성은 듣는 사람의 정신과 삶에 영향을 미치게 되어있으며, 외부적으로 가시적인 추적을 할 수 없다. 본문은 기록 행위를 넘어 지속되지만, 구전 말씀은 그 자체가 말하는 행위에서만 지속되며, 듣는 사람의 마음속에 다양하게 존속된다. 그러므로 역사적 예수가 들려주는 말씀은 분류화나 수량화의 목적을 위해 우리에게 사용될 수 없다는 인상을 피하기 어렵다.

말해진 단어들은 수량화될 수 있는 존재를 지니지 못하였다. 다른 한편으로 논리의 비판적 장치는 외면적 언어의 시각화와 기록된 언어에 본질적인 것으로 가정된 영속성의 상태에 의존하게 된다. 그리하여 층과 종속 층의 명확한 윤곽을 보여 주고, 전승 내에 임상 절개를 가하면서, 사진을 다루는 듯한 정확성으로 가시적인 세계에서 시행한다.

지식을 비인격화하여 재구성하는 논리 능력은 기록되고 인쇄된 언어들에 대한 오랜 체험에 의존하여 성장한 것이다. 하지만 발설된 말씀들이 '흩어져' 다시 수집될 수 없는 것이라면,[74] 논리는 더 이상 예수의 선포에 대한 수행 시학(performative poetics)이 될 수 없다. 예수의 말씀들은 구전으로 수행된 것이기 때문에, 문학이나 활판 인쇄술의 감수성에 기초한 형식적 사고를 통해서는 알 수 없다는 결론을 내려야 하겠다.

예수의 구전 시학(oral poetics)을 재상상하는 것은 난해한 과제이다. 왜냐하면, 그것은 깊이 자리 잡은 인쇄 발전에 역행하는 것일 뿐 아니라, 문학적 방식과 매너리즘의 세기에 젖은 학문에 직면해 행하는 것이기 때문이다.

예를 들어, '원래 말씀'(original saying)의 이슈를 취해 보라.

크로산의 방법론은 잠시 제쳐 두고, 역사적 예수 탐구는 주로 단일

---

[74] Walter J. Ong, S. J., *The Presence of the Word: Some Prolegomena for Cultural and Religious History* (New Haven: Yale University Press, 1967), 323.

한 (하나의) 문학적 언어의 복구 가능성이라는 전제에 대부분이 기초를 두고 있다. 그것은 피할 수 없이 언어학적 생활의 불가피한 논리적 사실로서 널리 추정된다. 하지만 구전성(orality)을 특징짓는 것은 '원래 말씀'이 아닌, '연설의 복수성'(plurality of speech)이다.

청취자들과의 연결성을 확보하기 위해, 화자가 말씀을 재진술하고 이야기를 반복하는 것은 구전 시기에 논쟁할 수 없는 사실이다. 이런 반복의 필요성은 카리스마적, 순회 연설가들에게 특별한 힘으로 사용되었는데, 그들의 선교는 전적으로 메시지에 수용되는 성질에 달려 있었다. 동일한 사람들에게 빈번하게, 상이한 사람들에게는 의도적으로 연설하면서, 메시지를 전달하기 위해 한 번 이상 말할 수밖에 없었을 것이다. 그러므로 하나의 원래성(본래성)이 아닌 복수성이 연설에서 특징적인 것이었다.

만일 적절한 해석학적 범절로써 구전 시학에 대한 섬세한 감수성들(sensibilities)을 발전시킨다면, 깊이 물들어 있는 원래의 말씀에 대한 실존적 위탁으로부터 우리 자신이 넉넉히 자유로워질 것이다. 예수가 경구 말씀을 한 곳에서 말하였을 때, 이어서 다른 어느 곳에서 전달하려고 결정했다면, 예수나 청중 그 누구도 이 다른 전달의 내용이 **일차적**(primary) 원래 말씀의 **이차적**(secondary) 설명이라고 알지 못했다.

오히려 각각의 전달은 자체적인 연설 행동이었다. 이런 이차적 내용은 사실 첫 번째 내용과 일치할 수 있거나 변형을 지닐 수 있는데, 특별히 청중이 바뀌었을 때 변화가 생겼다. 하지만 말씀이 달랐든지 아니면 동일했든지, 본래적 말씀과 이차적 말씀 사이에 구분하는 것은 화자나 청중에게 발생하지 않았을 것인데, 왜냐하면 각각의 내용이 원래적(original), 또는 더욱 정확히 원래적인 것(the original, 원형)으로 간주되었기 때문이다.

그렇지만 구전 기간에 여러 본래의 말씀이 통행하기 때문에 구전성에서 본래의 말씀에 관점이 없을 때, 단순히 하나에서 여러 개념화로 전이하지 않았음을 인정한다. 우리는 오히려 거기에서 '원래 말씀'에 대한 바로 그 생각이 이해할 수 없는 것이라는 구전 시학의 일견에 도달하였다.

다른 탐구자들과 달리 크로산은 구전 수행 미학(oral performative aesthetics)으로 본래적 말씀의 비양립성에 대해 얼마간의 인식을 보여 준다. 그는 '경구 핵심' 혹은 '본래 구조'의 개념을 도입함으로써 구두 연설을 인식하였다. 기억력으로 안정된 특징적인 기반을 예수에게 돌릴 수 있었으며 역사적 모체에 그것을 재정황화시킴으로써 정확한 의미를 규정한다.

이제 구전 수행자들이 일상적으로 형식 또는 주제라 언급하는 안정적 특징을 지니고 한다. 하지만 구전 이론가들과 달리 크로산은 안정성을 하나의 의미로 축소시키는 데 사용한다, '천국과 어린이'의 핵심 복합체가 아무것도 아닌 자들을 하나님의 왕국으로 받아들이는 은유법으로 축소한다.

하지만 알려졌듯이 단일한 의미가 안전성의 구조라는 것은 가능성으로 남아 있다. 그리고 대체로 단일한 말씀의 핵심 구조(core structure)로 구두 연설을 수행하였던 실재들에 도달하지 못한다. 사실 다른 어느 곳보다 구두 전승에서야말로 단일한 의미가 핵심 요약과 같은 것이 아니다. 경구 핵심은 자주 곡을 연주했던 악기를 우리에게 알려 주지 않는다.

그리고 구전 전승에서 문제가 되는 것은 단지 도구(악기)가 아닌,

예술가가 연주하는 바로 음악 그 자체이다. 그리고 예술가는 공연에서 핵심 구조대로, 핵심 구조를 변주하면서, 변조하면서, 변형시키고, 단절하면서 곡을 연주하였다. **구전 수행에서 전형적인 것은 핵심 구조의 단일 의미로의 축소가 아닌, 핵심 구조의 변이성(variability)이다.**

크로산의 구조적인 안정성의 탐색에서 가장 심오한 논리학적 갈망의 하나를 구분하게 되는데, 즉 시간성의 유동성을 정복하는 것과 시간-제거 영구성(time-obviating permanence)을 확보하려는 것이다. 그러나 카리스마적 순회 연설가의 선포는 하나의 의미로 축소될 수 없는 것 이상으로, 핵심 구조로도 축소할 수 없다. 오히려 여러 유형(multiformity)으로 발생했으며, 그러므로 여러 기원성(multioriginality)을 지닌 것이다.

세 번-진술된 비유는 핵심 구조와 세 가지 변형의 관점에서 이해할 수 없는 것이며, 하나의 진정한 비유와 둘의 변형으로는 더욱더 이해할 수 없다. 오직 연설자가 말한 세 가지의 동등한 최초 표현들로 이해할 수 있다.

크로산은 주요 법칙을 특권화시킴으로써 여러 해석에서 일치성을 추구한다. 여러 증언을 지닌 것이 역사적 진정성을 지닌 것으로 신뢰를 얻게 된다. 하지만 이미 보았듯이 복수성(plurality)을 복수성으로 심오하게 취급하지 않았는데, 왜냐하면 그가 주장하는 주요 객관성에서 복수적인 것을 단일한 것으로 격하시켰기 때문이다.

그러나 한 말씀에 대한 여러 증언은 예수가 하신 연설의 차원에서뿐 아닌, 전승 자체 차원에서도 매우 신빙성 있어 보이기 때문에, 복수 해석의 이슈는 여전히 더욱 심오하다. 크로산 자신의 연구[75]에서

---

[75] J. D. Crossan, *In Fragments*을 보라.

과거로서의 과거가 유일하게 또는 가장 중요한 전승의 수집된 기억을 촉진시킨 힘이 아니었다는 것을 설득력 있게 보여 준다.

전승을 촉구시킨 가장 깊은 충동은 현재의 관심사 속에서 과거를 재기억하는 것, 즉 과거를 현재로 정당화시키려는 바램이었다.[76] 이런 전승의 관점에서, 하나의 말씀에 대한 변형들과 여러 발생은 무엇보다 문화적 기억의 정황에서, 그 말씀의 인기와 유용성을 보여 주는 증거이다. 이런 사실은 예수 자신의 연설인지를 확인해 줄 수 없고 또한 불신하게 할 수도 없다. 그렇지만 전승의 반복적이고 각색적인 활동을 역사적 진정성의 근거로서 **방법론적 원칙의 문제**로 정하는 것은 수용할 수 없다.

예수의 생애를 구성하는데 모든 단일한 증언의 예들을 제외시키는 것 역시 똑같이 문제이다. 그 문제는 더욱 심각해진다. 왜냐하면, 크로산이 열거한 522개의 말씀과 이야기 복합체를 고려해 보면 342개가 단일 증언이기 때문이다.[77] 그것은 예수에게 돌려진 전승들의 거의 삼 분의 이가 단일 증언이라는 이유 때문에 고려되지 않았음을 말해 준다. 이것은 방법론적 관점에서는 이해된다.

하지만 역사적 관점에서는 거의 이해되지 않는다. 그 절차는 논박할 수 없이 수량화 방법론의 논리에 순응한 것이다. 이성으로 중앙 집중화된 정체성의 논리와 비 모순(noncontradiction)의 논리에 일치하지 않는 모든 것은 고려 대상에서 제외된다. 하지만 유대교 제도에서 관용할 수 없었으며, 로마의 권력 구조에서 유죄로 판결 난 인물, 그 인

---

[76] 특별히 Jan Assmann, *Das kulturelle Gedaechtnis: Schrift*, *Erinnerung und politische Identitaet in freuben Hochkulturen* (Munich: Verlag C. H. Beck, 1992), 29-86을 보라.

[77] J. D. Crossan, *The Historical Jesus*, xxxiii, 434.

물의 생애와 죽음을 다시 기억하는 매우 중대한 과정을 유발시킨 인물을 다루고 있음을 유념할 때, 그가 행한 연설의 구별된 개별성을 배제할 수 있는 것 이상으로, 이 인물에 대한 예리한 진정성의 느낌을 배제할 수 없다.

이런 이유로 인해 단일 증언(하나의 증언)이라는 근거 위에서 예수가 하신 말씀 전승들의 삼 분의 이에 대한 체계적 절단은 예수의 생애와 메시지 재구성을 심각하게 왜곡시키는 위험을 일으킨다. 확실히 말씀의 단일성은 진정성을 확신시켜 주거나 불신시켜 주지 않는다.

그렇다면 **방법론적 원칙의 문제로서** 그것을 전부 고려 대상에서 제외할 수 있는 것인가?

이 시점에서 잠시 쉬어 고전적인 그리스에서 취한 본보기의 유비로 크로산의 프로젝트를 성찰해 보자.

소크라테스 이전의 철학자 에베소의 헤라클리투스(Heraclitus)의 전기를 기록하는 임무를 맡은 전형적인 고대 역사가를 상상해보자.

역사가가 우리에게 전해 내려온 헤라클리투스의 130여 단편에 초점을 두고 원본을 복구하고자 하거나 또는 그들 상호간에 아니면 기록자가 보관한 단편들과 비교하면서 핵심 구조를 구하려고 한다. 다음에 역사가는 핵심 단편들(core fragments)을 6세기와 7세기 헬라의 역사적 정황 속에 다시 설정시켜 역사 속에서 진정한 의미를 확보하려고 한다.

헤라클리투스의 전승을 선정하여서 축소하고 다시 설정하는 이런 방식에 기초한 결과로 생긴 산물이 철학자의 역사적 생애와 같은 어떤 것에 밀접하게 접근한 것일까?

이 유비가 공평하지 않다고 말할지 모르는데, 왜냐하면 헤라클리투스는 철학자였으며 그가 한 말들이 생애로부터 나온 요약을 의미하며, 반면에 예수는 카리스마적, 예언자적 교사로서 그의 말들이 인간 조건들을 향해 연설한 것을 의미하기 때문이다.

차례로 헤라클리투스의 자주 애매하고 수수께끼 같은 단편들이 페르시아 왕 다리우스 I세가 헬라의 도시 폭동을 사정없이 진압하던 시민 대 재난에 전적으로 무관한 것이었는지의 여부에 관하여 물을지 모른다. 하지만 진정한 질문은 아무리 그 말씀이 각각의 역사적 배경에서 적절히 적용되었을지라도, 이 인물들의 말씀과 연설에만 오로지 의존해, 헤라클리투스, 예수, 나폴레옹, 조지 워싱턴, 퀴리 부인 등의 역사적 생애에 관해 주장할 수 있는지의 여부를 묻는 것이다.

과거의 그 인물에게서 기인되었다고 주장되는 극단적으로 선정된 말씀의 그룹을 근거로 해서, 역사적 인간의 생애를 재구성한 것을 보여 준 단 한 명의 역사가라도 있는가?

방법론에 대한 크로산의 대단한 확신에도 불구하고, 말씀 선집에 기초한 크로산의 전기 구성의 기획은, 내가 추정하건대, 성경 연구 단체의 외부에서는 그 누구도 거의 사용하지 않는 역사 기록 방식에 의존한 것이다.

3. 결론

시작과 끝맺음은 생애에서처럼 문학에서도 고통스럽다. 역사적 예수에 대한 탐색에 결론을 내리는 것으로 논의를 마감하려고 하지 않는다. 다음 다섯 가지 제안은 신선한 사고를 격려하기 위한 것인데,

중복되고 제도화된 훈련 관습들로 짓눌린 담화의 현 위치에서 그처럼 새로운 소리가 시급히 요구되기 때문이다.

첫째, 이 강의들 전체에 걸쳐 중요한 주제는 예수가 남긴 유산(legacy)에 대한 여러 해설에 대한 것이었다.

경구와 비유를 말한 예수가 유사하고 변형된 것으로, 그런데도 항상 선포된 원형 표현들로 그것들을 전달했다는 것을 부인하기 어렵다. 만일 우리가 예수를 전승의 시작으로 생각한다면, 그 시작을 '원래 말씀'이나 '말씀의 원래 구조'가 아닌, 비슷하거나 상이한 '여러 설명'으로 생각해야 한다. 태초에 말씀들이 있었다. 신약성경에 관하여는, 그리스도에 대한 단일 모델을 제안하는 것과는 거리가 멀게, 복수 기독론이 선호되는 설득력 있는 케이스가 전달된다.

초기 전승 그 자체가 재기억화에 대한 증언을 말해 주는 것으로, 이것은 예수의 과거를 듣는 자들의 현재 속으로 끊임없이 전달하는 과정이다. 교부 시대와 중세의 주석에서 대체로 성경의 고갈될 수 없는 풍부함이라 지각된 것을 하나의 문자적 의미로 가두는 것을 혐오하였다. 만일 우리가 처음 의도한 것의 반대를 성취한 것을 아이러니라고 한다면, 현대 역사적 예수 탐색은 아이러니로 가득하다.

그렇지만 서구 의식에서 **거대한 아이러니**가 아직도 가라앉지 않았다는 것이 필자의 확신이다. 역사적 탐구가 우리를 역사적 진리에 점점 더 가까이 이끌 수 있다는 깊이 뿌리내린 꺾이지 않는 전제 위에서 너무 자주 시행되고 있다.

그렇지만 만일 우리가 역사의 긴 시야를 취하지 않는다면, 무엇이 일어나고 있는지 알지 못한 상태로 남게 된다. 우리는 고대, 교부 시대, 중세의 복수-결합력(poly-valency)을 떠났으며, 계몽주의 정신으로 단일한 의미의 견고한 근거를 열망하였다. 하지만 무제한적으로 보이는 예수의 생애들이 현란하게 확산하는 새로운 대다수로 끝을 가져오게 되었다.

모든 각각의 새로운 예수의 생애가 우리에게 복수주의(pluralism) 체험을 확장해 주고, 우리가 의도했던 단일한 표현의 의미와는 더욱 먼 곳으로 이끌어갔다. 포스트모더니스트들의 철학은 이전에 의식을 깨우쳤던 어떤 그것보다 더욱 단호하게, 언어가 살아 있음을 유지하려고, 실존적 완성을 뒤로 미루면서, 무제한적으로 가능성을 유지하는 언어를 깨닫게 해 주었다.

다수의 체험을 피할 수 없다.

만일 신앙인들이 기독교 전승의 다수성을 두려워하면서 신앙에 잠재적으로 장애가 되는 영향을 주지 않을까 염려한다면, 예술의 영역에서 우리가 오랫동안 대다수의 표현에 익숙해져 왔음을 기억해 보자.

이것들은 종교적 이해력에 파괴적이 아닌, 오히려 일반적으로 영감을 주는 것으로 간주한 체험이다.[78]

---

[78] 성경적 다원주의의 이슈에 대해, Kalfried Froehlich, "'Aminadab's Chariot': The Predicament of Biblical Interpretation," *Princeton Seminary Bulletin* 18, no.3 (1997): 262-78; 특히 269을 보라: "역사는 우리에게 전망을 주어야 한다-그리고 오늘날 우리는 다수(plural)를 강조해야 한다.: 전망, 즉 성경해석과 같은 방대한 기획에서 다양한 선택으로 통찰력 있게 바라보는 것이다." 또한, Ulrich Luz, "Kann die Bibel Heute Noch Grundlage Fur did Kirche Sein? Uber die Aufgabe der Exegese in einer Religioes-Pluralitischen Gesellschaft," *NTS* 44 (1998): 317-39; 특히 321을 보라: "Das augustinisch-reformatorische 'sola scriptura' hat sich nicht als Grundlage der Kirche, sondern eher als ein Leitmotive ihrer Spaltung bewiesen… Paradoxerweise scheint das reformatorische Schriftverstaendnis seine eigene Dekonstruktion mit aus-geloesr zu haben."

둘째, 존슨과 크로산은 공통분모를 지닌다.

그들이 위치한 지적 세계들이 상이하다는 사실에도 불구하고 그렇다. 소위 성경적 그리스도에 대한 존슨의 충실한 포용은 역사적 예수에 대한 크로산의 지나친 집중에 반대되는 것이다.

존슨이 역사적 예수를 향한 것보다 크로산이 전승을 향해 지닌 입장이 더욱 화해적이라는 것이 공평하리라.

존슨에게 '기독교 신앙은 과거에 관해 인간이 재구성한 것을 향하지 않는다. 그런 것은 우상 숭배의 유형일 것이다.'[79] 크로산의 편에서는 "항상 다른(divergent) 역사적 예수들이 있을 것이다. 그리고 항상 그것들 위에 수립된 다른 그리스도가 있을 것이다."[80]

이것의 차이를 제쳐 놓고, 존슨과 크로산 둘 다 소위 성경적 그리스도이든, 아니면 역사적 예수이든, 진리를 전승의 한 단선적인 모습에 대한 이해력(intelligibility)과 동일시한다. 이런 강조적인 배타성은 복수성에서 어느 것을 최우선시하거나 전승의 부분들을 불신하는 결과를 가져온다.

이 글의 표제어 중 하나로 인용된 데비이드 트레이시(David Tracy)의 말, 즉 계몽주의 이래로 "진리로 간주할 수 있는 것에 관해 언제나 더욱 협소한 모델로 덫이 되었다"를 상기하게 된다.[81] "모든 것을 단일한 차원으로 축소함으로써, 역사적 모델은 알 수 있는 것을 왜곡시키고 알아야 할 중요한 것의 많은 부분을 놓친다"[82]라고 존슨이 주장할

---

[79] L. T. Johnson, *The Real Jesus*, 143.
[80] J. D Crossan, *The Historical Jesus*, 423.
[81] David Tracy, *Plurality and Ambiguity: Hermeneutics, Religion, Hope* (SanFrancisco: Harper and Row, 1987), 31.
[82] L. T. Johnson, *The Real Jesus*, 172.

때, 이 점에 관해 인식한 것이다. 이미 살펴본 대로, 크로산은 자신이 막대한 노력을 투자하여 만든 바로 그 역사적 예수 프로파일에 합치되지 않는 기독교의 정체성과 체험을 손상한다.

하지만 원칙상 존슨의 프로젝트의 관점에서 제기된 유사한 반대일 수 있지 않은가?

소위 성경적 그리스도라는 일면만의 부여로 신약성경에서 성경 전승의 복수성을 평준화시키고, 또한 역사적 예수의 신앙적 중요성을 전혀 부인하면서, 기독교 전승의 부분들을 잘못 해석하지 않았는가?

존슨과 크로산이 취한 관점에 보이는 이런 독특한 결점들은 각기 전체화시킨 해석, 즉 기독교의 정체성을 제한하고 기독교의 체험을 배제하면서, 기독교의 복합성을 지나치게 단순화시킨 큰 희생을 치르고, 전승의 하나의 양상만을 지나치게 강조하는 것이 아닐 수 있겠는가?

셋째, 비판적 질문에서 탐구를 제시했던 만큼이나 역사적 탐구의 적절성을 물리치지 않고, 오히려 역사적 실증주의에 사로잡힌 것을 점검하면서 해석학적 자기 만족을 해석학적 에너지로 대체하려 하였다.

역사적 탐구에서 취해진(특히, 북아메리카 학문에서) '직선적인 놀라운 낙관주의'[83]를 관찰하면서, 우리가 **해석학적 탐구**의 모든 의미와 다른 것, 즉 해석학과 윤리적 영역이 만나는 중심 이슈에 대처하려는 고뇌를 잃은 것은 아닌지에 대해 궁금해 하지 않을 수 없다. 때때로 불트만이 슐라이에르마허와 하이데거에게서 취한 통찰력, 즉 "모든 해석

---

[83] Jens Schroter, *Erinnerung an Jesu Wrote: Studien zur Rezeption der Logienueberlieferung in Markus, Q und Thomas* (Neukirchen-Vluyn: Neukirchener Verlag, 1997), 482-83.

에는 주제에 대한 어떤 선 이해가 필연적으로 유지된다"[84]라는 것보다 더욱 좋은 명언은 없는 듯이 보인다. 자유주의를 지향하든 혹은 부인하든, 아니면 양편의 경향을 지니든, 성경 본문들을 진정성 있게 기록한 청사진으로 보면서 예수의 생애를 기록한 많은 저자 중에 이해할 만한 경향이 있었다.

그러나 계몽주의 이후의 담화에서는 흠 없는 저자들(innocent authors)이 없으며, 흠 없는 본문들이 없고, 흠 없는 안목이 없으며, 흠 없는 귀가 없고, 또한 흠 없는 독자들이 없다는 것을 우리에게 가르쳐 주었다. 지금까지 저자가 영향을 주려는 갈망(저자의 흡입, 다른 저자들과의 경쟁 또는 다른 저자들에 반대되는 해석), 모든 본문의 불안전성, 모든 해석적 정책에 관해 인식해야 했다.

언어가 계시하고 또한 감춘다는 것은 어두운 숲속에 있는 작은 산의 오두막집을 넘어 훨씬 넓게 펼쳐지는 통찰력이다. 모든 역사적 연구에 소외될 수 없는 도구인 방법에서 증거로 수용할 것과 수용할 만한 대답으로 예상되는 영역을 구획할 것이 조정된다.

계몽주의 이래로 이런 것들과 다른 많은 난해성이 표출되었으며, 이런 제로 수준(zero level)이 항상 존재해 왔던 것을 사실로 본다면, 미지의 기원에 도달하려는 열망이 영원히 불만족하게 남아 있는 것을 인정해야 하지 않을까?

역사적 예수 탐색은 우리에게 안전한 소유물을 확증시켜 주지 못하면서, 우리가 바라는 힘과 방향에 어긋났다.

---

[84] R. Bultmann, "The Problem of Hermeneutics," in *Hermeneutical Inquiry*, vol. 1, ed. D. E. Klemm (Atlanta: Scholars Press, 1986), 113-33, 특히 125을 보라. 독일어 원서로는 *ZThK* 47 (1950): 47-69.

넷째, 비록 우리가 몇 가지 전제를 상대화시키고 궁극적인 목적에 도달하는 것을 문제시했어도, 역사적 예수 탐구에 가치를 두면서, 그 탐구의 현저한 중요성을 주장한다.

캘러-존슨의 전승에서 역사적 연구들에 기초한 신앙은 순수한 신앙이 되지 못한다고 진술했을 때, 그에 관해 '기억의 윤리'를 떠올리게 된다.

금세기에 살육에 의한 상처로 인해 신앙은 '사실의 올바름'[85]에서 제외될 수 없었다. 신앙은 역사의 힘으로부터 더 이상 초연하거나 무감각하거나 터치되지 않는 곳에 남아 있을 수 없었다.

하지만 정확하게 어떤 방식에서 복음서의 그리스도가 역사적 예수를 재구성하는 데 인식을 주어야 하며, 또한 어떤 방식에서 다시 이미 지화된 역사적 예수가 복음서의 그리스도 이미지에 영향을 주는가?

기독교 전승에서 '기억의 윤리'는 '사랑(charity)의 통치에 기여하는 해석'을 열망한 어거스틴의 해석학에서 알려진 것이다. 이것은 예를 들어 19세기 자유주의의 정신에서 예수의 기적이 역사의 논리에 모순되는 것으로 보이기 때문에, 기적을 제거한다는 것을 뜻하지 않는다. 비판 이후 '제2의 순수함'(naivety)으로 읽을 때, 기적은 복음서 이야기의 줄거리 구성에서 오랫동안 필수적인 위치에 놓여 있다.

그렇지만 어거스틴의 사랑에서 알려 주는 기억의 윤리에서는, 복음서가 다른 것에 해를 끼칠 때, 역사적 예수가 정말로 복음서의 척도가 될 수 있음을 제시해 준다. 예를 들어 복음서가 예수의 처형과 관련해 점진적으로 로마 당국을 책임에서 제외하고, 대신에 유대인을 암시할

---

[85] Wyschogrod, *Ethics of Remembering*, 63.

때, 기억의 윤리에서는 이 해로운 전승이 전해 주는 것을 역사를 통해 교정하도록 요청한다.

다섯째, 단일 의미 대 복수 의미, 역사 대 신앙, 사실 대 허구의 이슈가 이 글의 마지막 언어가 될 수 없다.

역사적 예수 문제의 모든 것이 이들 오래된 전통적인 범주에 들어가지 않으며, 모든 것이 언어적, 회화적, 또는 전자 중재(electronic mediation)에 속하지 않는다. 여기서 논리의 한계를 주장한다. 또한, 이제 사랑의 불완전성마저 인정한다.

우리가 주장한 표현적 한계의 이유는 신앙을 보호하려는 태도에 있는 것이 아니라, 사실성 그 자체의 충격에 있다. 예를 들어 비정상적으로 크고 매우 잘 알려진 수난 이야기 자료 더미가 있다. 학자들은 예수의 죽음을 역사, 사법권, 자료와 해설 가능한 모든 각도에서 검토하였다. 그러나 '기억의 윤리'라는 전망으로부터, 역사적 정확성, 사법적 통찰력, 문학 자료들, 이야기의 시적인 것마저도 이런 죽음에 직면해 알려 주지 못한 상태로 남아 있다.

예수가 돌아가신 모든 모습을 탐색하는 과제에서 학자들이 십자가 위에 못 박히심의 상상할 수 없는 성격을 거의 증언하지 못한 것이 얼마나 이상하던가.

사실이든 픽션이든, 역사이든 또는 신앙이든, 하나이든 아니면 여러 감수성이든, 논리이든 또는 사랑이든 십자가에 못 박힌 처형은 영원히 표현할 수 없는 사건으로 남아 있다.

참고 문헌

1. 부활하신 주님으로서 역사적 예수

Bourguignon, E. *A Cross-Cultural Study of Dissociational States: Final Report*. Columbus: Ohio University Press. 1968.

_____. *Psychological Anthropology: An Introduction to Human Nature and Cultural Differences*. New York: Holt, Rinehart and Winston. 1979.

_____. ed., *Religion, Altered States of Consciousness, and Social Change*. Columbus: Ohio University Press. 1973.

Boyarin, D. *Carnal Israel: Reading Sex in Talmudic Culture*. Berkeley: University of California Press. 1993.

_____. *A Radical Jew:: Paul and the Politics of Identity*, Berkeley: Univerisity of California Press. 1994.

Bultmann, R. *The History of the Synoptic Tradition*, trans. John Marsh, New York: Harper and Row. 1963.

Celsus. *On the True Doctrine: A Discourse against the Christians*, ed. and trans. R. Joseph Hoffmann, New York: Oxford University Press. 1987.

Crossan, J. D. *The Cross That Spoke: The Origins of the Passion Narrative*. SanFrancisco: Harper and Row. 1988.

_____. *The Historical Jesus: The Life of a Mediterranean Jewish Peasan*t. San Francisco: HarperSanFrancisco. 1991.

_____. *Jesus: A Revolutionary Biography*, San Francisco: HarperSanFrancisco, 1994.

_____. *Who killed Jesus? Exposing the Roots of Anti-Semitism in the Gospel Story of the Death of Jesus.* San Francisco: HarperSanFrancisco. 1995.

_____. "Why Christians Must Search for the Historical Jesus," *Biblical Review* 12, no.2 April. 1996.

Danby, H. trans and ed. *The Miishnah.* Oxford: Oxford University Press. 1950.

Davids, S. "Appearance of the Resurrected Jesus and the Experience of Grief," Santa Rosa, Calif. 1995.

Denaux, A. ed *John and the Synoptics.* Leuven: Leuven University Press. 1992.

Donahue, S. R. *Are You Christ? The Trial Narrative In the Gospel of Mark* Cambridge: SBL. 1973.

Edwards, J. R. "Markan Sandwiches: The Significance of Interpolation in Markan Narratives," *Novum Testamentum* 31. 1989.

Fitzmeyer, J. A. *The According to Luke,* 2 vols. Garden City, N. Y.: Doubleday. 1981-8.

Goodman, F. D. *Ecstasy, Ritual, and Alternate Reality: Religion in a Pluralistic World.* Bloomington: Indiana University Press. 1988.

Hengel. M. *Crucifixion in the Ancient World and the Folly of the Message of the Cross.* Philadelphia: Fortress Press. 1977.

Homer. *Iliad.* trans. Robert Fagles. New York: Viking. 1990.

Junger, S. *The Perfect Storm.* New York: Norton. 1997.

Lewis, I. M. *Ecstatic Religion: An Anthropological Study of Spirit Possession and Schamanism.* Pelican Anthropology Library, Baltimore: Penguin. 1971.

Martyr, Justin. *First Apology,* in *The Ante-Nicene Fathers.* ed. Alexander Roberts, James Donaldson, and A. Cleveland Coxe. New York: Scribner's. 1926.

Mellor, R. *Tacitus.* New York: Routledge. 1993.

Metzger, B. M. *A Textual Commentary on the Greek New Testament.* 2nd ed. New York: United Bible Societies. 1994.

Neirynck, F. Evangelica l: 1966-1981.

_____. *Evangelica* II: 198-1991.

_____. *Gospel Studies-Etudes d' evangile: Collected Essays by Frans Neirynck.* ed. F. Van Segbroeck, Leuven: Leuven University Press. 1982.

_____. *Duality in Mark: Contribution to the Study of the Markan Redaction.* Leuven: Leuven University Press. 1972.

_____. *Collected Essays.* ed. F. Van Segbrock. Leuven: Leuven University Press. 1991.

O'Collins, G. and Daniel Kendall. "Did Joseph of Arimathea Exist?" *Biblica* 75. 1994. 235-41.

Philo, *The World of Philo*, trans. Charles Duke Yonge. Peabody: Hendrikson. 1993.

Prince, R. ed. *Trance and Possession States*. Montreal: R. M. Bucke Memorial Society. 1968.

Riley, G. J. *Resurrection Reconsider4ed: Thomas and John in Controversy* Minneapolis: Fortress Press. 1995.

_____. *One Jesus, Many Christs:: How Jesus Inspired Not One True Christianity, but Many: The Truth about Christian Origins*. San Francisco: HarperSanFrancisco. 1997.

Rudolf, K. *Gonsis*. trans. R. Mcl. Wilson, P. W. Coxon, and K. H. Kuhn, ed. Wilson San Francisco: Harper and Row. 1983.

Sabbe, M. "The Arrest of Jesus in Jn18,1-11 and Its Relation to the Synoptic Gospels: A Critical Evaluation of A. Dauer's Hypothesis," *Studia Neotestamentica Collected Essays*. Leuven: Leuven University Press. 1991.

_____. "The Trial of Jesus before Pilate in John and Its Relation to the Synoptic Gospels:" *Studia Neotestamentica Collected Essays*. Leuven:Leuven University Press. 1991.

_____. "The Johannine Account of the Death of Jesus and Its Synoptic Parallels (Jn19, 16b-42)," *ETL* 70. 1994.

_____. "The Denial of Peter in the Gospel of John," *Louvain Studies* 20. 1995.

Sawicki, M. *Seeing the Lord: Resurrection and Early Christian Practices*. Minneapolis: Fortress Press. 1994.

Schacter, D. L. *Searching for Memory: The Brain, the Mind, and the Past*. New York; Basic Books. 1996.

Setzer, C. *Jewish Responses to Early Christians: History and Polemics. 30-150 C.E.*

Minneapolis: Fortress Press. 1994.

Shepherd, T. "The Narrative function of Markan Intercalation," *New Testament Studies* 41. 1995.

Smith, D. M. "The Problem of John and the Synoptics in the Light of the Relation between Apocryphal and Canonical Gospels." *John and The Synoptics*. ed Denaux. 189.

Tyrell, G. *Christianity at the Crossroads*. London: George Allen and Unwin. 1963.

Williams, M. A. *Rethinking "Gnosticism": An Argument for Dismantling a Dubious Category*. Princeton: Princeton University Press. 1996.

2. 예수의 인간성 : 역사적 예수 연구 무엇이 위기인가?

Allegro, J. M. *The Sacred Mushroom and the Cross: A Study of the Nature and Origins of Christianity within the Fertility Cults of the Near East*. London: Hodder and Stoughton. 1970.

Allen, C. *The Human Christ: The Quest for the Historical Jesus*. New York: Free Press. 1998.

Allen, P. "The American Christ," *American Heritage*. November, 1988.

Bynum, C. W. *Jesus as Mother: Studies in the Spirituality of the High Middle Ages*. Berkeley: University of California Press. 1982.

Bailey, K. E. *Poet and Pesant, and Through Peasant Eyes: A Literary Cultural Approach to the Parables in Luke*. Grand Rapids, Mich.: Eerdmans. 1983.

Baird, W. *History of New Testament Research*, vol. 1, *From Deism to Tubingen*. Minneapolis: Fortress Press. 1992.

Boden, J. J. *The Jesus: Unanswered Questions*. Nashville: Abingdon Press. 1989.

Boers, H. *Who was Jesus? The Historical Jesus and the Synoptic Gospels*. San Francisco: Harper and Row. 1989.

Borg, M. *Jesus, a New Version: Spirit, Culture, and the Life of Discipleship*. San Francisco: Harper and Row. 1987.

_____. *Meeting Jesus Again for the First Time: The Historical Jesus and the Heart of Contemporary Faith*. San Francisco: HarperSanFrancisco. 1994.

Bornkamm, G. *Jesus of Nazareth*. trans. I. and F. McLuskey. New York: Harper and Row. 1960.

Brandon, S. G. F. *Jesus and the Zealots*. New York: Scribner's. 1967.

Bultman, R. *Jesus and the Word*. trans. L. P. Smith and E. H Lantero. New York: Scribner's. 1958.

Celsus. *Wahres Wort*. Zurich: Orell. Fussli. 1873.

Charlesworth, J. H. *Jesus within Judaism: New Light from Exciting Archeological Discoveries* New York: Doubleday. 1988.

Chilton, B. *Pure Kingdom: Jesus' Vision of God*. Grand Rapids. Mich.: Eerdmans. 1996.

Conway, J. *The Fathers of the Church 93*. Washington D. C.: Catholic University of America Press. 1996.

Chubb, T. *The True Gospel of Jesus Christ Asserted*. London: Thomas Cox. 1737.

Crossan, J. D. *In Parables: The challenges of the Historical Jesus*. New York: Harper and Row. 1973.

_____. *The Historical Jesus: The Life of a Mediterranean Jewish Peasant*. San Francisco: HarperSanFrancisco. 1991.

_____. *Who Killed Jesus? Exposing the Roots of Anti-Semitism in the Gospel Story of the Death of Jesus*. San Francisco: HarperSanFrancisco. 1995.

_____. *Jesus: A Revolutionary Life.*

Dowd, C. "A Review of *The Real Jesus*," *Lexington Theological Quarterly* 31. No.2. 1996.

Dowing, G. F. *Christ and the Cynics: Jesus and Other Radical Preachers in First-Century Tradition*. Sheffield: Sheffield Academic Press. 1988.

Eckhardt, A. R. *Jews and Christians: The Comtemporary Meeting*. Bloomington: Indiana University Press. 1986.

Ehler, B. *Die Herrschaft des Gekreuzigten*. BZNW 46, Berlin: DeGruyter. 1986.

Evans, C. A. "The 'Real Jesus' in Debate," *Bulletin for Biblical Research* 7. 1997.

Evans, C. S. *The Historical Christ and the Jesus of Faith: The Incarnational Narrative as History*. Oxford: Clarendon Press. 1996.

Falk, H. *Jesus the Pharisee: A New Look at the Jewishness of Jesus*. New York: Paulist Press. 1985.

Fowl, S. E. *The Story of Christ in the Ethics of Paul: An Analysis of the Function of the Hymnic Material in the Pauline Corpus*. Sheffield: JSOT Press. 1990.

Franzmann, M. *Jesus in the Nag Hammadi Writings*. Edinburg: T.&T. Clark. 1996.

Frei, F. *The Identity of Jesus Christ: The Hermeneutical Bases of Dogmatic Theology*. Philadelphia: Fortress Press. 1975.

Frei, H. *The Eclipse of Biblical Narrative: A Study in Eighteenth and Nineteenth Century Hermenutics*. New Haven: Yale University Press. 1974.

Funk, R. *Parable and Presence: Forms of the New Testament Tradition*. Philadelphia: Fortress Press. 1982.

_____. *Honest to Jesus: Jesus for a New Millennium*. San Francisco: HarperSanFarnacisco. 1996.

Funks, R.W., and Hoover, R. *The Five Gospels: The Search for the Authentic Words of Jesus*. New York: Macmillan. 1993.

Garner, B. *The Theology of the Gospel of Thomas*. trans. E. Sharpe. London: Collins. 1961.

Gay, P. *Deism: An Anthology*. Princeton: D. Van Nostrand. 1968.

Goguel, M. *Jesus and the Origins of Christianity*, vol.1: *Prolegomena to the Life of Jesus*. trans. O. Wyon. 1932; New York: Harper and Brothers. 1960.

Grant, M. *Jesus: A Historian's Review of the Gospels*. New York: Scribner's. 1977.

Hays, R. B. *The Faith of Jesus Christ: An Investigation of the Narrative Substructure of Galatians 3:1-4:11*, SBLDS 56. Chico. Calif.: Scholars Press. 1983.

Hennecke, H. *New Testament Apocrypha*, vol.1, *Gospels and Related Writings*, ed. W. Schneemelcher, trans. R. McL, Wilson, Philadelphia: Westminster Press. 1963.

Herzog, W. R. *Parables as Subversive: Jesus as Pedagogue of the Oppressed*. Louisville. KY. Westminster/John Knox Press. 1994.

Horsley, R. A. *Jesus and the Spiral of Violence: Popular Jewish Resistance in Roman Palestine*. San Francisco: Harper and Row. 1987.

Jefferson, T. *The Life and Morals of Jesus of Nazareth*. Washington, D. C.: USGPO. 1904 and New York: Henry Holt. 1995.

Jeremias, J. *The Parable of Jesus*. trans. S. H. Hook. New York: Scribner's. 1963.

_____. "The Present Position in the Controversy Concerning the Problems of the Historical Jesus," *Expository Times* 69. 1985.

_____. *New Testament Theology: The Proclamation of Jesus*. trans. J. Bowden. New York: Scribner's. 1971.

Josephus, F. *Antiquities*. Grand Rapids: Kregel Publications. 1994.

Babylonian Talmud, e.g., *Sanhedrin* 43a, 106a.

Johnson, L. T. *The Real Jesus: The Misguided Quest for the Historical Jesus and the Truth of the Traditional Gospels*. San Francisco: HarperSanFrancisco. 1996.

_____. *Religious Experience: A Missing Dimension in New Testament Studies*. Minneapolis: Fortress Press. 1998.

_____. *Faith's Freedom: A Classic Spirituality for Contemporary Christians*. Minneapolis: Fortress Press. 1991.

_____. *The Writings of the New Testament: An Interpretation*, Philadelphia: Fortress Press. 1986.

_____. "The New Testament's Anti-Jewish Slander and the Conventions of Ancient Polemic," *Journal of Biblical Literature* 108. 1989.

_____. "Religious Rights and Christian Texts," *Religious Human Rights in Global Perspectives*. ed. J. Witte and J. Da.van de Vyver. vol 2. The Hague: Martinus Nijhoff. 1996.

_____. *Living Jesus: Learning the Heart of the Gospel*. San Francisco: Harper SanFrancisco. 1999.

_____. *Reading Romans: A Literary and Theological Commentary*. New York: Crossroad Press. 1997.

Kahler, M. *The So-Called Historical Jesus and the Historic, Biblical Christ*, trans. C. Braaten. 1892; Philadelphia: Fortress Press. 1964.

Kasemann, E. "Blind Alleys in the 'Jesus of History' Controversy," *New Testament Questions of Today*. W.J. Montague. Philadelphia: Fortress Press. 1969.

Kasemann, E. "The Problem of the Historical Jesus," *Essays on New Testament Themes*. W. J Motague. Philadelphia: Fortress Press. 1964.

Kempis, T. a *Imitation of Christ*. San Francisco: Ingnatius Press. 1800.

Kierkegaard, S. *Concluding Unscientific Postscript*. trans. D. F. Swenson and W. Lowrie. Princeton: Princeton University Press. 1944.

Kloppenborg, J. S., et al. *Q-Thomas Reader*. Sonoma, Calif.: Polebridge Press. 1990.

Leo the Great. *Sermons*. trans. J. P. Freeland and A. J. Conway. Washington. D.C: The Catholic University of America Press. 1995.

Mack, B. *The Lost Gospel: The Book of Q and Christian Origins*. San Francisco: HarperSanFrancisco. 1993.

Maitland, S. *A Big-Enough God: A Feminist's Search for a Joyful Theology*. New York: Henry Holt. 1995.

Malina, B. *The New Teatament World: Insights from Cultural Anthropology*. rev. ed. Louisville, Ky.: Westminster/John Knox Press. 1993.

Manson, T. W. "The Failure of Liberalism to Interpret the Bible as the Word of God", *The Interpretation of the Bible*. C. W. Dugmore, London: SPCK. 1944.

McKenzie. S. L., and Haynes, S. R. *To Each Its Own Meaning: An Introduction to Biblical Criticism and Their Application*. Louisville, Ky.: Westminster/John Knox Press. 1993.

Meeks, W. A. *The First Urban Christians: The Social World of the Apostle Paul*. New Haven: Yale University Press. 1983.

Meier, J. P. *A Marginal Jew: Rethinking the Historical Jesus*, vol.1 The Roots of the Problem and the Person. New York:Doubleday. 1991,

_____. *A Marginal Jew: Rethinking the Historical Jesus*, vol.2 Mentor, Message, and Miracle. New York: Doubleday. 1994.

Menard, J. E. *L'Evangile selon Thomas*. Nag Hammadi Strudies 5. Leiden: Brill,

1975.

Mitchell, S. *The Gospel according to Jesus*. New York: HarperCollins. 1991.

Montefiore, H and Turner, H. E. W. *Thomas and the Evangelists*. London: SCM Press. 1962.

Moore, C. F. *Judaism in the first Centuries of the Christian Era*. vol.2, New York: Schocken Books. 1971.

Origen. *Homilies on Luke*. Washington, D. C.: Catholic University of America Press. 1996.

Pals, D. *The Victorian "Lives" of Jesus*. San Antonio, Tex: Trinity University Press. 1982.

Patterson, S. J. *The Gospel of Thomas and Jesus*. Sonoma, Calif.: Polebridge Press. 1993.

Perrin, N. *Rediscovering the Teachings of Jesus*. New York: Harper and Row. 1967.

Placher, W. *The Domestication of Transcendence: How Modern Thinking about God Went Wrong*. Louisville, Ky.: John Knox/ Westminster Press. 1966.

Pliny the Younger. *Letters*. Cambridge: Harvard University Press. 1969.

Pstein, I. *The Babylonian Talmud*. London: Soncino Press. 1961.

Riches, J. *The World of Jesus: First Century Judaism in Crisis*. Cambridge: Cambridge University Pess. 1990.

Robinson, J. M. *A New Quest of the Historical Jesus*. Studies in Biblical Theology 23. London: SCM Press. 1959.

Rohrbaugh, R., ed. *The Social Sciences and New Testament Interpretation*. Peabody, Mass.: Hendrickson. 1996.

Ruether, R. *Faith and Fratricide: The Theological Roots of Anti-Semitism*. New York: Seabury. 1974.

Sanders .E. P. *Jesus and Judaism*. Philadelphia: Fortress Press. 1985.

_____. *The Historical Figure of Jesu*s. London: Allen Lane. 1993.

Schrage, W. *Das Verhatnis des Thomas and the Evangelium zur Synoptschen Tradition und zu Koptischen Evangelienuebersetzungen*. BZNW 29. Berlin: A. Toepelmann. 1964.

Schneiders, S. M. *The Revelatory Text: Interpreting the New Testament as Sacred Scripture*. San Francisco: HarperSanFrancisco. 1991.

Shachter, J. *Sanhedrin*. London: Concino Press. 1987.

Sherwin-White, A. N. *Roman Society and Roman Law in the New Testament*. Oxford: Clarendon Press. 1963.

Shorto, R. *Gospel Truth: The New Image of Jesus Emerging from Science and History, and Why It Matters*. New York: Putnam's Sons. 1997.

Smith, J. Z. *Drudgery Divine: On the Comparison of Early Christianities and the Religions of Late Antiquity*. Chicago: University of Chicago Press. 1990.

Smith, M. *Jesus the Magician*. San Francisco: Harper and Row. 1978.

Spong, J. *Born of a Woman: A Beshop Rethinks the birth of Jesus*. San Francisco: HarperSanFrancisco. 1992.

_____. *Resurrection: Myth or Reality?* SanFrancisco: HarperSanfrancisco. 1994.

Stauffer, E. *Jesus and His Story*. trans. Richard and Clara Winston. New York: Knopf. 1960.

Strauss, D. F. *Life of Jesus Critically Examined*. Philadelphia: Fortress Press. 1973.

Strickert, F. M. *The Pronouncement Sayings in the Gospel of Thomas and the Synoptics*. diss. University of Iowa. 1988.

Suetonius. *Leben des Claudius and Nero*. Pederborn: Schoningh. 1992.

Tacitus, C. *The Annals*. Chicago: Encyclopaedia Britnica, Inc. 1990.

Thiering, B. *Jesus and the Riddle of the Dead Sea Scrolls: Unlocking the Secrets of His Life Story*. San Francisco: HarperSanFrancisco. 1992.

Tucker, C. M. *Nag Hammad and the Gospel Tradition*. ed. J. Riches. Edinburg: T. & T. Clark. 1986.

Tuckett, C. M. "Q and Thomas: Evidence of a Primitive 'Widsom Gospel'? A Response to H. Koester," *Ephemerides Theologicae Lovanienses* 67. 1991.

Valantasis, R. *The Gospel of Thomas*. London: Routledge. 1997.

Via, D. O. *The Parables: their Literary and Existential Dimension*. Philadelphia: Fortress Press. 1967.

Vermes, G. *Jesus and the World of Judaism*. London: SCM Press. 1983.

_____. *Jesus the Jew*. Philadelphia: Fortress Press. 1981.

Wilson, A. N. *Jesus*. New York: Norton. 1992.

Stephen Mitchell. *The Gospel according to Jesus*. New York: HarperCollins. 1991.

Wilson, R. M. *Studies in the Gospel of Thomas*. London: Morbray. 1960.

Witherington, B. *The Jesus Quest: The Third Search for the Jew of Nazareth*. Downer's Grove, 3, Intervasity Press. 1995.

Wright, N. T. *Jesus and the Victory of God. Christian Origins and the Question of God 2*, Minneapolis: Fortress Press. 1996.

_____. *Christian Origins and the Questions of God*. vol.1, *The New Testament and the People of God*, London: SPCK. 1992.

Yorder, J. H. *The Politics of Jesus: Vicit Agnus Noste*r. Grand Rapids. Mitch: Eerdmans. 1973.

3. 역사적 예수 탐구

Anderson, B. R. *Imagined Communities: Reflections on the Origin and Spread of Nationalism*. 2nd ed. New York: Verso. 1991.

Assmann, Ja. *Das kulturelle Gedaechtnis: Schrift, Erinnerung und Politische Identitaet I in freuben Hochkulturen*, Munich: Verlag C. H. Beck. 1992.

Beckwith, B. *Christ's Body: Identity. Culture and Society in Late Medieval Writings*. New York: Routledge. 1993.

Blumenberg, H. *The Legitimacy of the Modern Age*. trans. Robert M. Wallace Cambridge, Mass.: MIT Press. 1983. *Die Legitimitaet der Neuzeit* 2nd rev.ed, Frankfurt/ Man: Suhrkamp,1988.

Borg, M. J. *Jesus and Judaism*. Philadelphia: Fortress Press. 1987.

Brown, P. *Augustine of Hippo*. Berkeley: University of California Press. 1965.

_____. *The Body and Society: Men, Women, and Sexual Reunification in Early Christianity*. New York : Columbia University Press. 1988.

Bultmann, R. "The Problem of Hermeneutics,"*Hermeneutical Inquiry*. vol. 1, ed. D. E. Klemm, Atlanta: Scholars Press. 1986.

Bynum, C. W. H*oly Feast and Holy Fast: The Religious Significance of Food to Medieval*. Berkeley: University of California Press. 1987.

Collins, A. Y. ed., *Feminist Perspectives on Biblical Scholarshi*p. Chico, Calif.: Scholars Press. 1985.

Crossan, J. D. *The Historical Jesus: The Life of a Mediterranean Jewish Peasant*. San Francisco: Harper/Collins. 1991.

_____. *In Fragments: The Aphorism of Jesus.* San Francisco: Harper and Row. 1983.

Dowd, S. "Review of Johnson's *The Real Jesus.*" Lexington Theological Quarterly 31. No.2. 1996.

Edwards Jr, M. K. *Printing, Propaganda, and Martin Luther*. Berkeley: University of California Press. 1994.

Fiorenza, E. S. *In Memory of Her: A Feminist Theological Reconstruction of Christian Origins*. New York: Crossroad. 1983.

Frei, H. W. T*he Eclipse of Biblical Narrative: A Study in Eighteenth and Nineteenth Century Hermeneutics*. New Haven: Yale University Press. 1974.

Froehlich, K. "Aminadab's Chariot': The Predicament of Biblical Interpretation," *Princeton Seminary Bulletin* 18, no.3. 1997.

Harvey, V. A. *The Historian and the Believer:: the Morality of Historical Knowledge and Christian Belief*. New York: Macmillan. 1966.

Johnson, L. T. *The Real Jesus: The Misguided Quest for the Historicla Jesus and the Truth of the Traditional Gospels*. San Francisco: Harper/Collins. 1966.

_____. "The Humanity of Jesus: What's at Stake in the Quest for the Historical Jesus."

Kahler, M. S*o-Called Historical Jesus and the Historic*, *Biblical Chris.* trans,, ed with intro. Carl E. Braaten, Philadelphia: Fortress Press. 1964.

Klein, J. "Ockham, Wilhelm von (ca. 1285-1349)," *RGG*4, 3ed. 1960.

Leipold, H. *Offenbarung und Geschichte als Problem des Verstehens*. Gutersloh:

Guterslohe Verlangshaus. 1962.

Lubac, H. D. *Exegese Medievale; Les Quatres Sens de l' Ecriture*. 4 vols., Paris: Aubier, 1959-64.

Luther, W. P. *Lectures on Romans*. Philadelphia: Westminster Press. 1961.

Luz, U. "Kann die Bibel Heute Noch Grundlage Fur did Kirche Sein? Uber die Aufgabe der Exegese in einer Religioes -Pluralitischen Gesellschaft," *NTS* 44. 1998.

Mack, B. L *A Myth of Innocence: Mark and Christian Origins*. Philadelphia: Fortress Press. 1988.

Marrow, J. H. *Passion Iconography in Northern European Art of the Late Middle Ages and Early Renaissance*. Kortrijk, Belgium: Van Ghemmert Publishing. 1970.

Olson, D. R. *The World on Paper: The Conceptual and Cognitive Implication of Writing and Reading*. Cambridge: Cambridge University Press. 1994.

Pagels, E. *The Gnostic Gospels*. New York; Penguin Books. 1982.

_____. "The Orthodox against the Gnostics: Confrontation and Interiority in Early Christianity," in *The Other Side of God: A Polarity in World Religions*. ed. Peter L. Berger, Garden City, N.Y.: Anchor Press/Doubleday. 1981.

Reimarus, H. S. *Concerning the Intention of Jesus and His Teaching*. ed. Charles H. Talber. trans. Ralph S. Fraser, Philadelphia: Fortress Press. 1970.

Ricoeur, P. *Time and Narrative*. vol.2, trans. Kathleen McLaughlin and David Pellauer Chicago: University Press of Chicago. 1985.

_____. *The Symbolism of Evil*. trans. Emerson Buchanan, Boston: Beacon Press. 1967.

Rubin, M. *Corpus Chrsit: The Eucharist in Late medieval Culture*. Cambridge: Cambridge University Press. 1991.

Sanders, E. P. *Jesus and Judaism*. Philadelphia: Fortress Press. 1985.

Schillebeeckx, E. *Jesus: An Experiment in Christology*. Hubert Hoskins, New York: Seabury Press. 1979.

Schroter, J. *Erinnerung an Jesu Wrote: Studien zur Rezeption der Logienueberlieferung in Markus, Q und Thomas*. Neukirchen-Vluyn: Neukirchener Verlag. 1997.

Schweitzer, A. *The Quest of the Historical Jesus*. intro. James M. Robinson, New York: Macmillan. 1968.

Sloyan, G. S. *The Crucifixion of Jesus: History, Myth, Faith*. Minneapolis: Fortress Press. 1995.

Smalley, B. *The Study of the Bible in the Middle Ages*. Oxford: Basil Blackwell. 1952.

Smith, M. *Jesus the Magician*. San Francisco: Harper and Row. 1878.

Robinson, J. M. ed., *The Nag Hammadi Library in English*. 4th rev. ed, Leiden: E. J. 1996.

Ross, E. M. *The Grief of God: Images of the Suffering Jesus in Later Medieval England*. Oxford: Oxford University Press. 1997.

Tracy, D. *Plurality and Ambiguity: Hermeneutics, Religion, Hope*. SanFrancisco: Harper and Row 1987.

Tuana, N. & Tong, R., eds. *Feminism and Philosophy: Essential Reading in Theory, Reinterpretation, and Application*. Boulder, Colo.: Westview Press. 1995.

Wimbush, V. L. "Rhetorics of Restraint: Discursive Strategies, Ascetic Piety and the Interpretation of Religious Literature," *Semeia* 57, 1992.

Wyschogrod, E. *An Ethics of Remembering: History, Heterology, and the Nameless Others*. Chicago: University of Chicago. 1998.